国家卫生健康委员

十三五 全国高等职业教育教材

供医学检验技术专业用

# 医学统计学

## 第 2 版

主　编　李新林

副主编　朱秀敏　施　泓　袁尚华　林斌松

编　者（以姓氏笔画为序）

朱秀敏（河南护理职业学院）

刘　凌（皖北卫生职业学院）

杜　光（大庆医学高等专科学校）

李新林（楚雄医药高等专科学校）

杨　亮（山东医学高等专科学校）

杨万龄（上海健康医学院）

张星光（内蒙古医科大学）

林斌松（漳州卫生职业学院）

周　瑾（楚雄医药高等专科学校）

施　泓（黑龙江护理高等专科学校）

袁尚华（赣南卫生健康职业学院）

人民卫生出版社

·北京·

**图书在版编目（CIP）数据**

医学统计学/李新林主编. —2 版. —北京：人
民卫生出版社，2021.1(2024.11 重印)
　ISBN 978-7-117-31145-8

　Ⅰ.①医… Ⅱ.①李… Ⅲ.①医学统计-统计学-职
业教育-教材　Ⅳ.①R195.1

　中国版本图书馆 CIP 数据核字(2021)第 005715 号

| 人卫智网 | www. ipmph. com | 医学教育、学术、考试、健康，购书智慧智能综合服务平台 |
| --- | --- | --- |
| 人卫官网 | www. pmph. com | 人卫官方资讯发布平台 |

**医学统计学**

Yixue Tongjixue

第 2 版

主　　编：李新林
出版发行：人民卫生出版社（中继线 010-59780011）
地　　址：北京市朝阳区潘家园南里 19 号
邮　　编：100021
E - mail：pmph @ pmph. com
购书热线：010-59787592　010-59787584　010-65264830
印　　刷：北京盛通印刷股份有限公司
经　　销：新华书店
开　　本：850×1168　1/16　印张：11.5　插页：8
字　　数：364 千字
版　　次：2015 年 4 月第 1 版　　2021 年 1 月第 2 版
印　　次：2024 年 11 月第 9 次印刷
标准书号：ISBN 978-7-117-31145-8
定　　价：42.00 元

打击盗版举报电话：010-59787491　E - mail：WQ @ pmph. com
质量问题联系电话：010-59787234　E - mail：zhiliang @ pmph. com

为了深入贯彻落实党的二十大精神,落实全国教育大会和《国家职业教育改革实施方案》新要求,更好地服务医学检验人才培养,人民卫生出版社在教育部、国家卫生健康委员会的领导和全国卫生职业教育教学指导委员会的支持下,成立了第二届全国高等职业教育医学检验技术专业教育教材建设评审委员会,启动了第五轮全国高等职业教育医学检验技术专业规划教材的修订工作。

全国高等职业教育医学检验技术专业规划教材自1997年第一轮出版以来,已历经多次修订,在使用中不断提升和完善,已经发展成为职业教育医学检验技术专业影响最大、使用最广、广为认可的经典教材。本次修订是在2015年出版的第四轮25种教材(含配套教材6种)基础上,经过认真细致的调研与论证,坚持传承与创新,全面贯彻专业教学标准,加强立体化建设,以求突出职业教育教材实用性,体现医学检验专业特色:

1. **坚持编写精品教材** 本轮修订得到了全国上百所学校、医院的响应和支持,300多位教学和临床专家参与了编写工作,保证了教材编写的权威性和代表性,坚持"三基、五性、三特定"编写原则,内容紧贴临床检验岗位实际、精益求精,力争打造职业教育精品教材。

2. **紧密对接教学标准** 修订工作紧密对接高等职业教育医学检验技术专业教学标准,明确培养需求,以岗位为导向,以就业为目标,以技能为核心,以服务为宗旨,注重整体优化,增加了《医学检验技术导论》,着力打造完善的医学检验教材体系。

3. **全面反映知识更新** 新版教材增加了医学检验技术专业新知识、新技术,强化检验操作技能的培养,体现医学检验发展和临床检验工作岗位需求,适应职业教育需求,推进教材的升级和创新。

4. **积极推进融合创新** 版式设计体现教材内容与线上数字教学内容融合对接,为学习理解、巩固知识提供了全新的途径与独特的体验,让学习方式多样化、学习内容形象化、学习过程人性化、学习体验真实化。

本轮规划教材共25种(含配套教材5种),均为国家卫生健康委员会"十三五"规划教材。

# 教材目录

| 序号 | 教材名称 | 版次 | 主编 | | 配套教材 |
|---|---|---|---|---|---|
| 1 | 临床检验基础 | 第5版 | 张纪云 | 龚道元 | √ |
| 2 | 微生物学检验 | 第5版 | 李剑平 | 吴正吉 | √ |
| 3 | 免疫学检验 | 第5版 | 林逢春 | 孙中文 | √ |
| 4 | 寄生虫学检验 | 第5版 | 汪晓静 | | |
| 5 | 生物化学检验 | 第5版 | 刘观昌 | 侯振江 | √ |
| 6 | 血液学检验 | 第5版 | 黄斌伦 | 杨晓斌 | √ |
| 7 | 输血检验技术 | 第2版 | 张家忠 | 陶玲 | |
| 8 | 临床检验仪器 | 第3版 | 吴佳学 | 彭裕红 | |
| 9 | 临床实验室管理 | 第2版 | 李艳 | 廖璞 | |
| 10 | 医学检验技术导论 | 第1版 | 李敏霞 | 胡野 | |
| 11 | 正常人体结构与机能 | 第2版 | 苏莉芬 | 刘伏祥 | |
| 12 | 临床医学概论 | 第3版 | 薛宏伟 | 高健群 | |
| 13 | 病理学与检验技术 | 第2版 | 徐云生 | 张忠 | |
| 14 | 分子生物学检验技术 | 第2版 | 王志刚 | | |
| 15 | 无机化学 | 第2版 | 王美玲 | 赵桂欣 | |
| 16 | 分析化学 | 第2版 | 闫冬良 | 周建庆 | |
| 17 | 有机化学 | 第2版 | 曹晓群 | 张威 | |
| 18 | 生物化学 | 第2版 | 范明 | 徐敏 | |
| 19 | 医学统计学 | 第2版 | 李新林 | | |
| 20 | 医学检验技术英语 | 第2版 | 张刚 | | |

# 第二届全国高等职业教育医学检验技术专业教育教材建设评审委员会名单

**主任委员**

胡　野　张纪云　杨　晋

**秘书长**

金月玲　黄斌伦　窦天舒

**委　员**（按姓氏笔画排序）

王海河　王翠玲　刘观昌　刘家秀　孙中文　李　晖
李妤蓉　李剑平　李敏霞　杨　拓　杨大干　吴　茅
张家忠　陈　菁　陈芳梅　林逢春　郑文芝　赵红霞
胡雪琴　侯振江　夏金华　高　义　曹德明　龚道元

**秘　书**

许贵强

# 数字内容编者名单

主　编　李新林

副主编　朱秀敏　施　泓　袁尚华　林斌松

编　者（以姓氏笔画为序）

朱秀敏（河南护理职业学院）

刘　凌（皖北卫生职业学院）

杜　光（大庆医学高等专科学校）

李新林（楚雄医药高等专科学校）

杨　亮（山东医学高等专科学校）

杨万龄（上海健康医学院）

张星光（内蒙古医科大学）

林斌松（漳州卫生职业学院）

周　瑾（楚雄医药高等专科学校）

施　泓（黑龙江护理高等专科学校）

袁尚华（赣南卫生健康职业学院）

**李新林**,傈僳族,副教授,1987 年毕业于西南民族学院数学系数学专业,现执教于楚雄医药高等专科学校。从事职业教育 30 多年,先后执教数学、计算机应用基础、医学统计学和医药数理统计等课程。主编、参编多部规划教材,发表论文 20 余篇;主持科研课题多项,获云南省教育科研优秀成果三等奖 1 项、云南省职业院校高职组信息化教学大赛三等奖 1 项。

*寄语:*

　　医学统计是认识医学现象数量特征的重要工具,希望同学们通过学习,结合医学实践,揭示生命的奥秘。

　　医学统计是认识医学现象中具有不确定性结果的事物,通过研究这些事物的数量特征,结合医学实践,透过数据的偶然性揭示事物的内在规律,最终作出科学的解释。统计软件的广泛应用大大促进了医学统计学的发展,原来繁琐的计算可以用统计软件轻松完成。这就要求学生掌握必备的医学统计学基本理论,能够根据数据的类型正确选择统计方法进行数据处理和分析。根据党的二十大精神进教材要求和全国高等职业教育医学检验技术专业教育教材建设评审委员会第五轮规划教材修订工作的原则和要求,我们组织多所院校优秀的专家、教授编写了本教材。

　　本教材共 12 章及实训。内容包括统计学的基本概念、统计描述、统计推断和实验设计;每章后面均配备相应思考题,供学生巩固和提高;结合专业特点,增加了二项分布和 Poisson 分布及其应用,并对章节顺序进行适当的调整;把 SPSS 简介改为实训项目,方便学生自主学习与探究。编写贯彻"三基"(基本理论、基本知识、基本技能),体现"五性"(思想性、科学性、先进性、启发性、适用性),进一步完善医学检验技术专业教育和医学教育的"五个对接",编写内容具有时代性,语言简练,深入浅出。本教材建议 36~54 学时,其中实训 8~12 学时。

　　本次编写除传承上版教材的编写特色外,还参考了相关著作,在此致以衷心的感谢! 限于编者的学识和能力,书中难免存在不足,诚恳广大读者批评指正,以便改进。

李新林<br/>2023 年 10 月

教学大纲(参考)

# 目 录

**学习目标**

1. 掌握:同质与变异、总体与样本、变量的类型、参数与统计量、抽样误差、概率与频率。
2. 熟悉:医学统计学的定义;统计工作的基本步骤。
3. 了解:统计学及医学统计学的发展简史。
4. 初步具有收集、整理、分析统计资料的能力。
5. 能正确判断统计资料的类型。

# 第一节　医学统计学的定义

医学主要研究的是人类健康及其影响因素,生物现象的一个重要特点就是普遍存在着变异。例如,同一个地区、同性别、同年龄的健康人,他们的各项生理指标不全相同。又如,年龄相近、性别相同的同一种疾病患者,应用相同剂量的同一种药物进行治疗,其疗效也不完全一致。影响人类健康的因素是多种多样的,这不仅仅是个体差异的原因,同时也受到人们所生活的地理因素、周边环境和社会因素的影响。先来看下面的几个问题:

1. 一个人被狗咬伤后,注射狂犬病疫苗能否预防狂犬病的发生?

2. 癌症患者术后能生存多久?

3. 某神经内科医师按统一纳入标准,选取 291 例脑梗死病人,随机分成 2 组,其中一组 102 例病人采用西医疗法,另一组 189 病人采用中西结合疗法,观察 1 年后,单纯用西医疗法组的病人死亡 13 例,中西医结合疗法组的病人死亡 9 例。这两组病人的死亡率有无差别?

4. 某医师随机抽取 12 名 20 岁健康男大学生,测量其身高与前臂长,资料见表 1-1。从表中能否得出身高与前臂长有联系,身高越高者其前臂越长的结论?

表 1-1　12 名男大学生身高与前臂长资料

单位:cm

| 编号 | 1 | 2 | 3 | 4 | 5 | 6 | 7 | 8 | 9 | 10 | 11 | 12 |
|---|---|---|---|---|---|---|---|---|---|---|---|---|
| 身高 | 165 | 180 | 178 | 170 | 160 | 173 | 183 | 166 | 155 | 188 | 190 | 171 |
| 前臂长 | 43 | 45 | 47 | 47 | 44 | 42 | 46 | 44 | 41 | 49 | 50 | 47 |

要回答上述的问题,就需要以医学理论知识为指导,运用概率论与数理统计的基本原理和方法来解决,即医学统计学。

医学统计学(medical statistics)是运用概率论和数理统计的基本原理和方法,结合医学实践,研究医疗卫生领域中资料的收集、整理和分析的一门应用科学。医学统计的任务是认识医学现象中具有不确定性结果的事物,通过研究这些事物的数量特征,结合医学实践,透过数据的偶然性揭示事物的内在规律,最终作出科学的解释。

作为一名医学工作者,学习和掌握统计学知识是十分必要的。首先,在阅读医学书刊时,有助于正确理解文章的涵义;其次,在进行医学研究时,能以较少人力、物力和时间获得较可靠的结果;最后,为正确撰写科研论文提供统计分析的知识。

**知识拓展**

### 我国医学统计学主要奠基人——郭祖超

郭祖超(1912—1999)是中国医学统计学的开拓者。他于 1948 年 9 月编著的《医学与生物统计方法》一书具有划时代的意义,这本著作在中国首次系统地介绍了医学统计学,书中广泛采用中国人自己的资料阐述 $t$ 检验、$F$ 检验、卡方检验、直线回归与相关、多元回归及曲线回归等当代先进的统计学理论和方法,内容详尽,条理清晰,资料翔实,笔触新颖,深入浅出,是我国第一部医学统计方法的教科书。1964 年此书更名为《医用数理统计方法》,由人民卫生出版社出版。

## 第二节 统计工作的基本步骤

### 一、统计设计

统计设计(statistical design)是在广泛查阅文献、全面了解现状、充分征询意见的基础上,根据研究的目标和研究对象的特点,对将要进行的科研工作所做的全面设计。其内容包括:明确研究目的和研究检验假设,确定观察对象、样本含量和抽样方法,拟定研究设计方案、预期分析指标、误差控制措施、进度与费用等。统计设计是整个研究工作中最关键的一环,也是指导以后工作的依据。统计设计工作做得好,将使后面的研究循序渐进,避免重复和遗漏,节约大量的财力和物力。

### 二、收集资料

收集资料(collection of data)是根据统计设计的要求,获取准确、可靠的原始资料。收集资料必须遵循及时、完整和准确的基本原则。没有完整、准确的原始数据,即便使用最先进的统计分析软件,也不会获得可靠的统计分析结果。因此,收集准确、可靠的资料是获得可靠统计分析结果的重要保证。医学统计工作资料的来源主要有以下三个方面:

#### (一)统计报表

统计报表是由国家统一设计,定期逐级上报的有关报表。如法定传染病报表、出生死亡报表、医院工作报表等。报表要完整、准确、及时。通过报表可以全面、及时地掌握居民健康状况和医疗卫生机构工作的情况,而且为医疗卫生工作计划的制定和预测提供客观依据,也为医学教育和科研提供了大量的原始资料。

#### (二)经常性工作记录

经常性工作记录包括病历、医学检查记录、卫生监测记录等。这些资料是医疗卫生部门经常性的工作记录,是医学科研重要的原始资料。

#### (三)专题调查或实验研究

当统计报表和经常性工作记录的资料不能满足研究需要时,可以组织专题调查和实验研究。如抑郁症诱发的原因、糖尿病患者的饮食研究等。

### 三、整理资料

整理资料（sorting data）就是通过科学的分组和归纳，使原始资料系统化、条理化。其目的是便于进一步计算统计指标。整理资料的过程如下：

#### （一）审核

首先将收集到的原始资料进行认真的检查核对，对不符合要求的数据加以修正、补充或剔除，保证资料的准确性和完整性。

#### （二）分组

根据统计设计的要求，拟定整理表，按照"同质者合并，非同质者分开"的原则，对资料进行质量分组，并在同质基础上根据数值大小进行数量分组。

#### （三）汇总

分组后的资料要按照统计设计的要求进行汇总，整理成统计表。汇总时可以根据实际情况采用人工或计算机汇总。

### 四、分析资料

分析资料（analysis of data）是根据统计设计的要求，对整理后的数据进行统计分析，计算出相关指标，反映数据的综合特征，阐明事物的内在联系和规律，最后结合专业知识作出科学合理的解释。统计分析包括以下两大内容：

#### （一）统计描述

统计描述（descriptive statistics）就是根据统计设计的要求，计算出汇总后数据的统计指标，并结合统计表、统计图，全面描述样本资料的数量特征和分布规律。

#### （二）统计推断

统计推断（inferential statistics）就是使用样本信息来推断总体特征或分布规律。它包括总体参数估计（parameter estimation）和假设检验（hypothetical test）。进行资料分析时，要根据研究目的、设计类型和资料类型，选择恰当的描述性指标和统计推断方法。

统计工作的四个基本步骤是互相联系、不可分割的。任何步骤的缺陷都将影响整个统计工作的效果。同时，统计工作必须严肃认真、实事求是，不可伪造和篡改统计数据。

## 第三节　统计资料的变量类型

变量（variable）是反映个体特征和属性的量。变量的观察结果或测量值称为变量值（variable value）。例如，测量某小学10岁女孩的身高，某个女孩的身高为139cm，那么，身高就是变量，139就是变量值。医学统计资料按研究指标的性质一般分为数值变量和分类变量两大类。不同类型的变量资料应采取不同的统计方法分析。

### 一、数值变量

数值变量（numerical variable）是用仪器、计量工具等测量方法测定每一个观察单位（个体）某项指标数值的大小所得到的一系列数值的集合，它们一般带有度量衡单位。数值变量又分为连续型数值变量（continuous numerical variable）和离散型数值变量（discrete numerical variable）。连续型数值变量是可以在一定范围内任意取值的变量，如身高（cm）、体重（kg）、血压（kPa）等。离散型数值变量是在一定范围内只能取整数的变量，如脉搏（次/min）、新生儿出生数（人/年）、手术病人数（例/月）等。

### 二、分类变量

分类变量（categorical variable）是将观察单位按某种属性或类别分组，再清点各组观察单位的例数。分类变量没有度量衡单位。分类变量又分为无序分类变量和有序分类变量。

### （一）无序分类变量

无序分类变量（unordered categorical variable）是指所分类别或属性之间无程度和顺序差别的量。无序分类变量按其类别数又分为二分类变量（binary variable）和多项分类变量（multiple categorical variables）。二分类变量是指观察单位的类别或属性结果只有两类且相互对立，如人的性别（男、女）、化验结果（阳性、阴性）等。多项分类变量是指观察单位的类别或属性结果有多类且互不相容，如血型按A、B、O、AB分型，人的肤色按白、黄、黑分类等。

### （二）有序分类变量

有序分类变量（ordinal categorical variable）就是各类别之间有程度或顺序差别的量。有序分类变量亦称等级变量（ranked variable），是将观察单位按属性的等级分组，再清点各组观察单位的例数。如尿糖化验结果按-、±、+、++、+++分组，观察某种药物的疗效按治愈、显效、好转、无效分组，癌症分期按早、中、晚分组等。

## 三、变量的转换

在统计工作中，变量类型是根据统计设计而确定的，并不是一成不变。根据需要，各类变量可以互相转化。数值变量可以转换为分类变量；反之，分类变量也可以转换为数值变量。如人的血压（kPa）是一个数值变量，可以按一定的临床标准转为高血压、正常血压和低血压，这是一个有序分类变量；若按正常、不正常则转化为二分类变量。但是变量只能由高级向低级转化：连续型数值变量→有序分类变量→二分类变量，而不能做相反方向的转化。分类变量也可以转换成数值变量。如某种药物的疗效治愈、显效、好转、无效，分别用3、2、1、0表示，这样分类变量就转换为数值变量。

# 第四节　统计学中的几个基本概念

## 一、同质与变异

### （一）同质

同质（homogeneity）是指在某项研究中所有观察单位（研究个体）的影响因素相同或基本相同。但在人群健康的研究中，有些影响因素是难以控制的，甚至是未知的，如遗传、营养、心理等。因此，在实际工作中如具有相同的背景、条件、属性等可控制的因素达到相同或基本相同，就可以认为是同质。

### （二）变异

变异（variation）是指同质观察单位个体间某项指标数值上存在的差异。变异是由于生物个体的各种指标所受极其复杂的影响因素造成的，如同班级学生的医学统计学期末考试成绩参差不齐，这就是变异。因此，同质是相对的，变异是绝对的。统计学的任务就是在同质的基础上对个体变异进行分析研究，揭示由变异所掩盖的同质事物内在的本质和规律。

## 二、总体与样本

### （一）总体

总体（population）是根据研究目的所确定的同质观察单位某项变量值的集合。如某年调查某地正常成年女子的血清总胆固醇，同质是指同时间、同地区、同性别的正常成年女性，观察单位是该地的每个正常成年女子，变量值是每一个人的血清总胆固醇的测量值，该地所有正常成年女子的血清总胆固醇测量值就构成一个总体。总体又分为有限总体（finite population）和无限总体（infinite population）。

### （二）样本

样本（sample）是根据随机性原则从总体中抽取出部分具有代表性的观察单位某种指标变量值的集合。样本又分为小样本和大样本，通常认为 $n > 50$ 称为大样本，$n \leq 50$ 称为小样本。样本中所含的观察例数称为样本含量（sample size）。

## 三、参数与统计量

### （一）参数

参数(parameter)就是用来描述总体特征的统计指标,一般是未知的常数。通常用希腊字母表示总体参数,如 $\mu$ 表示总体均数, $\sigma$ 表示总体标准差, $\pi$ 表示总体率等。

### （二）统计量

统计量(statistic)就是用来描述样本特征的统计指标,可以由样本信息得到。通常用拉丁字母表示统计量,如 $\bar{X}$ 表示样本均数, $S$ 表示样本标准差, $p$ 表示样本率等。

## 四、误差

误差(error)是指实测值与真实值之间的差异,样本指标与总体指标之间的差异。按其产生的原因和性质可分为系统误差、随机误差和抽样误差。

### （一）系统误差

系统误差(systematic error)是指由于仪器未校准、测量方法不正确、试剂不标准或操作人员掌握的标准不一致等原因所产生的误差。系统误差的特点是测量结果向一个方向偏离,其数值按一定规律变化,具有重复性、单向性。在实践中可以通过事先校正仪器、采用标准试剂或对操作人员进行岗前培训等措施来消除系统误差。

### （二）随机误差

随机误差(random error)也称为偶然误差和不定误差,是在消除系统误差的前提下,由于受一些偶然因素的影响,对同一对象的多次测量结果不完全一致,结果有时偏高,有时偏低,没有倾向性。随机测量误差是不可避免的,但可以通过多次测量获得的均数对真实值进行准确的估计,使其控制在一定的允许范围内。

### （三）抽样误差

抽样误差(sampling error)是指在抽样过程中所产生的样本统计量与总体参数或样本同一统计量之间的差异。这种误差是由个体变异所造成的。抽样误差是抽样研究所固有的,虽然无法避免,但可以用统计方法进行分析。通常情况下样本含量越大,则抽样误差越小,样本统计量与总体参数就越接近。因此,抽样误差又被称为可控制的误差。

## 五、概率与频率

医学研究的现象具有不确定性,即使研究的背景、条件和属性相同情况下,在受同一疾病风险因素的威胁时,某一个体发病与否、个体间的病情轻重、接受治疗的疗效等结果均不完全相同。这种事先无法预知出现与否的现象称为随机现象(random phenomenon)。随机现象每一个可能出现的结果称为随机事件(random events),通常用大写的英文字母 A、B、C 等表示。

### （一）概率

概率（probability）是描述随机事件发生可能性大小的数值,常用符号 $P$ 表示。必然事件的概率为1,不可能事件的概率为0,任意一个随机事件的概率 $0<P<1$,故概率的取值范围在 $0\sim1$ 之间。当某一事件发生的概率小于或等于 0.05 时,这类事件在统计学上称为小概率事件（small probability event）,其含义是在一次试验中该事件基本上不会发生。这就是通常所说的小概率原理,它是进行统计推断的重要基础。

### （二）频率

频率（frequency）是在相同的条件下进行了 $n$ 次试验,在这 $n$ 次试验中事件 A 发生的次数 $m$ 称为事件 A 发生的频数,其比值 $m/n$ 称为事件 A 发生的频率,记为 $f_n(A)=\dfrac{m}{n}$。当 $n$ 逐渐增大时,这个频率越来越接近一个稳定的数值,这时就以频率作为概率的估计值。

## 本章小结

1. 医学统计学是认识医学现象数量特征的重要工具,是运用概率与数理统计的基本原理和方法,研究医学领域中资料的收集、整理和分析过程,研究这些具有不确定性的医学现象的数量特征,通过数据的偶然性揭示事物的内在规律。因此,医学统计方法已成为医学研究的重要前提和手段。

2. 统计工作的基本步骤为统计设计、收集资料、整理资料和分析资料。

3. 统计资料分为数值变量和分类变量,正确判断资料的类型是选择统计推断和假设检验方法的重要基础。

4. 统计学的几个基本概念为同质与变异、总体与样本、参数与统计量、系统误差与随机误差、概率与频率,它们是学习医学统计学的重要基础。

（李新林）

扫一扫,测一测

## 思考题

1. 医学统计学的定义和任务是什么?

2. 统计资料的类型分为几类? 资料类型是不是一成不变的?

3. 在分析资料时,所收集的数据不合适,能否对数据进行适当的调整?

4. 举例说明生活工作中常见的统计学问题。

# 第二章　数值变量资料的统计描述

**学习目标**

1. **掌握**：描述数值变量资料的集中趋势和离散趋势的常用指标的适用条件与计算；正态曲线下的面积分布规律；医学参考值范围的制订。
2. **熟悉**：数值变量资料频数分布表的用途。
3. **了解**：正态分布的概念、特征及应用。
4. 能利用频数分布表计算均数、几何均数、中位数、四分位数间距、标准差。
5. 会利用大样本资料编制频数分布表和频数分布图。

通过各种研究收集到资料后，需要对资料进行统计分析。统计分析包括统计描述和统计推断。统计描述是对原始数据包含的信息加以整理、概括和浓缩，用适当的统计图表和统计指标来表达资料的特征或规律，是统计推断的基础。本章介绍数值变量资料的统计描述。

## 第一节　频数分布表

从实践工作中收集到的大量资料往往只是一大堆零乱的数据，难以看出其中蕴含的信息和规律，所以需要进行适当的分组整理。分组整理就是根据研究目的，将数据按照某种标准（标志）划分成不同的组别，统计不同组别内的观察值个数。频数就是不同组别内的观察值个数。频数分布就是观察值在其取值范围内各组段的分布情况。将分组的标志和各组段的频数列表，即为频数分布表（frequency distribution table），简称频数表（frequency table）。编制频数分布表是统计分析资料的第一步。

### 一、频数分布表的编制

编制频数分布表的前提条件是要求原始数据具有同质性。下面通过例 2-1 介绍频数表的编制方法。

例 2-1　某小学 2017 年组织学生体检，获得 120 名 8 岁女孩的身高（cm）。资料如下，试编制频数分布表。

| | | | | | | | | | |
|---|---|---|---|---|---|---|---|---|---|
| 125.4 | 120.3 | 122.3 | 118.2 | 116.7 | 121.6 | 116.8 | 121.6 | 115.1 | 122.0 |
| 121.7 | 124.9 | 130.0 | 123.5 | 128.2 | 119.7 | 126.1 | 131.3 | 123.7 | 114.7 |
| 124.5 | 126.2 | 128.1 | 130.6 | 132.6 | 125.4 | 126.5 | 128.4 | 124.5 | 129.5 |
| 121.6 | 118.7 | 121.8 | 124.5 | 121.7 | 122.7 | 116.3 | 124.0 | 119.0 | 124.5 |
| 124.7 | 127.8 | 128.3 | 131.7 | 125.8 | 126.8 | 129.5 | 125.6 | 127.6 | 129.8 |

| 114.2 | 116.9 | 126.4 | 114.3 | 127.2 | 118.3 | 127.8 | 123.0 | 117.3 | 123.2 |
| 125.6 | 121.1 | 124.8 | 122.7 | 119.5 | 128.2 | 124.1 | 127.3 | 120.0 | 122.7 |
| 122.3 | 122.8 | 128.6 | 122.0 | 132.4 | 122.0 | 123.5 | 116.2 | 126.1 | 119.1 |
| 119.8 | 122.1 | 120.4 | 124.8 | 122.3 | 114.4 | 120.5 | 115.0 | 122.7 | 116.8 |
| 118.1 | 127.0 | 122.5 | 116.2 | 124.8 | 124.3 | 112.1 | 121.3 | 127.0 | 113.2 |
| 126.5 | 118.4 | 121.0 | 119.1 | 116.8 | 131.1 | 120.4 | 115.0 | 118.0 | 122.3 |
| 118.8 | 127.5 | 125.2 | 121.4 | 122.4 | 129.3 | 122.6 | 134.4 | 118.2 | 132.8 |

编制数值变量资料频数分布表的过程如下：

### （一）求全距

全距（range）又称极差，用 $R$ 表示，是全部数据中最大值与最小值之差。它描述了数据变异的总幅度。本例的全距为

$$R = 134.4 - 112.1 = 22.3(\text{cm})$$

### （二）划分组段

**1. 确定组数** 分组的目的是为反映数据分布的特征，所以组数应适中。若组数太多，数据的分布过于分散，难以显示出频数分布的规律性，还有可能出现某些组的频数为 0 的情况；若组数太少，可能丢失重要的细节信息，从而无法充分体现资料的分布特征。组数的多少与观察值的个数 $n$ 有关，一般当 $n$ 在 50 以下时可分 5 到 8 组，$n$ 在 50 以上时可分 9 到 15 组。实际应用时，可根据分析的要求灵活确定组数。本例先初步确定为 10 组，再适当调整。

**2. 确定组距（class interval）** 组距一般用 $i$ 表示。组距可以相等，也可以不等，一般用等距分组。等距分组时，$i = R/$组数。为便于计算，组距可以适当取整。本例组距 $i = R/10 = 2.23\text{cm}$，取整数为 $i = 2\text{cm}$。

**3. 确定各组段的上下限** 为了使每个观察值都有组可归，同时又要使每个观察值只能归属于某一组，这就要求合理设置各组段的上下限。每个组段的起点为该组的下限（lower limit），终点为该组的上限（upper limit），上限＝下限＋组距。由于要求各组段不能重叠，所以每个组段只写出下限而不写出上限，但最后一个组段一般应同时写出上、下限，以示整个资料是全封闭型资料。

本例中，最小值为 112.1，故第一组段将 112 定位为该组段的下限，组距为 2，那么该组段的上限值为 112+2＝114，但不写出上限，记为"112～"；以此类推，划分出其余组段。如表 2-1 中第（1）栏。

### （三）统计各组段频数

采用划记法或利用计算机汇总，得到各个组段的频数 $f$。划记时，为避免重复计数，对于刚好等于某一组段上限的观察值要算在下一组段内。将各组段与相应频数列表，如表 2-1 中第（1）（2）栏，即得到频数表。

为了进一步统计分析，还可以在此基础上计算出各组段的频率、累计频数、累计频率。各组段的频数之和等于变量值的总例数 $n$。频率为各组段频数占总例数的比重，如"112～"组段的频率为 $\frac{2}{120} \times 100\% = 1.7\%$，以此类推，算出各组段的频率，详见表 2-1 第（3）栏；累计频数表示小于某组段上限的观察单位数，如第二组段的累计频数为 9，表示小于其上限 116 的观察值的个数是 9 个，详见表 2-1 第（4）栏；累计频率等于累计频数占总例数的比重，详见表 2-1 第（5）栏。

一般采用等距分组。但某些情况下，采用不等距分组则更能反映现象的本质和特点。例如，进行人群疾病研究的年龄分组，为客观反映婴儿、幼儿、成年人疾病发生情况的特点，应采用不等距分组，可采取 1 岁以下按月分组，1～9 岁按岁分组，10 岁以后按每 5 岁或 10 岁分组；也可以按 0～、1～、5～、10～、20～、…，以此类推，10 岁以上按每 10 岁分组。

## 二、频数分布图

为了更加直观地了解资料的频数分布情况，通常在编制频数分布表的基础上绘制频数分布图。用图形的方法能够形象直观地表达频数分布的信息，并可与频数分布表互为补充。连续型数值变量资料的频数表可绘制成直方图。一般情况下，绘图时以横轴表示观察变量（组距），以纵轴表示频数。

如以表 2-1 为基础绘制直方图,以身高组段为 $X$ 轴,标度是各组的组距;以频数为 $Y$ 轴,标度是各组段频数(人数)大小。绘制成图形见图 2-1。

表 2-1　某小学 2017 年 120 名 8 岁健康女孩身高的频数分布

| 身高组段/cm<br>(1) | 频数<br>(2) | 频率(%)<br>(3) | 累计频数<br>(4) | 累计频率(%)<br>(5) |
|---|---|---|---|---|
| 112~ | 2 | 1.7 | 2 | 1.7 |
| 114~ | 7 | 5.8 | 9 | 7.5 |
| 116~ | 9 | 7.5 | 18 | 15.0 |
| 118~ | 14 | 11.7 | 32 | 26.7 |
| 120~ | 15 | 12.5 | 47 | 39.2 |
| 122~ | 21 | 17.5 | 68 | 56.7 |
| 124~ | 18 | 15.0 | 86 | 71.7 |
| 126~ | 15 | 12.5 | 101 | 84.2 |
| 128~ | 10 | 8.3 | 111 | 92.5 |
| 130~ | 5 | 4.2 | 116 | 96.7 |
| 132~ | 3 | 2.5 | 119 | 99.2 |
| 134~136 | 1 | 0.8 | 120 | 100.0 |
| 合计 | 120 | 100.0 | — | — |

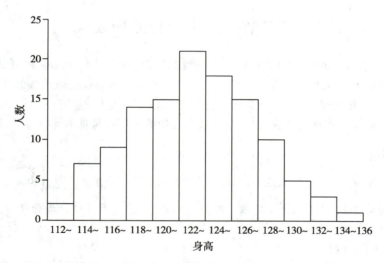

图 2-1　某小学 2017 年 120 名 8 岁健康女孩身高(cm)的频数分布

### 三、频数分布表和频数分布图的用途

**1. 揭示频数分布的特征**　数值变量资料的频数分布具有两个重要特征:集中趋势(central tendency)和离散趋势(tendency of dispersion)。集中趋势指一组数据向某个位置集中或聚集的倾向;离散趋势则反映的是一组数据的分散性或变异度,即各个数据离开集中位置的程度。如从表 2-1 可见,120 名 8 岁女孩的身高存在变异,但其分布有一定的规律:身高主要集中在 118~130(cm)之间,尤其以 122~124(cm)组段的人数最多,这种现象为集中趋势;身高的变异范围在 112~136(cm),此变异从中央到两侧频数分布逐渐减少,这种现象为离散趋势。

**2. 揭示频数分布的类型**　根据频数分布的特征可以将资料的分布分为对称型和不对称型两种。

对称分布又称近似正态分布,指集中位置在中间,左右两侧的频数基本对称的分布,如表 2-1 所示。不对称分布又称偏态分布,指频数分布不对称,集中位置偏向一侧。若集中位置偏向数值较小的一侧(左侧),频数分布向右侧拖尾,称为正偏态(positive skew),如表 2-2 频数分布;若集中位置偏向数值较大的一侧(右侧),频数分布向左侧拖尾,称为负偏态(negative skew)。进行统计描述与分析时,应针对不同类型的频数分布资料采用不同的统计方法。

表 2-2  某市大气中 180 天的 $SO_2$ 浓度含量分布

| 浓度/$\mu g \cdot m^{-3}$ | 天数 | 浓度/$\mu g \cdot m^{-3}$ | 天数 |
| --- | --- | --- | --- |
| 25~ | 15 | 150~ | 10 |
| 50~ | 34 | 175~ | 5 |
| 75~ | 50 | 200~ | 3 |
| 100~ | 42 | 225~250 | 2 |
| 125~ | 19 | | |

**3. 便于发现某些特大或特小的可疑值**  如在频数分布表的两端或某一端连续出现几个组段的频数为 0 后,又出现一些特大或特小值,让人怀疑这些数据的准确性,这些数据即为可疑值或异常值。对于这些数据应进一步的检查与核对。

4. 便于进一步计算统计指标和做统计分析。

**5. 大样本资料的陈述形式**  当描述一个大样本资料时,若将所有原始数据都罗列出来,则显得过于冗长繁琐,令人毫无印象,也看不出数据的分布特征与类型。但是如果改用频数分布表描述,则能快速判断出数据的分布特征与类型,令人印象深刻。因此,对于大样本数值变量资料,往往采用频数分布表作为资料的陈述形式。

# 第二节  集中趋势的描述

利用频数分布表,可以对数据的分布有一个直观的认识,为了进一步掌握数据分布的规律,还需要用统计指标从数量上准确地反映数据分布的特征。平均数(average)是描述数值变量资料集中位置的特征值,用来说明数据的平均水平(或集中趋势),它反映了一组资料的"一般""大多数""平常"等情况。平均数是一类统计指标的统称,在医学领域中常用的平均数有算术均数、几何均数和中位数。

## 一、算术均数

算数均数(arithmetic mean)简称均数(mean),反映一组同质数值变量资料的平均水平。一般常用希腊字母 $\mu$ 表示总体均数,$\bar{X}$ 表示样本均数。均数应用甚广,适用于对称分布资料,尤其是正态分布或近似正态分布的数值变量资料。

### (一)算术均数的计算

1. **直接法**  适用于样本含量较少时。这时将所有的原始观察值直接相加后,再除以观察值的个数 $n$,即

$$\bar{X} = \frac{X_1 + X_2 + X_3 + \cdots + X_n}{n} = \frac{\sum X}{n} \tag{2-1}$$

式中:$X_1, X_2, X_3, \cdots, X_n$ 为各观察值,$n$ 为观察值的个数,$\sum$ 是求和符号。

**例 2-2**  现有 7 名 9 岁男孩身高(cm),分别为 133.7、119.3、135.4、123.6、130.2、122.6、128.6,求平均身高。

$$\bar{X} = \frac{133.7 + 119.3 + 135.4 + 123.6 + 130.2 + 122.6 + 128.6}{7} = 127.63 (cm)$$

**2. 加权法**　当样本含量较大时,可以先将各观察值分组归纳成频数表,用加权法计算均数。其公式为:

$$\overline{X} = \frac{f_1 X_1 + f_2 X_2 + f_3 X_3 + \cdots + f_k X_k}{f_1 + f_2 + f_3 + \cdots + f_k} = \frac{\sum fX}{\sum f} \tag{2-2}$$

式中:$X_1, X_2, X_3, \cdots, X_k$ 和 $f_1, f_2, f_3, \cdots, f_k$ 分别为频数表中各组段的组中值和相应组段的频数。这里的 $f$ 起到"权重(weight)"的作用,即频数多的组段,其权重就大,其组中值对均数的影响也大;反之,则影响小。因此,频数又称权数。

**例 2-3**　利用表 2-1 资料计算 120 名 8 岁健康女孩的平均身高,见表 2-3。

表 2-3　某小学 2017 年 120 名 8 岁健康女孩身高均数的计算

| 身高组段/cm<br>(1) | 频数 $f_i$<br>(2) | 组中值 $X_i$<br>(3) | $f_i X_i$<br>(4) |
| --- | --- | --- | --- |
| 112~ | 2 | 113 | 226 |
| 114~ | 7 | 115 | 805 |
| 116~ | 9 | 117 | 1 053 |
| 118~ | 14 | 119 | 1 666 |
| 120~ | 15 | 121 | 1 815 |
| 122~ | 21 | 123 | 2 583 |
| 124~ | 18 | 125 | 2 250 |
| 126~ | 15 | 127 | 1 905 |
| 128~ | 10 | 129 | 1 290 |
| 130~ | 5 | 131 | 655 |
| 132~ | 3 | 133 | 399 |
| 134~136 | 1 | 135 | 135 |
| 合计 | 120 | — | 14 782 |

$$\overline{X} = \frac{2 \times 113 + 7 \times 115 + \cdots + 1 \times 135}{2 + 7 + \cdots + 1} = \frac{14\ 782}{120} = 123.18(\text{cm})$$

即某小学 8 岁女孩的平均身高为 123.18cm。

**(二)均数的特性**

1. 各观察值与均数之差(离均差)的总和等于 0。即 $\sum(X - \overline{X})$。

2. 各观察值的离均差平方和最小。

从上述这两个重要特征可得出:均数是一组单峰对称分布观察值最理想的代表值。这些特性以后将多次用到。

**(三)均数的应用**

1. 均数反映一组同质观察值的平均水平,并可作为样本的代表值与其他样本资料进行比较。

2. 均数适用于单峰对称分布资料,尤其是正态分布或近似正态分布的资料。但因均数易受极端值的影响,故不适用于描述偏态分布资料的集中趋势,这时应采用几何均数或中位数。

3. 均数在描述正态分布的特征方面有重要意义(见本章第四节)。

## 二、几何均数

某些资料的观察值存在少数偏大的极端值,呈正偏态分布,但经对数变换后呈近似正态分布,如某些微量元素在人群体内的含量、细菌计数、食物的农药残留量等;或者观察值之间呈倍数关系或近似倍数关系,如抗体滴度、血清凝集效价等,这时宜用几何均数(geometric mean)表示其平均水平,几何均数简记为 $G$。

### (一) 几何均数的计算

**1. 直接法**　当观察值较少时,可采用直接法。用 $n$ 个观察值的连乘积开 $n$ 次方,即:

$$G = \sqrt[n]{X_1 \cdot X_2 \cdot X_3 \cdots X_n} \tag{2-3}$$

当 $n$ 较大时,不好开 $n$ 次方,可改用对数运算,计算式为:

$$G = \lg^{-1}\left(\frac{\lg X_1 + \lg X_2 + \cdots + \lg X_n}{n}\right) = \lg^{-1}\left(\frac{\sum \lg X}{n}\right) \tag{2-4}$$

**例 2-4**　5 例某传染病患者血清抗体滴度分别为 1:10、1:20、1:40、1:80、1:160,求平均滴度。

$$G = \sqrt[5]{10 \times 20 \times 40 \times 80 \times 160} = 40$$

$$或 \quad G = \lg^{-1}\left(\frac{\lg 10 + \lg 20 + \lg 40 + \lg 80 + \lg 160}{5}\right) = \lg^{-1} 1.602\,06 = 40$$

故该资料的平均滴度为 1:40。

**2. 加权法**　如果资料样本含量很大,应先整理成频数表数据,再按公式(2-5)使用加权法计算:

$$G = \lg^{-1}\left(\frac{\sum f \lg X}{\sum f}\right) \tag{2-5}$$

**例 2-5**　计算表 2-4 中数据的平均滴度。

表 2-4　50 例胃癌患者血清某抗体滴度资料

| 抗体滴度<br>(1) | 人数($f$)<br>(2) | 滴度倒数($X$)<br>(3) | $\lg X$<br>(4) | $f \lg X$<br>(5)=(2)(4) |
|---|---|---|---|---|
| 1:2 | 1 | 2 | 0.301 0 | 0.301 0 |
| 1:4 | 7 | 4 | 0.602 1 | 4.214 7 |
| 1:8 | 9 | 8 | 0.903 1 | 8.127 9 |
| 1:16 | 6 | 16 | 1.204 1 | 7.224 6 |
| 1:32 | 10 | 32 | 1.505 1 | 15.051 0 |
| 1:64 | 9 | 64 | 1.806 2 | 16.255 8 |
| 1:128 | 5 | 128 | 2.107 2 | 10.536 0 |
| 1:256 | 3 | 256 | 2.408 2 | 7.224 6 |
| 合计 | 50 | — | — | 68.935 6 |

计算过程见表 2-4 第(3)~第(5)栏,把数据代入公式(2-5),结果如下:

$$G = \lg^{-1}\left(\frac{\sum f \lg X}{\sum f}\right) = \lg^{-1}\left(\frac{68.935\,6}{50}\right) = \lg^{-1} 1.378\,7 = 23.92 \approx 24$$

故该资料的平均抗体滴度为 1:24。

### (二) 几何均数的应用

1. 适用于观察值间呈倍数或近似倍数关系的资料。
2. 适用于资料呈正偏态分布,经对数变换后呈正态分布或近似正态分布的资料,即对数正态分布资料。
3. 负偏态资料不宜用几何均数,宜用中位数。

## 三、中位数和百分位数

### (一) 中位数

中位数(median)是一个位置指标,是将一组观察值从小到大排列,位次居中的观察值,常用 $M$ 表

笔记

示。在全部观察值中,大于和小于中位数的观察值个数相等。中位数可用于各种分布资料,常用于描述:①偏态分布或分布状态不清的资料;②观察值中有个别特大或特小值;③一端或两端无确定数据资料(即开口型资料)的平均水平。

中位数的计算方法有直接法和频数表法。

**1. 直接法**　当观察例数较少时,先将观察值由小到大按顺序排列,然后

$n$ 为奇数时

$$M = X_{\left(\frac{n+1}{2}\right)} \tag{2-6}$$

$n$ 为偶数时

$$M = \left[ X_{\left(\frac{n}{2}\right)} + X_{\left(\frac{n}{2}+1\right)} \right] \Big/ 2 \tag{2-7}$$

式中 $X$ 的下标为变量值的位置。

**例2-6**　5名某细菌性食物中毒患者的潜伏期分别为4、7、9、20、2小时,求平均潜伏期。

先将变量值从小到大排列为2、4、7、9、20,本例 $n$ 为奇数且等于5,利用公式(2-6)计算:

$$M = X_{\left(\frac{5+1}{2}\right)} = X_3 = 7$$

即该资料的平均潜伏期为7小时。

**例2-7**　在例2-6的基础上,又调查了1名患者的潜伏期为13小时,求这6人的平均潜伏期。

先将变量值从小到大排列为2、4、7、9、13、20,本例 $n$ 为偶数且等于6,利用公式(2-7)计算:

$$M = \left[ X_{\left(\frac{6}{2}\right)} + X_{\left(\frac{6}{2}+1\right)} \right] \Big/ 2 = (X_3 + X_4)/2 = (7+9)/2 = 8$$

即该资料的平均潜伏期为8小时。

**2. 频数表法**　当观察例数较多时,应先编制成频数表,再按公式(2-8)计算中位数。

$$M = L_m + \frac{i_m}{f_m} ( n \times 50\% - \sum f_L ) \tag{2-8}$$

式中: $L_m$ 、 $i_m$ 、 $f_m$ 分别为中位数 $M$ 所在组段的下限、组距、频数, $\sum f_L$ 为小于 $L_m$ 的累计频数, $n$ 为例数。

**例2-8**　某地118例链球菌咽喉炎患者的潜伏期频数表见表2-5,求平均潜伏期。

表2-5　某地118例链球菌咽喉炎患者的潜伏期

| 潜伏期/d<br>(1) | 人数($f$)<br>(2) | 累计频数<br>(3) | 累计频率(%)<br>(4) |
|---|---|---|---|
| 12~ | 4 | 4 | 3.4 |
| 24~ | 17 | 21 | 17.8 |
| 36~ | 32 | 53 | 44.9 |
| 48~ | 24 | 77 | 65.3 |
| 60~ | 18 | 95 | 80.5 |
| 72~ | 12 | 107 | 90.7 |
| 84~ | 5 | 112 | 94.9 |
| 96~ | 4 | 116 | 98.3 |
| 108~ | 2 | 118 | 100.0 |
| 合计 | 118 | — | — |

由表 2-5 第（4）、（1）栏可见，$M$ 在"48～"组段。现 $L_m = 48$，$i_m = 12$，$f_m = 24$，$\sum f_L = 53$，代入公式（2-8）得

$$M = 48 + \frac{12}{24}\left(\frac{118}{2} - 53\right) = 51（天）$$

即 118 例链球菌咽喉炎患者平均潜伏期为 51 天。

### （二）百分位数

百分位数（percentile）是一种位置指标，用 $P_X$ 表示。一个百分位数 $P_X$ 将全部观察值分为两部分，在不包含 $P_X$ 的全部观察值中有 $X\%$ 的观察值比它小，$(100-X)\%$ 个观察值比它大。如 $P_{25}$ 表示资料在 $P_{25}$ 位置左侧的累积频数占总例数的 25%，右侧占 75%。可以看出，中位数实际就是 $P_{50}$。百分位数的重要用途是确定医学参考值范围（reference range）。

百分位数的计算公式为：

$$P_X = L_X + \frac{i_X}{f_X}(n \cdot X\% - \sum f_L) \tag{2-9}$$

式中：$L_X$、$i_X$ 和 $f_X$ 分别为第 $X$ 百分位数所在组段的下限、组距和频数，$\sum f_L$ 为小于 $L_X$ 各组段的累计频数，$n$ 为总例数。

**例 2-9**　求例 2-8 资料中的 $P_{25}$、$P_{75}$、$P_{2.5}$、$P_{97.5}$。

$$P_{25} = 36 + \frac{12}{32}(118 \times 25\% - 21) = 39.19（天）$$

$$P_{75} = 60 + \frac{12}{18}(118 \times 75\% - 77) = 67.67（天）$$

$$P_{2.5} = 12 + \frac{12}{4}(118 \times 2.5\% - 0) = 20.85（天）$$

$$P_{97.5} = 96 + \frac{12}{4}(118 \times 97.5\% - 112) = 105.15（天）$$

# 第三节　离散趋势的描述

集中趋势只反映了分布的一个特征，还应该了解各观察值之间的离散趋势（变异程度），只有将两者结合起来，才能全面反映资料的分布规律。描述数值变量资料离散趋势的指标主要有极差、四分位数间距、方差、标准差和变异系数，其中方差和标准差最为常用。

## 一、极差和四分位数间距

### （一）极差

极差（range）简记为 $R$，又称全距，是全部数据中的最大值与最小值之差。极差大，即说明变异度大；极差小，则变异度小。由于极差计算简便，概念清晰，因而应用范围广泛，如说明传染病、食物中毒的最长、最短潜伏期等。

**例 2-10**　求下面三组同龄男孩的身高（cm）的均数和极差。

甲组：96　99　100　101　104　　　$\overline{X}_甲 = 100\text{cm}$　　　$R_甲 = 8\text{cm}$

乙组：96　98　100　102　104　　　$\overline{X}_乙 = 100\text{cm}$　　　$R_乙 = 8\text{cm}$

丙组：90　95　100　105　110　　　$\overline{X}_丙 = 100\text{cm}$　　　$R_丙 = 20\text{cm}$

上述资料可以看出，尽管三组数据的均数相等，即集中趋势相同，但是各组数据的参差不齐程度不同，即三组数据的离散趋势不同。计算三组数据的极差，$R_甲 = 8$，$R_乙 = 8$，$R_丙 = 20$，说明丙组男孩的身高变异最大。但是极差仅考虑两端数据的差异，不能反映组内所有数据的变异程度，且受样本含量 $n$ 的影响较大。一般来说，从同一个总体抽样，$n$ 大，$R$ 也大。即使在 $n$ 不变的情况下，每次抽

样得到的极差也可能相差较大,故极差的稳定性较差。样本含量相差悬殊时,不宜用极差比较变异程度。

### （二）四分位数间距

四分位数间距(quartile interval)用符号 $Q$ 表示,是上四分位数 $Q_U(P_{75})$ 和下四分位数 $Q_L(P_{25})$ 之差,即 $Q=Q_U-Q_L$,其间包括了全部变量值的一半。它适合于偏态分布资料,特别是分布末端无确定数据的资料的变异度的描述。$Q$ 越大,说明数据的变异度越大;反之,$Q$ 越小,说明数据的变异度越小。$Q$ 一般和中位数一起描述偏态分布资料的分布特征。

**例 2-11**　求例 2-8 数据的四分位数间距。

$$Q=Q_U-Q_L=P_{75}-P_{25}=67.67-39.19=28.48(\text{天})$$

由于 $Q$ 包括了居于中间位置 50% 的变量值,故受到样本含量波动的影响较极差小,但是它也只考虑了资料中两个分位数的变异,未考虑其他变量值的变异,因而也不太稳定。

## 二、方差和标准差

### （一）方差

方差(variance)又称均方差(mean square deviation),反映一组数据的平均离散水平。为了克服极差和四分位数间距不能反映每个观察值之间的离散程度的缺点,需要全面考虑到每个观察值间的变异。就总体而言,应考虑其每个变量值 $X$ 与均数 $\mu$ 的差值,即离均差 $X-\mu$。由于 $X-\mu$ 有正有负,使得 $\sum(X-\mu)=0$,这样仍无法描述一组数据的变异程度。如果将离均差 $X-\mu$ 平方后相加得到 $\sum(X-\mu)^2$,称为离均差平方和(sum of squares of deviations from mean),这就能消除正、负值抵消的影响。但离均差平方和的大小除与数据变异度有关外,还与变量值的个数 $N$ 有关,将离均差平方和除以 $N$,就得到方差。总体方差用 $\sigma^2$ 表示,其计算公式为:

$$\sigma^2=\frac{\sum(X-\mu)^2}{N} \tag{2-10}$$

一般情况下,总体均数 $\mu$ 未知,需要用样本均数 $\overline{X}$ 估计。数理统计证明,若用样本含量 $n$ 代替 $N$,计算出的样本方差对 $\sigma^2$ 的估计偏小。英国统计学家 W. S. Gosset 建议用 $n-1$ 代替 $n$ 来校正,这就是样本方差 $S^2$。其计算公式为:

$$S^2=\frac{\sum(X-\overline{X})^2}{n-1} \tag{2-11}$$

式中:$n-1$ 称为自由度(degree of freedom),指随机变量所能"自由"取值的个数,用希腊字母 $\nu$(读 niu)表示。它描述了当 $\sum X$ 不变的情况下,$n$ 个变量值($X$)中能自由变动的变量值的个数。离均差平方和 $\sum(X-\overline{X})^2$ 常用 $SS$ 或 $l_{XX}$ 表示。

### （二）标准差

方差可以较全面地反映变量值的变异情况,但是方差的单位是原单位的平方,将方差开方即得标准差(standard deviation),它与原变量值单位相同。标准差同样反映一组数据的平均离散水平。总体标准差用 $\sigma$ 表示,样本标准差用 $S$ 表示。

总体标准差计算公式为

$$\sigma=\sqrt{\frac{\sum(X-\mu)^2}{N}} \tag{2-12}$$

样本标准差计算公式为

$$S=\sqrt{\frac{\sum(X-\overline{X})^2}{n-1}} \tag{2-13}$$

从标准差计算公式可以看出,当各变量值越接近均数时,标准差就越小;当各变量值越远离均数时,标准差就越大。因此,标准差可以更完善地说明一组变量值之间的离散程度。标准差越大,变量值越离散,个体变异越大,则均数的代表性就越差;反之,标准差越小,变量值越集中,个体变异越小,则均数的代表性就越好。

### （三）标准差的计算方法

**1. 直接法**　数学上可以证明 $\sum(X-\overline{X})^2=\sum X^2-(\sum X)^2/n$,所以样本标准差的公式可演变为:

$$S=\sqrt{\frac{\sum X^2-(\sum X)^2/n}{n-1}} \tag{2-14}$$

**例2-12**　对例2-10资料,计算三组资料的标准差。

甲组: $\sum X^2=50\ 034$,$\sum X=500$,$n=5$,代入公式(2-14)得

$$S_{甲}=\sqrt{\frac{50\ 034-500^2/5}{5-1}}=2.92$$

余仿此,$S_{乙}=3.16$,$S_{丙}=7.91$。即丙组的变异度最大,甲组的变异度最小。

**2. 加权法**　当观察值较多时,与加权法计算均数一样,首先编制频数分布表,再利用下式计算标准差。

$$S=\sqrt{\frac{\sum fX^2-(\sum fX)^2/\sum f}{\sum f-1}} \tag{2-15}$$

**例2-13**　利用表2-3的资料,用加权法计算这些8岁女孩身高的标准差。

本题:$\sum fX^2=1\ 823\ 584$,$\sum fX=14\ 782$,$\sum f=120$。代入公式(2-15)得

$$S=\sqrt{\frac{1\ 823\ 584-14\ 782^2/120}{120-1}}=4.75(\text{cm})$$

### （四）标准差的应用

**1. 描述事物的变异程度**　标准差和方差适用于描述对称分布资料,特别是正态分布或近似正态分布资料的变异程度。

**2. 衡量均数的代表性**　在多组(含两组)资料的均数相近、度量单位相同的条件下,标准差大,表示观察值离均数较远,均数代表性差,表明事物内部数据的变异度大;反之,标准差小,则反映均数的代表性较好,事物内部数据的变异度小。但是若比较度量单位不同或均数相差悬殊观察值的变异度时,不能直接用标准差比较,需要计算变异系数进行比较。

**3. 结合样本均数描述频数分布特征**　标准差与均数共同描述正态分布的特征,并对频数分布作出概括估计,可用于确定医学参考值。

**4. 计算变异系数和标准误。**

## 三、变异系数

变异系数(coefficient of variation)记为$CV$,常用于变量值单位不同时离散程度的比较,如身高与体重的变异程度的比较;或均数相差较大时的离散程度的比较,如儿童身高与成人身高变异程度的比较。其计算公式为

$$CV=\frac{S}{\overline{X}}\times100\% \tag{2-16}$$

由上式可以看出:①变异系数无度量衡单位,可以比较不同单位指标间的变异度;②变异系数消除了均数的大小对标准差的影响,所以可以比较两均数相差较大时指标间的变异度。

知识链接

### OCV 与 RCV

最佳条件下的变异系数( optimal conditions variance,OCV )是指在某实验室内最理想和最恒定的条件下,对同一批质控物进行反复测定(至少 20 份)所得出的变异系数。OCV 是在目前条件下该实验室该项目检测所能达到的最好的精密度水平,是该实验室工作水平的一个基础指标。

常规条件下的变异系数( routine conditions variance,RCV )是指在某实验室内常规条件下,测定同一批质控物所得出的变异系数。它反映常规条件下该项目的精密度水平。它不仅可以用于比较不同方法、仪器、操作者等在常规工作下的精密度,而且是实验室质量控制中靶值和允许误差范围确定的依据。一般情况下,OCV<RCV。

**1. 比较度量衡单位不同的多组资料的变异度**

例 2-14 某地 7 岁男孩身高均数为 123.11cm,标准差为 4.70cm;体重均数为 22.30kg,标准差为 2.25kg,试比较身高与体重的变异程度。

将数据代入公式(2-16)得:

$$身高 \ CV = \frac{S}{\bar{X}} \times 100\% = \frac{4.70}{123.11} \times 100\% = 3.82\%$$

$$体重 \ CV = \frac{S}{\bar{X}} \times 100\% = \frac{2.25}{22.30} \times 100\% = 10.09\%$$

即该地 7 岁男孩体重的变异大于身高的变异。

**2. 比较均数相差悬殊的多组资料的变异度**

例 2-15 某年某市调查了 120 名 5 岁女孩体重,均数为 17.72kg,标准差为 1.44kg。同年该市 120 名 5 个月女婴体重均数为 7.36kg,标准差为 0.77kg。请比较两者的离散程度。

$$5 \ 岁女孩体重 \ CV = \frac{S}{\bar{X}} \times 100\% = \frac{1.44}{17.72} \times 100\% = 8.13\%$$

$$5 \ 个月女婴体重 \ CV = \frac{S}{\bar{X}} \times 100\% = \frac{0.77}{7.36} \times 100\% = 10.46\%$$

由此可见,该市 5 个月女婴体重的变异大于 5 岁女孩体重的变异。

# 第四节 正 态 分 布

医学领域中观察或实验的结果一般是随机变量,记为 X,其特点是每次实验前无法事先确定具体取什么数值,反复大量观察后就能发现取值有一定的规律性。要全面认识一个随机变量的规律,除了要了解其取值外,还应知道它以多大的概率取这些值。随机变量 X 取各种值的概率的规律称为概率分布规律,简称分布。它是研究随机变量的工具和统计分析的理论基础。正态分布( normal distribution)是最常见、最重要的一种连续型分布,医学领域中的许多数据近似服从正态分布。通过掌握正态分布曲线的特征,可以对医学科研中数据的处理提供帮助。

## 一、正态分布的概念和特征

### (一)正态分布的概念

正态分布是一个在生物、数学、物理及工程等领域都非常重要的连续性随机变量概率分布,在医学统计学中有着重要的作用。它首先由德国数学家德·莫阿弗尔于 1733 年提出,后来德国数学家高斯对其性质和用途作了进一步的研究,故正态分布又称高斯分布( Gaussian distribution)。根据本章第一节的表 2-1 资料绘制成直方图,假设将观察例数逐渐增加,组数也随之增多,组段不断分细,直方图

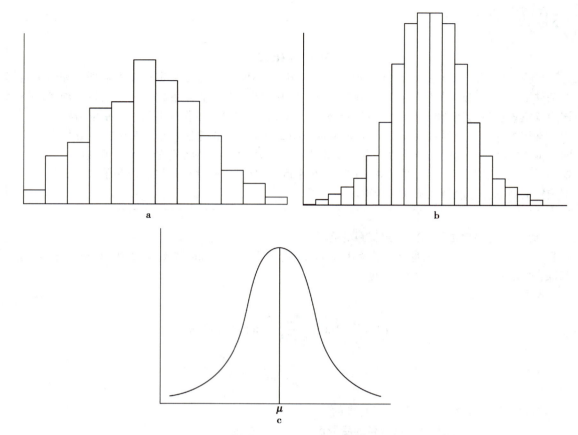

图 2-2　频数分布逐渐接近正态分布示意图

中的直条将逐渐变窄,其顶端逐渐接近一条光滑曲线,如图 2-2。这是一条两头低、中间高、左右对称、呈钟形的曲线,在统计学上称为正态分布曲线(normal distribution curve)。

若连续型随机变量 $X$ 的分布服从一个位置参数为 $\mu$、变异度参数为 $\sigma$ 的正态分布,其概率密度函数为:

$$f(X) = \frac{1}{\sigma\sqrt{2\pi}} e^{-\frac{(X-\mu)^2}{2\sigma^2}} \tag{2-17}$$

式中:$\mu$ 为总体均数,$\sigma$ 为总体标准差,是正态分布的两个参数,$\pi$ 为圆周率($\pi = 3.1415926\cdots$),$e$ 是自然对数的底($e = 2.71828\cdots$)。以上均为常量,仅 $X$ 为变量,取值范围是 $-\infty < X < +\infty$。这个随机变量 $X$ 就称为正态随机变量,记作 $X \sim N(\mu, \sigma^2)$。当 $X$ 确定后,就可由此式求出其密度函数 $f(X)$,即对应的纵坐标高度。因此,知道 $\mu$ 和 $\sigma$,就能按公式(2-17)绘出正态曲线的图形。

**(二)正态分布的特征**

正态分布曲线是以均数为中心、中间高、两边逐渐降低并完全对称的单峰性钟形连续性分布。它的特征是:

**1. 集中性**　正态曲线在横轴上方均数处最高。在 $X = \mu$,$f(X)$ 取最大值,其值 $f(\mu) = \frac{1}{\sigma\sqrt{2\pi}}$;$X$ 越远离 $\mu$,$f(X)$ 值越小。

**2. 对称性**　正态分布以均数为中心左右对称。正态分布曲线在直角坐标的横轴上方,呈钟形曲线,两端与 $X$ 轴永不相交,且以 $X = \mu$ 为对称轴,左右完全对称。

**3. 正态分布有两个参数,即位置参数 $\mu$ 和形态参数 $\sigma$**　若固定 $\sigma$,改变 $\mu$ 值,曲线沿着 $X$ 轴平行移动,其形态不变。若固定 $\mu$,$\sigma$ 越小,分布越集中,曲线越陡峭,反之曲线越低平,但中心在 $X$ 轴的位置不变(图 2-3)。如果知道了 $\mu$ 和 $\sigma$,就可以把正态分布曲线确定下来。通常用记号 $N(\mu, \sigma^2)$ 表示均数为 $\mu$、标准差为 $\sigma$ 的正态分布。

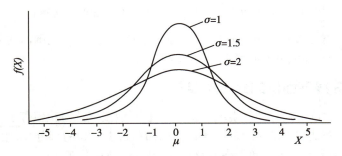

图 2-3　不同标准差 $\sigma$ 的正态分布示意图($\mu=0$)

4. 正态分布曲线下的总面积等于 1。

## 二、标准正态分布

正态分布是一个分布簇,对应不同的参数 $\mu$ 和 $\sigma$,会产生不同位置、不同形状的正态分布。为应用方便,常对变量 $X$ 进行标准化变换:

$$z=\frac{X-\mu}{\sigma} \tag{2-18}$$

利用公式(2-18),使原始变量 $X$ 转换成 $z$ 值。数理统计证明:$z$ 值的均数等于 0,标准差等于 1,即将图 2-4(a)中 $\mu$ 的位置移到零点,横轴尺度以 $\sigma$ 为单位,如图 2-4(b)。这样将 $X\sim N(\mu,\sigma^2)$ 的正态分布转换为 $z\sim N(0,1)$ 的标准正态分布(standard normal distribution),于是公式(2-17)可简化为

$$\varphi(z)=\frac{1}{\sqrt{2\pi}}e^{\frac{-z^2}{2}} \tag{2-19}$$

式中:$-\infty<z<+\infty$,$\varphi(z)$ 为标准正态分布的密度函数,即纵坐标高度。$z$ 值称为标准正态变量。对式(2-19)求积分,可得到 $z$ 值的分布函数为:

$$\Phi(z)=\frac{1}{\sqrt{2\pi}}\int_{-\infty}^{z}e^{-\frac{x^2}{2}}dx \tag{2-20}$$

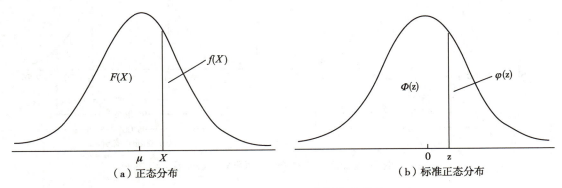

(a)正态分布　　　　　　　　　　　(b)标准正态分布

图 2-4　正态分布的面积与纵高示意图

根据公式(2-20)推算可制成附表 1。欲求一定区间标准正态分布曲线下的面积,只需查附表 1 即可。且

$$\Phi(z)=1-\Phi(-z) \tag{2-21}$$

**例 2-16**　已知 $z_1=-1.30$,$z_2=1.70$,求标准正态曲线下($-1.30$,$1.70$)范围内的面积。

查附表 1,得 $\Phi(z_1)=\Phi(-1.30)=0.096\,8$,$\Phi(-1.70)=0.044\,6$,根据正态分布的对称性,可得

$$\Phi(1.70)=1-\Phi(-1.70)=1-0.044\,6=0.955\,4$$

因此($-1.30$,$1.70$)范围内的面积为

$$D = \Phi(1.70) - \Phi(-1.30) = 0.955\,4 - 0.096\,8 = 0.858\,6$$

对于服从非标准正态分布 $N(\mu, \sigma^2)$ 的变量,求曲线下任意 $(X_1, X_2)$ 范围内的面积,可先作标准化变换,再借助标准正态分布曲线下的面积表(附表1)求得。

### 三、正态分布曲线下面积的分布规律

正态分布曲线与横轴间的面积即代表事件发生的概率,曲线下总面积恒等于1或100%。在实际工作中经常需要了解正态曲线下横轴上的一定区间的面积占总面积的百分数,用以估计该区间的例数占总例数的百分数(频数分布),或变量落在该区间的概率(概率分布)。

正态分布曲线下一定区间的面积可通过公式(2-20)用定积分方法求得,但是计算很烦琐。为了便于应用,统计学家编制了标准正态分布曲线下的面积表(附表1),查表即可得到正态分布曲线下某区间的面积。查表时应注意:①$z<0$ 时,表中曲线下面积为 $-\infty$ 到 $z$ 的下侧累积面积;②$z>0$ 时,利用标准正态分布曲线以0为中心、左右对称性特点,$(z, +\infty)$ 的面积等于 $(-\infty, -z)$ 的面积;③当已知 $\mu$、$\sigma$ 和 $X$ 时,先按公式(2-18)求得 $z$ 值,再查表;当 $\mu$ 和 $\sigma$ 未知,并且样本例数在100例以上时,常用样本均数 $\bar{X}$ 和标准差 $S$ 分别代替 $\mu$ 和 $\sigma$,按公式(2-18)求得 $z$ 值;④曲线下横轴上的总面积为100%或1。

**例2-17**　已知 $z_1 = -1.75$,$z_2 = -0.26$,求标准正态曲线下 $(-1.75, -0.26)$ 范围内的面积。

查附表1得:

$$D = \Phi(z_2) - \Phi(z_1) = \Phi(-0.26) - \Phi(-1.75) = 0.397\,4 - 0.040\,1 = 0.357\,3$$

对于符合正态分布或近似正态分布的资料,只要求出均数和标准差,就可以对其频数分布作出估计。理论上,正态分布 $\mu \pm \sigma$、$\mu \pm 1.96\sigma$ 和 $\mu \pm 2.58\sigma$ 的区间面积分别占总面积(或总观察例数)的68.27%、95%和99%;由于标准正态分布的 $\mu = 0$、$\sigma = 1$,即相对应的 $(-1, 1)$、$(-1.96, 1.96)$ 和 $(-2.58, 2.58)$ 的区间面积也分别占总面积(或总观察例数)的68.27%、95%和99%,如图2-5所示。这三个区间尤其是后两个区间的应用最多,应该牢记。

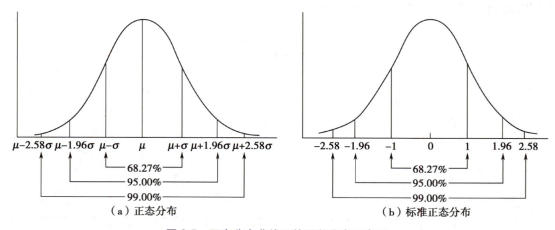

（a）正态分布　　　　　　　（b）标准正态分布

图2-5　正态分布曲线下的面积分布示意图

### 四、正态分布的应用

#### （一）估计总体变量值的频数分布

医疗卫生工作中有些变量服从或近似服从正态分布,如正常人某些生理、生化指标的频数分布(如身高、体重、体温、血压、脉搏、红细胞计数、血红蛋白含量等);实验研究中的随机误差、抽样误差规律等也服从正态分布。这类资料可直接利用正态分布规律进行统计分析。此外,一些变量虽不服从正态分布,但经变量变换后近似服从正态分布,如人群中的抗体滴度、环境中某些有害物质的浓度、细菌密度等。对于服从或者变量变换后服从正态分布或对数正态分布的变量,只要求得其均数和标准差,根据正态分布曲线下面积分布的规律,就能估计其频数(或频率)分布。

**例2-18**　已知某市120名10岁男孩的肺活量服从正态分布,$\bar{X} = 1.673\text{L}$,$S = 0.296\text{L}$。请估计该市

肺活量介于 1.200～1.500L 范围内 10 岁男孩的比例。

本例属一般正态分布,需先进行标准化变换,因 120 例为大样本,可用样本均数 $\overline{X}$ 和样本标准差 $S$ 作为总体均数 $\mu$ 和总体标准差 $\sigma$ 的估计值。

$$z_1 = \frac{1.200 - 1.673}{0.296} = 1.60$$

$$z_2 = \frac{1.500 - 1.673}{0.296} = -0.58$$

查附表 1 得:

$$D = \Phi(z_2) - \Phi(z_1) = \Phi(-0.58) - \Phi(-1.60) = 0.281\,0 - 0.054\,8 = 0.226\,2$$

估计该市肺活量在 1.200～1.500L 范围内 10 岁男孩的比例为 22.62%。

### （二）制定医学参考值范围

参考值是具有明确背景资料的参考人群某项指标的测得值。医学参考值范围(medical reference range)又称为正常值范围(normal value range),是指包括绝大多数正常人的人体形态、功能和代谢产物等各种生理、生化指标的观察值的波动范围,一般在临床上用作判定正常与异常的参考标准。制定医学参考值范围的步骤和注意事项如下:

**1. 确定观察对象和抽取足够的观察单位**　制定医学参考值范围时,调查的所谓"正常人",不是指机体器官组织和功能都完全健康的人,而是指排除了影响所研究变量的疾病和有关因素的同质人群。由于医学参考值范围是根据样本分布来确定的,样本分布越接近总体分布,结果越可靠,故需抽取足够的样本含量。一般要求每组至少在 100 例以上,如果影响研究变量的因素较复杂,数据变异度大,还应适当增加样本含量。

**2. 测定方法应统一和准确**　应采用得到公认的或权威机构推荐的标准方法,以利于结果的评价和比较。

**3. 决定是否分组制定参考值范围**　当观察项目在性别、年龄、地区、民族、职业等之间的分布差别较明显,而这一差别具有实际意义时,应分组制定医学参考值范围。

**4. 确定采取双侧或单侧参考值范围**　根据医学专业知识来确定。例如,体重过高或过低均属异常,则相应的参考值既有上限又有下限,是双侧参考值范围;血铅仅过高属于异常,则相应的参考值范围仅有上限,是单侧参考值范围;肺容量仅过低属于异常,则相应的参考值范围仅有下限,也是单侧参考值范围。

**5. 选定适当的百分界限**　一般选择 95% 或 99% 为参考值的界限。

**6. 选择制定医学参考值范围的方法**　可参照表 2-6,利用正态分布法或百分位数法制定医学参考值范围。

**表 2-6　医学参考值范围的制定**

| 参考值范围/% | 正态分布法 | | | 百分位数法 | | |
|---|---|---|---|---|---|---|
| | 双侧 | 单侧 | | 双侧 | 单侧 | |
| | | 只有下限 | 只有上限 | | 只有下限 | 只有上限 |
| 90 | $\overline{X} \pm 1.64S$ | $\overline{X} - 1.28S$ | $\overline{X} + 1.28S$ | $P_5 \sim P_{95}$ | $> P_{10}$ | $< P_{90}$ |
| 95 | $\overline{X} \pm 1.96S$ | $\overline{X} - 1.64S$ | $\overline{X} + 1.64S$ | $P_{2.5} \sim P_{97.5}$ | $> P_5$ | $< P_{95}$ |
| 99 | $\overline{X} \pm 2.58S$ | $\overline{X} - 2.33S$ | $\overline{X} + 2.33S$ | $P_{0.5} \sim P_{99.5}$ | $> P_1$ | $< P_{99}$ |

**例 2-19**　某地调查正常成年男子 200 人的血清钙,得 $\overline{X} = 2.35\text{mmol/L}$,$S = 0.13\text{mmol/L}$。试估计该地正常成年男子血清钙的 99% 参考值范围。

因血清钙过多或过少都属异常,且近似正态分布,故估计该地正常成年男子血清钙的 99% 参考值范围应为双侧,上下限分别为:

下限:$\overline{X} - 2.58S = 2.35 - 2.58 \times 0.13 = 2.01(\text{mmol/L})$

上限：$\bar{X}+2.58S=2.35+2.58\times0.13=2.69(\text{mmol/L})$

该地正常成年男子血清钙的99%参考值范围为2.01~2.69mmol/L。

**例2-20**　某市进行小学生体质评价，测定150名9岁男孩的肺活量，$\bar{X}=1.675L$，$S=0.296L$，试估计该市小学生中9岁男孩的肺活量95%参考值范围。

因肺活量仅以过低为异常，故计算单侧的95%参考值范围是：

下限：$\bar{X}-1.64S=1.675-1.64\times0.296=1.190(\text{L})$

即估计该市小学生中9岁男孩的肺活量95%参考值范围为不低于1.190L。

### （三）用于质量控制

通常实验中的检测误差服从正态分布，故可用正态分布理论评价和控制实验的质量。为了控制实验中的检测误差，常以$\bar{X}\pm2S$作为上、下警戒限，以$\bar{X}\pm3S$作为上、下控制限。这里的$2S$和$3S$可视为$1.96S$和$2.58S$的近似值。实验检测结果如落在警戒限之内，说明分析质量在控制之中；若在20次以上的检测结果中，有检测结果频繁地越出警戒限（连续2次检测结果）或1次检测结果越出控制限，就说明发生了失控，需采取应对措施。

### （四）作异常值剔除

异常值又称离群值、可疑值或逸出值，是指同质观察单位的观察值或重复测量的测得值中出现在极端位置上并远离群体的数值。这种观察值有可能是因工作过失造成的。一旦查明确系过失造成，即可将此值剔除，以免影响分析结果。但如无法查出过失的存在，此时不能凭主观愿望任意删除此类数据，而必须以统计学方法决定这类异常值的取舍。有很多剔除异常值的方法，其中一个是对于呈正态分布资料，若异常值超出$\bar{X}\pm3S$的范围，就可删去该异常值。因为在正常情况下，超出$\bar{X}\pm3S$范围的观察值只有0.27%，删错的可能性非常小。

### （五）正态分布是许多统计方法的理论基础

以正态分布理论为基础，可将$z$值作为统计量进行假设检验，即$z$检验。另外，如$t$分布、$F$分布和$\chi^2$分布都是在正态分布的基础上推导出来的。$t$分布、二项分布和Poisson分布的极限为正态分布，在一定的条件下可按正态近似原理来处理。

## 本章小结

　　分析大样本的数值变量资料，应先对原始数据进行适当分组、整理，编制频数分布表或频数分布图。频数分布具有集中趋势和离散趋势两大特征。集中趋势用平均数描述。平均数包括算术均数、几何均数和中位数，各有直接法和加权法（频数表法）两种计算方法。算术均数应用甚广，适用于对称分布资料；几何均数适用于对数正态分布或等比资料；中位数适用于任何分布，但其代表性最差，一般用于偏态分布资料；百分位数$P_X$是位置指标，理论上有$X\%$个观察值比它小，有$(100-X)\%$个观察值比它大。描述离散趋势指标有极差、四分位数间距、方差、标准差和变异系数。其中，四分位数间距适用于偏态分布，正态分布资料则多用标准差。

　　正态分布是一种在生物、数学、物理及工程等领域应用广泛的连续型随机变量概率分布，许多医学现象服从或近似服从正态分布。正态分布是多种统计方法的理论基础。正态分布曲线是一条两头低、中间高、以均数$\mu$为中心左右对称、呈钟形的曲线。它有两个参数：均数$\mu$是其位置参数，标准差$\sigma$是其形状参数或变异度参数。利用正态曲线下面积的分布规律，可概括估计总体变量值的频率分布、制定医学参考值范围、进行质量控制和用于剔除异常值。正态曲线下面积代表事件发生的概率，有一定规律，$\mu\pm1.96\sigma$和$\mu\pm2.58\sigma$分别占总面积（或总观察例数）的95%和99%，这两个区间的应用最多，应该牢记。为便于应用，对于服从一般正态分布$N(\mu,\sigma^2)$的指标，可先作$z$变换，$z$变量服从标准正态分布$N(0,1)$，再借助标准正态分布曲线下面积分布表求曲线下任意范围内的面积。

（林斌松）

扫一扫,测一测

## 思考题

### 一、简答题

1. 均数、几何均数和中位数的适用范围有何异同?
2. 中位数与百分位数在意义、计算和应用上有何区别与联系?
3. 表示一组变量值的离散趋势的指标有哪些? 有何异同?
4. 正态分布的主要特征和面积分布规律是什么?
5. 医学参考值范围的涵义是什么? 制定的步骤、方法和计算公式是什么?

### 二、综合应用题

1. 某大学随机抽样测得 110 名 19 岁男大学生的身高(cm)资料如下。

| | | | | | | | | | |
|---|---|---|---|---|---|---|---|---|---|
| 168.4 | 183.6 | 171.1 | 177.3 | 175.0 | 178.4 | 177.0 | 176.0 | 171.3 | 177.3 |
| 162.7 | 173.4 | 183.6 | 168.0 | 174.0 | 168.6 | 174.5 | 171.0 | 164.0 | 175.7 |
| 175.0 | 172.5 | 169.4 | 176.8 | 159.5 | 173.4 | 170.6 | 170.2 | 174.4 | 172.6 |
| 160.7 | 170.0 | 178.8 | 173.4 | 170.0 | 164.3 | 165.6 | 181.5 | 173.2 | 181.8 |
| 176.4 | 170.4 | 171.4 | 172.4 | 163.2 | 175.0 | 171.0 | 179.6 | 175.0 | 171.6 |
| 167.4 | 181.5 | 175.8 | 173.0 | 182.7 | 172.3 | 170.3 | 164.1 | 182.3 | 170.9 |
| 178.0 | 170.3 | 180.0 | 170.5 | 176.2 | 170.4 | 167.0 | 171.2 | 170.8 | 173.0 |
| 166.5 | 178.4 | 167.5 | 171.4 | 172.4 | 170.2 | 180.5 | 185.4 | 166.4 | 186.6 |
| 170.3 | 166.4 | 176.5 | 167.3 | 173.2 | 174.8 | 164.2 | 165.3 | 176.0 | 171.4 |
| 151.8 | 155.2 | 173.3 | 170.2 | 162.3 | 167.3 | 173.3 | 176.3 | 171.2 | 165.4 |
| 165.7 | 169.6 | 171.2 | 166.2 | 171.8 | 165.5 | 168.4 | 189.3 | 167.5 | 182.8 |

(1) 编制频数分布表,简述分布类型和分布特征。
(2) 计算均数 $\overline{X}$,并与中位数 $M$ 进行比较;计算标准差 $S$、变异系数 $CV$。
(3) 计算 $P_{2.5}$ 及 $P_{97.5}$,并与 $\overline{X} \pm 1.96S$ 的范围进行比较。
(4) 估计该大学 19 岁男大学生中身高在 166~176cm 范围内的比例。
(5) 估计该大学 19 岁男大学生中身高低于 170.0cm 所占的比例。

2. 某疾病控制中心对 30 名麻疹易感儿童经气溶胶免疫 1 个月后,测得其血凝抑制抗体滴度,资料见表 2-7。试计算平均滴度。

表 2-7　30 名麻疹易感儿童血凝抑制抗体滴度

| 抗体滴度 | 1∶8 | 1∶16 | 1∶32 | 1∶64 | 1∶128 | 1∶256 | 1∶512 | 合计 |
|---|---|---|---|---|---|---|---|---|
| 例数 | 2 | 6 | 5 | 10 | 4 | 2 | 1 | 30 |

3. 50 例链球菌咽峡炎患者的潜伏期如表 2-8,计算其中位数 $M$ 和百分位数 $P_{2.5}$、$P_{97.5}$。

表 2-8　50 例链球菌咽峡炎患者的潜伏期

| 潜伏期/h | 12~ | 24~ | 36~ | 48~ | 60~ | 72~ | 84~ | 96~ | 108~120 | 合计 |
|---|---|---|---|---|---|---|---|---|---|---|
| 病例数/个 | 1 | 7 | 11 | 11 | 7 | 5 | 4 | 2 | 2 | 50 |

4. 2012 年某市为了解该市居民发汞的基础水平情况,为该地区的汞污染环境监测积累资料,随机调查了居住在该市 1 年以上、无明显肝肾疾病、无汞作业接触史的居民发汞含量如表 2-9。请据此计算该市居民发汞值的 95% 医学参考值范围。

笔记

表 2-9 2012 年某市常住居民发汞含量监测数据

| 发汞值/$\mu mol \cdot kg^{-1}$ | 1.5~ | 3.5~ | 5.5~ | 7.5~ | 9.5~ | 11.5~ | 13.5~ | 15.5~ | 17.5~ | 19.5~ |
| --- | --- | --- | --- | --- | --- | --- | --- | --- | --- | --- |
| 人数 | 20 | 60 | 60 | 48 | 18 | 16 | 6 | 1 | 0 | 3 |

5. 某市随机测得 160 名 16 岁女生的体重均数 $\overline{X} = 46.9kg$,标准差 $S = 5.5kg$。试求体重在 40.0~50.0kg 范围内的理论频数(人数)有多少?

**学习目标**

1. 掌握：均数抽样误差和标准误的概念、计算公式和应用；$t$ 分布的概念、特征、与 $z$ 分布的联系与区别；总体均数可信区间的概念和计算公式；假设检验的步骤及注意问题。
2. 熟悉：标准差与标准误的区别和联系。
3. 了解：Ⅰ型错误和Ⅱ型错误的概念。
4. 初步具备假设检验的思想。
5. 会计算总体均数的可信区间。

　　医学研究的目的是研究总体，但在实际工作中由于种种原因，往往难以得到总体参数，通常是随机抽取总体中的一部分观察单位构成样本，用样本统计量（如样本均数 $\bar{X}$，样本率 $p$）来推断总体参数（如总体均数 $\mu$，总体率 $\pi$），这种方法称为抽样研究（sampling study）。通过样本信息推断总体特征，此过程称为统计推断。统计推断包括总体参数估计和假设检验两个方面。

## 第一节　均数的抽样误差与标准误

### 一、标准误的意义及其计算

#### （一）均数的抽样误差

　　医学研究中常常从总体中随机抽取样本进行研究，目的是由样本的信息去推断总体。例如，为了解某地正常成年男子的血红蛋白量的总体均数，在该地随机抽取了 110 人，测得其样本均数 $\bar{X}=128\text{g/L}$，此样本均数可用来估计该地正常成年男子血红蛋白的总体均数。但通常情况下，样本均数 $\bar{X}$ 不可能与总体均数 $\mu$ 正好相等，这种由于随机抽样引起的样本均数（统计量）与总体均数（参数）间的差异称为均数的抽样误差。

#### （二）均数的标准误

　　假如某地正常成年男子的血红蛋白量服从 $\mu=130\text{g/L}$、标准差 $\sigma=12\text{g/L}$ 的正态分布，对该总体进行随机抽样，每次抽 10 人，重复 100 次，算出这 100 个样本均数的均数为 129g/L，与总体均数接近。根据数理统计的中心极限定理，从正态总体 $N(\mu,\sigma^2)$ 中以固定样本含量 $n$ 反复多次抽样，所得的 $\bar{X}$ 各不相同，若将这些 $\bar{X}$ 编成频数表，即可看出样本均数 $\bar{X}$ 以 $\mu$ 为中心呈正态分布。即使是从偏态分布总体抽样，只要 $n$ 足够大（一般 $n \geqslant 100$），$\bar{X}$ 的分布也近似正态分布。样本均数 $\bar{X}$ 的总体均数为 $\mu$，各 $\bar{X}$ 围绕 $\mu$ 的离散程度，可以用样本均数的标准差来描述。统计学中为了区别于通常所说的标准差，将样本均数的标准差称为均数的标准误（standard error），用符号 $\sigma_{\bar{X}}$ 表示。其计算公式为：

$$\sigma_{\bar{X}}=\frac{\sigma}{\sqrt{n}} \tag{3-1}$$

由公式（3-1）可知，在样本含量一定的情况下，$\sigma_{\bar{X}}$ 的大小与 $\sigma$ 成正比，与样本含量 $n$ 的算术平方根成反比。实际工作中，总体标准差 $\sigma$ 一般是未知的，常用样本标准差 $S$ 来代替 $\sigma$，所以均数标准误的估计值为：

$$S_{\bar{X}}=\frac{S}{\sqrt{n}} \tag{3-2}$$

实际工作中，公式（3-2）用得更多一些。均数标准误大，表明抽样误差大；反之，均数标准误小，表明抽样误差小。抽样误差越小，表示样本均数与总体均数越接近，即用样本均数估计总体均数的可靠性越大；抽样误差越大，样本均数离总体均数就越远，用样本均数估计总体均数的可靠性就越小。

**例 3-1**　某地随机抽取正常成年男子 110 人，测得血红蛋白量的均数为 128g/L，标准差 14g/L，计算其标准误。由公式（3-2）得：

$$S_{\bar{X}}=\frac{S}{\sqrt{n}}=\frac{14}{\sqrt{110}}=1.335(\text{g/L})$$

### 二、标准误的应用

1. 反映抽样误差的大小，衡量样本均数的可靠性。均数标准误越小，说明样本均数间的离散程度越小，抽样误差就小，用样本均数估计总体均数越可靠；反之，均数标准误越大，说明样本均数间的离散程度越大，抽样误差就大，用样本均数估计总体均数的可靠性越小。

2. 进行总体均数的区间估计。

3. 用于均数的假设检验。

## 第二节　总体均数的区间估计

参数估计（parameter estimation）是指用样本均数估计总体均数，是统计推断的一个重要内容。参数估计的方法有两种，即点估计（point estimation）和区间估计（interval estimation）。

### 一、可信区间的概念

点估计就是用相应样本统计量直接作为总体参数的估计值，如用样本均数 $\bar{X}$ 作为总体均数 $\mu$ 的估计值，用样本率 $P$ 作为总体率 $\pi$ 的估计值。点估计方法简单，但是未考虑抽样误差的影响，无法评价估计值与真实值的差异，并不常用。

区间估计是按一定的概率（$1-\alpha$）估计总体均数所在的范围，得到的范围称可信区间（confidence internal），亦称置信区间。$1-\alpha$ 称为可信度，常取 $1-\alpha$ 为 95% 和 99%，即总体均数的 95% 可信区间和 99% 可信区间。如没有特殊说明，一般取双侧 95% 可信区间。

总体均数 $1-\alpha$ 可信区间的含义是：总体均数 $\mu$ 被包含在该区间内的可能性是 $1-\alpha$，没有被包含的可能性为 $\alpha$。也可以理解为：从总体中做随机抽样，根据每个样本可算得一个可信区间，如 95% 可信区间，意味着从同一总体中重复抽取 100 份样本含量相同的样本，分别算得 100 个可信区间，平均有 95 个可信区间包含总体均数（估计正确），有 5 个可信区间不包含总体均数（估计错误），即犯错误的概率为 5%。5% 是小概率事件，对一次实验而言，出现的可能性小，所以在实际应用中就认为总体均数在算得的可信区间内。可信区间的下限记为 $CL$，上限记为 $CU$。严格地讲，可信区间是一个开区间。

## 二、总体均数可信区间的计算

### （一）可信区间的计算

**1. 总体标准差 $\sigma$ 已知**　按正态分布的原理估计总体均数的可信区间,95%和99%置信区间的计算公式为:

$$95\%的可信区间　(\overline{X}-1.96\sigma_{\overline{X}},\overline{X}+1.96\sigma_{\overline{X}}) \tag{3-3}$$

$$99\%的可信区间　(\overline{X}-2.58\sigma_{\overline{X}},\overline{X}+2.58\sigma_{\overline{X}}) \tag{3-4}$$

**2. 总体标准差 $\sigma$ 未知但样本含量 $n$ 较大( $n\geqslant100$ )**　可以按近似正态分布原理估计总体均数的可信区间。计算公式为:

$$95\%的可信区间　(\overline{X}-1.96S_{\overline{X}},\overline{X}+1.96S_{\overline{X}}) \tag{3-5}$$

$$99\%的可信区间　(\overline{X}-2.58S_{\overline{X}},\overline{X}+2.58S_{\overline{X}}) \tag{3-6}$$

**例 3-2**　某年某市随机抽取并测量 120 名 12 岁健康男孩身高,其均数为 142.67cm,标准误为 0.51cm,试估计该市 12 岁健康男孩身高均数 95%和 99%的可信区间。

本例 $n=120,\overline{X}=142.67,S_{\overline{X}}=0.51$ ,由于 $n$ 较大,可按公式(3-5)计算可信区间。

95%的可信区间为 142.67±1.96×0.51,即(141.67,143.67)。

99%的可信区间为 142.67±2.58×0.51,即(141.35,143.99)。

即该市 12 岁健康男孩身高均数 95%的可信区间为 141.67～143.67cm,99%的可信区间为 141.35～143.99cm。

**3. 总体标准差 $\sigma$ 未知且样本含量 $n$ 较小**　按 $t$ 分布的原理,估计总体均数的可信区间。计算公式为:

$$95\%的可信区间　(\overline{X}-t_{0.05/2,\nu}S_{\overline{X}},\overline{X}+t_{0.05/2,\nu}S_{\overline{X}}) \tag{3-7}$$

$$99\%的可信区间　(\overline{X}-t_{0.01/2,\nu}S_{\overline{X}},\overline{X}+t_{0.01/2,\nu}S_{\overline{X}}) \tag{3-8}$$

**例 3-3**　某年某地随机抽取健康成年男子 20 人,测得其血红蛋白量的均数为 126g/L,标准差为 14g/L,求其总体均数的 95%可信区间和 99%可信区间。

本例 $n=20,S=14g/L$ ,按公式(3-2)算得样本均数的标准误为

$$S_{\overline{X}}=\frac{S}{\sqrt{n}}=\frac{14}{\sqrt{20}}=3.13(g/L)$$

$\nu=n-1=20-1=19$ ,查附表 2"$t$ 界值表",得双侧 $t_{0.05/2,19}=2.093,t_{0.01/2,19}=2.861$ ,按公式(3-7)和公式(3-8)得:

95%可信区间为　126±2.093×3.13,即(119.45,132.55)。

99%可信区间为　126±2.861×3.13,即(119.05,134.95)。

故该地健康成年男子血红蛋白总体均数 95%可信区间为 119.45～132.55cm,99%可信区间为 117.05～134.95cm。

### （二）可信区间应用的注意事项

1. 从以上可信区间的计算可以看出,标准误越小,估计总体均数可信区间的范围也越窄,说明样本均数与总体均数越接近,对总体均数的估计也越精确;反之,标准误越大,估计总体均数可信区间的范围也越宽,说明样本均数距总体均数越远,对总体均数的估计也越差。

2. 可信区间具有两个要素。一是准确度,即可信区间包含 $\mu$ 的可信度(1-$\alpha$)的大小。一般而言,可信度越大,估计的准确度越高,反之越低。二是精密度,反映区间的长度。区间的长度越小,估计的精密度越好,反之越差。在样本量一定的情况下,两者是相互矛盾的,若考虑提高准确度,则区间变宽,精密度下降。95%与99%可信区间相比较,前者估计的范围要窄些,估计的精度要高些,但估计错误的可能性有 5%;而后者的估计范围要宽些,估计的精度要差些,但估计错误的可能性只有 1%。在

实际中不能笼统地认为99%的可信区间好于95%的可信区间,而要兼顾两个要素。在通常情况下,以95%的可信区间较为常用。在可信度固定的前提下,要提高精密度的唯一方法是扩大样本量。

3. 标准误和标准差虽然都是说明离散程度的指标,但两者所代表的意义、计算方法及应用范围是不一样的,详见表3-1。

**表3-1　标准差和标准误的区别**

| 标准差($S$) | 标准误($S_{\overline{X}}$) |
|---|---|
| 1. 描述原始变量值的离散程度,反映个体变量值的变异程度,公式为:<br><br>$$S=\sqrt{\dfrac{\sum(X-\overline{X})^2}{n-1}}$$ | 1. 表示样本均数抽样误差的大小,即样本均数的离散程度,公式为:<br><br>$$S_{\overline{X}}=\dfrac{S}{\sqrt{n}}$$ |
| 2. 计算变量值的频数分布(医学参考值)范围,如:<br><br>$$(\overline{X}\pm1.96S)$$ | 2. 计算总体均数的可信区间,如:<br><br>$$(\overline{X}\pm1.96S_{\overline{X}})$$ |
| 3. 可对某一个变量值是否在正常值范围内作出初步判断 | 3. 可对总体均数的大小作出初步的判断 |
| 4. 用于计算标准误 | 4. 用于进行假设检验 |

# 第三节　$t$分布

## 一、$t$分布的概念

如上一章所述,对正态变量$X$进行$z$变换$z=\dfrac{(X-\mu)}{\sigma}$,可使一般的正态分布$(\mu,\sigma^2)$变换为标准正态分布$N(0,1)$。样本均数$\overline{X}$的分布服从正态分布$N(\mu,\sigma_{\overline{X}}^2)$,同理,对正态变量$\overline{X}$进行$z$变换,即$z=\dfrac{(\overline{X}-\mu)}{\sigma_{\overline{X}}}$,也可变换为标准正态分布$N(0,1)$。由于实际工作中$\sigma_{\overline{X}}$往往未知,用$S_{\overline{X}}$作为$\sigma_{\overline{X}}$的估计值。为了与$z$变换区别,称为$t$变换,即:

$$t=\dfrac{\overline{X}-\mu}{S_{\overline{X}}}=\dfrac{\overline{X}-\mu}{S/\sqrt{n}} \tag{3-9}$$

从一个正态总体中抽取样本含量为$n$的许多样本,分别计算其$\overline{X}$和$S_{\overline{X}}$,然后再求出每一个$t$值,这样可有许多$t$值。这些$t$值有大有小,有正有负,其频数分布是一种连续性分布,称为$t$分布($t$ distribution)。$t$分布与自由度有关(自由度$\nu=n-1$),每个自由度都对应一条分布曲线(图3-1)。$t$分布主要用于总体均数的估计和$t$检验等。

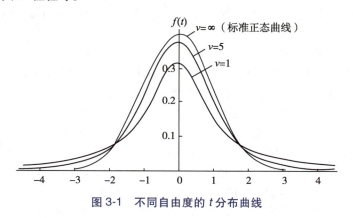

图3-1　不同自由度的$t$分布曲线

知识拓展

### t 检验

t 分布的推导由英国人威廉·戈塞特（Willam S. Gosset）于 1908 年首先发表。当时他还在爱尔兰都柏林的啤酒厂工作，酒厂虽然禁止员工发表一切与酿酒研究有关的成果，但允许他在不提到酿酒的前提下，以笔名发表 t 分布的发现，所以论文使用了"学生"（Student）这一笔名。之后，t 检验以及相关理论经由罗纳德·费雪（Ronald Fisher）的发扬光大。为了感谢戈塞特的贡献，费雪将此分布命名为学生 t 分布，即 Student t 分布（Students' t distribution）。t 分布的发现开创了小样本理论的先河，从此统计学开始由大样本向小样本，由描述向推断发展。

## 二、t 分布曲线的特征

如图 3-1 所见，与标准正态分布曲线相比，t 分布有如下特征：

1. 以 0 为中心，左右对称的单峰分布，在 $t=0$ 处最高。

2. t 分布曲线是一簇曲线，其形态与自由度 $\nu$ 的大小有关。自由度 $\nu$ 越小，则 t 值越分散，曲线越低平；自由度 $\nu$ 逐渐增大时，t 分布逐渐逼近 z 分布（标准正态分布）；当 $\nu$ 趋近于 $\infty$ 时，t 分布即为 z 分布。

当自由度为 $\nu$ 的 t 分布曲线下双侧尾部合计面积为指定值 $\alpha$ 时，横轴上相应的 t 界值记为 $t_{\alpha/2, \nu}$；单侧尾部面积为指定值 $\alpha$ 时，则横轴上相应的 t 界值记为 $t_{\alpha, \nu}$。例如，当 $\nu=10$，双侧 $\alpha=0.05$ 时，记为 $t_{0.05/2, 10}$；当 $\nu=20$，单侧 $\alpha=0.01$ 时，记为 $t_{0.01, 20}$。为便于使用，统计学家编制了不同自由度 $\nu$ 对应的 t 界值表（附表 2）。由于 t 分布是以 0 为中心的对称分布，t 界值表中只列出正值，故查表时，不管 t 值正负，只用绝对值。从 t 界值表可看出：①单侧 $\alpha$ 和双侧 $2\alpha$ 的 t 值相同，即单侧 $t_{\alpha, \nu}=$ 双侧 $t_{2\alpha/2, \nu}$，如单侧 $t_{0.05, 10}=1.812$，双侧 $t_{0.10/2, 10}=1.812$；②对于相同的自由度 $\nu$，$\alpha$ 值越小，t 值越大，反之越小；③对于相同的 $\alpha$ 值，$\nu$ 越小，t 值越大，反之越小。当 $\nu=\infty$ 时，t 值与 z 值相等，即 $t_{\alpha, \infty}=z_{\alpha}$，$t_{\alpha/2, \infty}=z_{\alpha/2}$，故查 z 界值即可得 $\nu=\infty$ 的 t 界值。

t 分布是 t 检验的理论基础。由公式（3-9）可知，$|t|$ 值与样本均数和总体均数之差成正比，与标准误成反比。在 t 分布中，$|t|$ 值越大，其两侧或单侧以外的面积所占曲线下总面积的百分比就越小，说明在抽样中获得此 t 值以及更大 t 值的机会就越小。这种机会的大小是用概率 P 来表示的，即 $|t|$ 值越大，P 值越小；反之，$|t|$ 值越小，P 值越大。根据上述 $t_{\alpha, \nu}$ 的意义，在同一自由度下，$|t| \geq t_{\alpha, \nu}$（或 $t_{\alpha/2, \nu}$），则 $P \leq \alpha$；反之，$|t| < t_{\alpha, \nu}$（或 $t_{\alpha/2, \nu}$），则 $P > \alpha$。

# 第四节　假　设　检　验

## 一、假设检验的基本原理

假设检验（hypothesis test）是统计推断的另一个重要方面，是利用小概率反证法的思想，先对样本统计量的分布和总体参数做出某种假设，然后计算样本统计量和对应的概率值，并与预先设定的检验水准相比，来推断假设是否成立的过程。

样本统计量与总体参数之间的差别或样本统计量之间的差别是由于抽样误差造成的，还是本质不同所引起的，用一种方法来进行检验判断，这种方法称为假设检验。现以例 3-4 说明其基本原理。

**例 3-4**　据大量调查得知健康成年男子脉搏的均数为 72 次/min。某医生在某山区随机抽查了 25 名健康成年男子，测得其脉搏均数为 74.2 次/min，标准差为 6.5 次/min，能否认为该山区健康成年男子的脉搏与一般健康成年男子的脉搏均数不同？

本例中两均数不等的原因有两种：①抽样误差；②本质上的差异，山区成年男子的脉搏确实高于一般。如何回答例 3-4 的问题？统计上是通过假设检验，按小概率事件和反证法相结合的原理来回答这个问题。首先假设样本均数与总体均数之间的差别是由抽样误差引起的,然后推断由抽样误差导致出现这种情况的概率有多大。如果出现这种情况的概率不小,那就有可能出现,不能拒绝这种假设。如果推断由抽样误差导致出现这种情况的概率很小,由于小概率事件在一次抽样中是不可能发生的,只好拒绝这个假设。拒绝第一种可能,也就接受了第二种可能。

## 二、假设检验的步骤

假设检验的方法很多,但其检验的基本步骤是一致的。下面以例 3-4 说明假设检验的一般步骤。

**1. 建立检验假设,确定检验水准**　假设有两种:一是无效假设(null hypothesis),或称零假设,用 $H_0$ 表示;二是备择假设(alternative hypothesis),用 $H_1$ 表示。$H_0$ 和 $H_1$ 都是根据统计推断的目的提出的对总体特征的假设,是相互联系且对立的假设。假设检验主要是围绕 $H_0$ 进行的,当 $H_0$ 被拒绝时,则接受 $H_1$。建立假设前,先要根据分析目的和专业知识明确是单侧检验(one-side test)还是双侧检验(two-side test)。本例中,山区成年男子的脉搏数高于或低于一般成年男子脉搏数的两种可能性都存在,应当用双侧检验;如根据专业知识,认为山区成年男子的脉搏数不会低于一般,或研究者只关心山区是否高于一般,应当用单侧检验。单侧检验的 $H_1$ 为 $\mu > \mu_0$ 或 $\mu < \mu_0$。一般认为,双侧检验较为稳妥,故较常用。

本例的无效假设 $H_0$ 为山区成年男子的平均脉搏数 $\mu$ 与一般成年男子的平均脉搏数 $\mu_0$ 相等,简记为 $H_0: \mu = \mu_0$;备择假设 $H_1$ 为山区成年男子的平均脉搏数与一般成年男子的平均脉搏数不同,简记为 $H_1: \mu \neq \mu_0$。

检验水准用 $\alpha$ 表示,它是判断差异有无统计学意义的概率水准,实际工作中常取 $\alpha = 0.05$。但 $\alpha$ 取值并非一成不变,可根据不同研究目的给予不同设置。

**2. 计算检验统计量**　根据分析目的、设计类型和资料类型选用适当的检验方法,计算相应的统计量。如完全随机设计的样本均数的比较,选用 $t$ 检验,样本含量较大时($n > 100$),可用 $z$ 检验。

**3. 确定 $P$ 值,作出推断结论**　$P$ 值是指在零假设成立的条件下随机抽样,获得等于及大于(或小于)现有统计量的概率。用求得的样本统计量查相应的界值表,确定 $P$ 值。根据 $P$ 值与检验水准 $\alpha$ 比较,看其是否为小概率事件而得出结论:①若 $P \leq \alpha$,表示在 $H_0$ 成立的条件下,出现等于及大于(或小于)现有统计量的概率是小概率。按小概率事件原理,现有样本信息不支持 $H_0$,因而拒绝 $H_0$。因此,当 $P \leq \alpha$ 时,按所取检验水准 $\alpha$,拒绝 $H_0$,接受 $H_1$,差异有统计学意义,如例 3-4 可认为两总体脉搏数不同。②若 $P > \alpha$ 时,表示在 $H_0$ 成立条件下,出现等于及大于(或小于)现有统计量的概率不是小概率,根据现有样本信息还不足以拒绝 $H_0$。因此,当 $P > \alpha$ 时,按所取检验水准 $\alpha$,不拒绝 $H_0$,差异无统计学意义。

下结论要注意的是:$P \leq \alpha$,拒绝 $H_0$,不能认为 $H_0$ 肯定不成立,因为虽然在 $H_0$ 成立的条件下出现等于及大于现有统计量的概率虽小,但仍有可能出现;同理,$P > \alpha$,不拒绝 $H_0$,更不能认为 $H_0$ 肯定成立。由此可见,假设检验的结论是具有概率性的,无论拒绝 $H_0$ 或不拒绝 $H_0$,都有可能发生错误,即 I 型错误或 II 型错误。

## 三、I 型错误和 II 型错误

假设检验是根据反证法、小概率的思想作出的推断结论,无论是拒绝或不拒绝 $H_0$,都有可能发生错误,即 I 型错误和 II 型错误。

I 型错误(第 I 类错误)亦称假阳性错误,拒绝了实际上成立的 $H_0$,这类"弃真"的错误称为 I 型错误。即真实情况 $H_0$ 是成立的,样本均数与总体均数的差别或两样本均数的差别确实是由抽样误差所引起,但经过统计推断以后拒绝 $H_0$,这个推断当然是错误的,发生错误的概率就是 I 型错误,其大小用 $\alpha$ 表示。

II 型错误(第 II 类错误)亦称假阴性错误,不拒绝实际上不成立的 $H_0$,这类"取伪"的错误称为 II 型错误。即真实情况 $H_0$ 是不成立的,样本均数与总体均数的差别或两样本均数的差别不单纯是由抽样误差所引起,而是本质不同所造成的。但经过统计推断以后不拒绝 $H_0$,这个推断当然也是错误的,发生错误的概率就是 II 型错误。其概率大小用 $\beta$ 表示。$\beta$ 值的大小在进行假设检验时一般并不知道。

$\alpha$ 与 $\beta$ 的关系:当样本量一定时,$\alpha$ 愈小,则 $\beta$ 愈大;反之,$\alpha$ 愈大,则 $\beta$ 愈小。要想同时减小 $\alpha$ 与 $\beta$,只有增大样本含量(图3-2)。

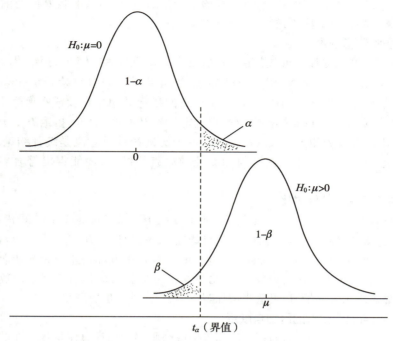

图 3-2　Ⅰ型错误与Ⅱ型错误示意图(以单侧 $t$ 检验为例)

两型错误归纳如表 3-2。

表 3-2　假设检验中的两型错误

| 实际情况 | 检验结果 | |
| --- | --- | --- |
| | 拒绝 $H_0$ | 不拒绝 $H_0$ |
| $H_0$ 真 | Ⅰ类错误($\alpha$) | 推断正确($1-\alpha$) |
| $H_0$ 不真 | 推断正确($1-\beta$) | Ⅱ类错误($\beta$) |

$1-\alpha$ 称为可信度,其意义是两总体确无差别,接受 $H_0$ 的可信度大小。

$1-\beta$ 称为检验效能(power of test)或把握度,其意义是两总体确有差别,按 $\alpha$ 水准能发现它们有差别的能力。例如,$1-\beta=0.90$,若两总体确有差别,则理论上 100 次检验中,平均有 90 次能够得出有统计学意义的结论。$1-\beta$ 愈大,表示假设检验的效能愈高。

## 四、应用假设检验的注意问题

### (一)要有严密的研究设计

这是假设检验的前提。组间应均衡,具有可比性,即除了对比的主要因素(如临床试验用药和对照药)外,其他可能影响结果的因素(如年龄、性别、病程、病情轻重等)在对比组间应相同或相近。

### (二)选择检验方法必须符合资料的适用条件

应根据资料性质、设计类型、样本例数的多少,选用适当的检验方法。例如,配对资料要用配对 $t$ 检验,不能用成组比较的 $t$ 检验,若用成组比较的 $t$ 检验,会导致统计效率降低并可能得出错误的结论。两个小样本均数比较用 $t$ 检验时,要求样本来自正态总体,还要求样本所代表的正态总体方差相等。

### （三）假设检验的单侧检验与双侧检验的选择

如何选择单侧或双侧检验,应事先根据专业知识和问题的要求,在研究设计时作出规定,而不能在计算出检验统计量后才确定。对同一份资料,单侧检验比双侧检验更易得到差别有统计学意义的结论。因此,在报告结论时,应列出检验方法、检验统计量的值、检验水准和 $P$ 值的确切范围,还应注明采用的是单侧检验还是双侧检验,然后结合专业知识作出结论。

### （四）正确理解 $P$ 值的意义

要正确理解假设检验的结论,如果规定检验水准是 0.05,即 $P \leq 0.05$ 时,拒绝 $H_0$,接受 $H_1$,习惯上称为"差异有统计学意义"。它的含义是指当随机抽样,由样本信息计算检验统计量时,获得这样大或更大的统计量值的可能性很小,不应理解为所分析的指标间相差很大或在医学上有明显的实用价值,而差异大小的实际意义只能根据专业知识确定。当 $P > 0.05$ 时,不拒绝 $H_0$,习惯上也称"差异无统计学意义",不应理解为相差不大或一定相等。差异的统计学意义是统计结论,而差异的实际意义则是对应的专业结论。统计结论必须和专业结论有机结合,才能得出符合客观实际的最终结论。

### （五）统计推断结论不能绝对化

因为统计结论具有概率性质,不管拒绝 $H_0$ 或不拒绝 $H_0$,都有可能发生推断错误。如规定 $\alpha = 0.05$,当差异有统计学意义时,说明不拒绝 $H_0$ 的可能性 $\leq 5\%$,故拒绝 $H_0$,接受 $H_1$。但这样的判断至多还要冒犯 5% 的假阳性错误的风险,故判断不是绝对的。当 $P > 0.05$ 时,差异无统计学意义时,应考虑到各方面的因素,一方面可能的确无差异,另一方面也应考虑到可能是由于观察例数不够多。因此。当遇到差异没明显表现出来的情况,可适当增加观察例数,做进一步的研究。

### （六）可信区间与假设检验的区别与联系

假设检验用于推断总体均数间是否不同,而可信区间则用于估计总体均数所在的范围,假设检验及相关可信区间推断结论是等价的,但假设检验可以报告确切的 $P$ 值,可信区间只能在预先确定的可信度水平上进行推断。假设检验能够说明差别有无统计学意义,可信区间能够说明差别有多大,提示差别是否具有实际意义。因此,在报告假设检验结论的同时,最好提供相应的可信区间。

## 本章小结

1. 标准差是衡量个体变异大小的指标,而标准误是衡量抽样误差大小的指标,其实质是样本均数的标准差。

2. 统计推断的方法有参数估计和假设检验。参数估计的方法有点值估计和区间估计。区间估计准确度和精密度是矛盾的,一般计算95%的可信区间。假设检验的基本思想是反证法和小概率事件原理。

3. 假设检验的主要步骤:①建立检验假设,确定检验水准;②计算检验统计量;③确定 $P$ 值,作出推断结论。假设检验的结论包括统计学结论和专业结论两部分。

4. 假设检验无论是拒绝还是不拒绝 $H_0$,都可能犯错误。"弃真"的错误称为 I 型错误,亦称假阳性错误,"取伪"的错误称为 II 型错误,亦称假阴性错误。

（刘　凌）

扫一扫,测一测

**思考题**

**一、简答题**

1. 标准差与标准误有何区别和联系？

2. 简述假设检验的原理。

3. 简述 $t$ 分布的特点。

**二、综合应用题**

1. 为了解某地区小学生血红蛋白含量的平均水平，现随机抽取该地小学生 450 人，算得其血红蛋白均数为 101.4g/L，标准差为 1.5g/L。试计算该地小学生血红蛋白均数的 95% 可信区间。

2. 研究高胆固醇是否有家庭聚集性，已知正常儿童的总胆固醇平均水平是 175mg/dl，现测得 100 名曾患心脏病且胆固醇高的子代儿童的胆固醇平均水平为 207.5mg/dl，标准差为 30mg/dl。问题：

（1）如何衡量这 100 名儿童总胆固醇样本均数的抽样误差？

（2）估计 100 名儿童的胆固醇平均水平的 95% 可信区间。

## 第四章　　$t$ 检验

学习目标

1. 掌握：$t$ 检验的应用条件；不同设计类型 $t$ 检验的假设检验目的、步骤。
2. 熟悉：方差齐性检验目的和步骤。
3. 了解：方差不齐时的 $t'$ 检验。
4. 能根据已知条件，正确选用不同设计类型的 $t$ 检验。
5. 会借助 $t$ 检验结论进行科学决策。

　　$t$ 检验（$t$ test）是小样本（$n \leq 50$）数值变量资料比较均数时最常用的假设检验方法之一。该方法以第三章讨论的 $t$ 分布为理论基础，由于 $t$ 分布别名为 Student $t$ 分布，故 $t$ 检验又称 Student $t$ 检验。

　　$t$ 检验的应用条件为：$\sigma$ 未知且 $n$ 较小，要求样本来自的总体应符合正态分布或近似正态分布。两样本均数比较时，要求两样本的总体方差相等。但在实际应用中，资料略有偏离正态分布，只要其分布为单峰且近似对称分布，一般对结果影响不大，仍可进行 $t$ 检验分析；若偏离很大，可进行变量变换，对变换值采用 $t$ 检验，或选用非参数检验。

　　当样本含量较大时，如 $n > 50$ 时，自由度 $\nu$ 也较大，则 $t$ 分布接近标准正态分布，即 $z$ 分布，$t$ 值近似等于 $z$ 值，故将其称为 $z$ 检验。基于此点，可以看出 $z$ 检验是 $t$ 检验的近似检验方法。$z$ 检验应用条件为：$\sigma$ 未知且 $n$ 较大（$n > 50$），或 $\sigma$ 已知。但在统计软件中，无论样本量大小，均采用 $t$ 检验进行统计分析。

　　根据研究设计不同，可以将 $t$ 检验分为样本均数与总体均数的比较、配对设计资料的均数比较以及两样本均数比较三种类型。

### 第一节　样本均数与总体均数比较的 $t$ 检验

　　样本均数与总体均数比较的 $t$ 检验又称为单样本 $t$ 检验（one sample $t$ test）。样本均数与已知总体均数（一般为理论值、标准值或经大量观察所得的稳定值等）进行比较，目的是推断该样本是否来自已知总体均数 $\mu_0$ 所代表的总体，或者推断该样本均数所代表的未知总体均数 $\mu$ 与已知总体均数 $\mu_0$ 是否有差别。单样本 $t$ 检验的统计量计算公式为：

$$t = \frac{|\bar{X} - \mu_0|}{S_{\bar{X}}} = \frac{|\bar{X} - \mu_0|}{S/\sqrt{n}}, \nu = n - 1 \tag{4-1}$$

据抽样误差分布理论，在 $H_0$ 成立的前提下，检验统计量 $t$ 服从自由度为 $n-1$ 的 $t$ 分布。

**例 4-1**　据大量调查得知,健康成年男子脉搏的均数为 72 次/min,某医生在某山区随机调查了 25 名健康成年男子,据原始数据算得脉搏均数为 74.2 次/min,标准差为 6.5 次/min,能否认为该山区成年男子的脉搏与一般健康成年男子的脉搏数不同? 脉搏原始数据如下:

60 61 82 80 84 74 68 77 73 80 78 74 76 81 77 76 79 71 75 71 70 60 76 73 79

本例为样本均数与已知总体均数的比较,目的是检验山区健康成年男子的脉搏均数(未知总体均数 $\mu$)与一般健康成年男子的脉搏均数(已知总体均数 $\mu_0$)有无差别。总体标准差 $\sigma$ 未知且样本含量 $n=25$,由于该脉搏数据服从正态分布,故可采用单样本 t 检验进行分析。检验步骤如下:

(1) 建立检验假设,确定检验水准:

$H_0:\mu=\mu_0=72$,即该山区健康成年男子脉搏均数与一般健康成年男子脉搏均数相同

$H_1:\mu\neq\mu_0$,即该山区健康成年男子脉搏均数与一般健康成年男子脉搏均数不同

$\alpha=0.05$

(2) 计算 t 值:本例 $n=25$,$S=6.5$,$\overline{X}=74.2$,$\mu_0=72$,代入公式(4-1)

$$t=\frac{|\overline{X}-\mu_0|}{S_{\overline{X}}}=\frac{|\overline{X}-\mu_0|}{S/\sqrt{n}}=\frac{|74.2-72|}{6.5/\sqrt{25}}=1.692,\nu=25-1=24$$

(3) 确定 P 值,作出推断结论:按 $\nu=24$,查附表 2"t 界值表",得 $t_{0.10/2,24}=1.711$,现 $t<t_{0.10/2,24}$,故 $P>0.10$。按 $\alpha=0.05$ 的水准,不拒绝 $H_0$,差异无统计学意义。根据本资料还不能认为该山区健康成年男子脉搏数与一般健康成年男子脉搏数不同。

当总体标准差 $\sigma$ 已知或总体标准差 $\sigma$ 未知,但样本含量较大($n>50$)时,可以选用单样本 z 检验。其检验过程大致与单样本 t 检验相同,因只需在 t 界值表中的最后一行(自由度 $\nu=\infty$)查找 z 界值,故比 t 检验方便,其检验统计量 z 值计算公式为:

$$z=\frac{|\overline{X}-\mu_0|}{\sigma_{\overline{X}}}=\frac{|\overline{X}-\mu_0|}{\sigma/\sqrt{n}}\quad(\sigma\text{ 已知时})\tag{4-2}$$

$$z=\frac{|\overline{X}-\mu_0|}{S_{\overline{X}}}=\frac{|\overline{X}-\mu_0|}{S/\sqrt{n}}\quad(\sigma\text{ 未知,大样本})\tag{4-3}$$

若 $z<z_{\alpha/2}$ 或 $z<z_\alpha$,则 $P>\alpha$,不拒绝 $H_0$,差异无统计学意义。

若 $z\geq z_{\alpha/2}$ 或 $z\geq z_\alpha$,则 $P\leq\alpha$,拒绝 $H_0$,接受 $H_1$,差异有统计学意义。

**例 4-2**　某托儿所三年来随机测得 21~24 月龄的 47 名男婴平均体重 11.0kg。查得近期全国九城市城区大量调查的同龄男婴平均体重 11.18kg,标准差为 1.23kg。问该托儿所男婴的体重发育状况与全国九城市的同期水平有无不同?

本例亦是样本均数与总体均数(全国九城市的调查结果可作为总体指标)的比较,由于已知总体标准差 $\sigma=1.23$kg,故采用单样本 z 检验进行分析。检验步骤如下:

(1) 建立检验假设,确定检验水准:

$H_0:\mu=\mu_0$,即该托儿所男婴的体重发育状况与全国九城市的同期水平相同

$H_1:\mu\neq\mu_0$,即该托儿所男婴的体重发育状况与全国九城市的同期水平不同

$\alpha=0.05$

(2) 计算 z 值:本例 $n=47$,$\overline{X}=11$,$\mu_0=11.18$,$\sigma=1.23$,代入公式(4-2)得:

$$z=\frac{|11-11.18|}{1.23/\sqrt{47}}=1.003$$

(3) 确定 P 值,作出推断结论:按 $\nu$ 为 $\infty$,查附表 2"t 界值表",得 $z_{0.20/2}=1.2816$。现 $z<z_{0.20/2}$,则

$P>0.20$。按 $\alpha=0.05$ 水准,不拒绝 $H_0$,差异无统计学意义。还不能认为该托儿所男婴的体重发育状况与全国九城市的同期水平不同。

## 第二节 配对设计资料均数的 t 检验

配对设计(paired design)是把受试对象按某些特征相近的原则配成对子,再将每对的两个体按随机化方法分配到实验组和对照组,或接受两种不同的处理,并观察比较结果的差异。在这里需要注意的是,受试对象配对的特征主要是指年龄、性别、体重、环境因素等可能对实验结果有影响的混杂因素,否则不能作为配对因素。在医学研究中,通过配对实验设计,严格控制了混杂因素对研究结果的影响,使组间均衡,可比性增强,节约样本含量,提高了统计检验效率。

配对设计主要包括以下几种情形:

(1) 异体配对:两个同质受试对象分别接受两种处理。如为了解营养素含量不同的两种饲料对体重影响的动物实验中,将同种系、同性别、年龄和体重相近的大白兔配成若干对,每对大白兔随机分配,接受不同的饲料喂养,一段时间后观察对比各对大白兔的体重增加情况。在临床实验中,常把同民族、同性别、年龄相近及病情相近的病人配成一对。

(2) 自身配对:在对生物标本进行检测时,将同一份生物标本一分为二,随机用两种不同的检验方法(仪器)检测某一指标并进行比较。受试对象若干,对受试对象采取某种处理措施,测量处理前后的某一指标的大小,进行自身对照比较。

在实际工作中,如果基于专业知识,有充分的理由认为受试对象接受处理前后观察条件没有变化,且时间先后对观测结果无影响,则同一受试对象接受某一种处理前后的数据可视作自身配对。否则,需要设立一个平行对照组,保证可比性,以凸显处理效应。

配对 t 检验(paired t test)适用于配对设计的数值变量资料,其检验目的是推断两种处理(或方法)的结果有无差别。配对设计下的数据具有一一对应的特征,研究者关心的变量是对子的效应差值。因此,在进行配对资料的 t 检验时,首先求出各对数据差值 $d$ 的均值 $\bar{d}$,若两种处理的效应无差别,理论上差值 $d$ 的总体均数 $\mu_d$ 应为0。故这类资料的比较可看作是样本均数 $\bar{d}$ 与总体均数0的比较,其应用条件是差值 $d$ 服从正态分布。其检验统计量计算公式为:

$$t=\frac{|\bar{d}-\mu_d|}{S_{\bar{d}}}=\frac{|\bar{d}-0|}{S_d/\sqrt{n}}=\frac{|\bar{d}|}{S_d/\sqrt{n}},\nu=n-1 \tag{4-4}$$

公式(4-4)中,$\bar{d}$ 为差值的均数,$S_d$ 为差值的标准差,$S_{\bar{d}}$ 为差值的标准误,$n$ 为对子数。

例4-3 某医生研究饮食中维生素 E 缺乏与肝脏中维生素 A 含量的关系,将20只同种属的大白鼠,按性别相同,年龄、体重相近,配成10对,并将每对中的两只大白鼠随机分到正常饲料组和维生素 E 缺乏组,两周后将大白鼠杀死,测得各大白鼠肝脏中维生素 A 的含量,如表4-1。问两组大白鼠肝脏中维生素 A 含量是否有差别?

表4-1 不同饲料组大白鼠肝脏中维生素 A 含量

单位:$\mu mol/g$

| 大白鼠对号<br>(1) | 正常饲料组<br>(2) | 维生素 E 缺乏组<br>(3) | $d$<br>(4)=(2)-(3) | $d^2$<br>(5) |
|---|---|---|---|---|
| 1 | 3.72 | 2.57 | 1.15 | 1.322 5 |
| 2 | 2.09 | 2.51 | −0.42 | 0.176 4 |
| 3 | 3.14 | 1.88 | 1.26 | 1.587 6 |
| 4 | 4.14 | 3.35 | 0.79 | 0.624 1 |

| 大白鼠对号 (1) | 正常饲料组 (2) | 维生素 E 缺乏组 (3) | $d$ (4) = (2) - (3) | $d^2$ (5) |
|---|---|---|---|---|
| 5 | 3.98 | 3.40 | 0.58 | 0.336 4 |
| 6 | 3.93 | 2.83 | 1.10 | 1.210 0 |
| 7 | 3.61 | 2.62 | 0.99 | 0.980 1 |
| 8 | 3.19 | 1.83 | 1.36 | 1.849 6 |
| 9 | 3.23 | 2.67 | 0.56 | 0.313 6 |
| 10 | 3.85 | 3.05 | 0.80 | 0.640 0 |
| 合计 | — | — | 8.17 | 9.040 3 |

本例设计时将两初始状况相近的大白鼠配成一对,随机分成两组,一组接受维生素 E 正常饲料,另一组接受维生素 E 缺乏饲料,目的是检验两组大白鼠肝脏中维生素 A 含量有无差别,所得数据为配对计量资料,假定差值满足正态分布的要求,故用配对 t 检验进行分析。

请注意,前面两个例子所建立的备择假设 $H_1$ 是 $\mu \neq \mu_0$,这里的 $H_1$ 可分成 $\mu > \mu_0$ 和 $\mu < \mu_0$ 两种情况,表示与无效假设($H_0 : \mu = \mu_0$)偏离的方向,两者皆符合 $H_0$ 的对立条件,均可作为拒绝 $H_0$ 的接受者。只要 $\mu > \mu_0$ 或 $\mu < \mu_0$ 发生,都可认为两个总体均数不等,此即双侧检验。若已有资料表明或专业理论说明一侧不会发生,则仅需比较相反一侧,此即单侧检验。

对本例资料,若研究者试验证明维生素 E 缺乏不会使大白鼠肝脏中维生素 A 含量增加,则选单侧检验。

具体检验步骤如下:

(1) 建立检验假设,确定检验水准:

$H_0 : \mu_d = 0$,即两组大白鼠肝中维生素 A 含量无差别

$H_1 : \mu_d > 0$,即维生素 E 正常组大白鼠肝中维生素 A 含量高于维生素 E 缺乏组

单侧 $\alpha = 0.05$

(2) 计算 $t$ 值:本例 $n = 10$,$\sum d = 8.17$,$\sum d^2 = 9.040\,3$,则:

$$\overline{d} = \frac{\sum d}{n} = \frac{8.17}{10} = 0.817(\mu\text{mol/g})$$

$$S_d = \sqrt{\frac{\sum d^2 - (\sum d)^2/n}{n-1}} = \sqrt{\frac{9.040\,3 - 8.17^2/10}{10-1}} = 0.513(\mu\text{mol/g})$$

$$t = \frac{|\overline{d}|}{S_d/\sqrt{n}} = \frac{0.817}{0.513/\sqrt{10}} = 5.036,\ \nu = n-1 = 10-1 = 9$$

(3) 确定 $P$ 值,作出推断结论:按 $\nu = 9$,查附表 2 "t 界值表",得 $t_{0.002/2,9} = 4.297$,现 $t > t_{0.002/2,9}$,故 $P < 0.002$。按 $\alpha = 0.05$ 水准,拒绝 $H_0$,接受 $H_1$,差异有统计学意义。可认为维生素 E 正常组大白鼠肝中维生素 A 含量高于维生素 E 缺乏组,即维生素 E 缺乏能造成大白鼠肝脏中维生素 A 含量降低。

## 第三节　两独立样本均数比较的 t 检验

两独立样本均数比较的 t 检验简称为成组 t 检验,又称为独立样本 t 检验(independent samples t test),适用于完全随机设计两组数值变量资料的比较。两个独立样本是指以下两种情况:①把同质受

试对象随机分成两组,每组接受不同处理,通常情况下将这样的两组资料视作代表不同总体的两个样本;②在两个总体人群(如职业不同的人群)中分别随机抽取一定数量的研究对象,观察某项指标的大小并进行比较。以上情形均可用两样本均数比较的 $t$ 检验来处理,比较的目的是推断两样本均数各代表的未知总体均数 $\mu_1$ 和 $\mu_2$ 是否相等,前者用以推断两种处理效应是否不同,后者用以判定两个总体特征有无差别。两样本含量可以相等也可以不相等,实际应用时不做具体要求,但在总例数不变的前提下,两样本含量相等时统计检验效率高。

两独立样本均数比较的 $t$ 检验应用条件为:要求两样本来自的总体分别符合正态分布,同时两总体方差齐同,即 $\sigma_1^2 = \sigma_2^2$。

假定有两个符合正态分布的总体 $N(\mu_1, \sigma_1^2)$ 和 $N(\mu_2, \sigma_2^2)$,采用随机抽样方法自上述总体中各抽取样本含量分别为 $n_1$ 和 $n_2$ 的样本,则两个样本均数的差值 $\overline{X}_1 - \overline{X}_2$ 服从正态分布 $N(\mu_1 - \mu_2, \sigma_{\overline{X}_1 - \overline{X}_2}^2)$,根据前章所学标准误定义,经数理统计可以证明:

$$\sigma_{\overline{X}_1 - \overline{X}_2} = \sqrt{\sigma^2 \left( \frac{1}{n_1} + \frac{1}{n_2} \right)} \tag{4-5}$$

式中:$\sigma_{\overline{X}_1 - \overline{X}_2}$ 为两样本均数差值的标准误理论值。由于实际工作中 $\sigma$ 常是未知,无法计算理论值,故用公式 4-6 计算其估计值 $S_{\overline{X}_1 - \overline{X}_2}$:

$$S_{\overline{X}_1 - \overline{X}_2} = \sqrt{S_c^2 \left( \frac{1}{n_1} + \frac{1}{n_2} \right)} = \sqrt{S_c^2 \left( \frac{n_1 + n_2}{n_1 n_2} \right)} \tag{4-6}$$

式中:$S_c^2$ 为两样本合并的方差,其计算公式为:

$$S_c^2 = \frac{\sum X_1^2 - (\sum X_1)^2 / n_1 + \sum X_2^2 - (\sum X_2)^2 / n_2}{n_1 + n_2 - 2} \tag{4-7}$$

若已计算出两样本标准差 $S_1$ 和 $S_2$,则可用公式(4-8)计算 $S_c^2$:

$$S_c^2 = \frac{(n_1 - 1) S_1^2 + (n_2 - 1) S_2^2}{n_1 + n_2 - 2} \tag{4-8}$$

若 $n_1 = n_2$,并已计算出 $S_1$ 和 $S_2$ 时,可用公式(4-9)直接求出 $S_{\overline{X}_1 - \overline{X}_2}$。

$$S_{\overline{X}_1 - \overline{X}_2} = \sqrt{S_{\overline{X}_1}^2 + S_{\overline{X}_2}^2} = \sqrt{\frac{S_1^2}{n_1} + \frac{S_2^2}{n_2}} \tag{4-9}$$

检验统计量 $t$ 值的计算公式为:

$$t = \frac{|\overline{X}_1 - \overline{X}_2|}{S_{\overline{X}_1 - \overline{X}_2}}, \quad \nu = n_1 + n_2 - 2 \tag{4-10}$$

**例 4-4**　随机抽取 14 名慢性支气管炎病人与 11 名健康人并测得各自尿中 17-酮类固醇(μmol/24h)排出量,数据如下。试比较两组人的尿中 17-酮类固醇的排出量有无不同。

病　人 $X_1$:10.05　18.75　18.99　15.94　13.96　17.67　20.51　17.22　14.69　15.10　9.42
　　　　　8.21　7.24　24.60

健康人 $X_2$:17.95　30.46　10.88　22.38　12.89　23.01　13.89　19.40　15.83　26.72　17.29

该资料目的是检验两样本均数所代表的总体尿中 17-酮类固醇的排出量有无差别,由于 $\sigma$ 未知且样本含量 $n_1 = 14$,$n_2 = 11$ 均较小,故采用两独立样本均数比较的 $t$ 检验进行分析。假定该资料满足正态分布与总体方差相等的要求,其具体检验步骤如下:

(1) 建立检验假设,确定检验水准:

$H_0:\mu_1=\mu_2$，即病人与健康人的尿中 17-酮类固醇的排出量相同

$H_1:\mu_1\neq\mu_2$，即病人与健康人的尿中 17-酮类固醇的排出量不同

$\alpha=0.05$

（2）计算 $t$ 值：本例 $n_1=14$，$\sum X_1=212.35$，$\sum X_1^2=3\,549.091\,9$；$n_2=11$，$\sum X_2=210.70$，$\sum X_2^2=4\,397.648\,6$。

$$\overline{X}_1=\sum X_1/n_1=212.35/14=15.17(\mu mol/24h)$$

$$\overline{X}_2=\sum X_2/n_2=210.70/11=19.15(\mu mol/24h)$$

代入公式(4-7)得：

$$S_c^2=\frac{3\,549.091\,9-(212.35)^2/14+4\,397.648\,6-(210.70)^2/11}{14+11-2}=29.999$$

按公式(4-6)

$$S_{\overline{X}_1-\overline{X}_2}=\sqrt{S_c^2\left(\frac{n_1+n_2}{n_1 n_2}\right)}=\sqrt{29.999\left(\frac{14+11}{14\times11}\right)}=2.207$$

按公式(4-10)

$$t=\frac{|\overline{X}_1-\overline{X}_2|}{S_{\overline{X}_1-\overline{X}_2}}=\frac{|15.17-19.15|}{2.207}=1.804,\nu=14+11-2=23$$

（3）确定 $P$ 值，作出推断结论：按 $\nu=23$，查附表 2"$t$ 界值表"，得 $t_{0.05/2,23}=2.069$，现 $t<t_{0.05/2,23}$，故 $P>0.05$。按 $\alpha=0.05$ 水准，不拒绝 $H_0$，差异无统计学意义。尚不能认为慢性支气管炎病人与健康人的尿中 17-酮类固醇的排出量不同。

当样本含量较大时，独立样本 $t$ 检验计算出的统计量 $t$ 值近似等于 $z$ 值，即接近标准正态分布。因此，在实际工作中当样本含量 $n_1>50$ 且 $n_2>50$ 时，我们经常选用两样本均数比较的 $z$ 检验。检验统计量 $z$ 值计算公式如下：

$$z=\frac{|\overline{X}_1-\overline{X}_2|}{\sqrt{\dfrac{S_1^2}{n_1}+\dfrac{S_2^2}{n_2}}} \tag{4-11}$$

查找 $z$ 界值和判定结论与单样本均数的 $z$ 检验相同。

**例 4-5** 某地对 40～50 岁年龄组的男女不同性别的健康人群随机测定了 β-脂蛋白，其中男性 193 人，均数为 3.97g/L，标准差为 1.04g/L，女性 128 人，均数为 3.58g/L，标准差为 0.90g/L。问该人群男女之间 β-脂蛋白有无差别？

该资料亦是两独立样本均数的比较，由于 $\sigma$ 未知但样本含量均大于 50，故采用两独立样本均数比较的 $z$ 检验进行分析，其检验步骤如下：

（1）建立检验假设，确定检验水准：

$H_0:\mu_1=\mu_2$，即该地 40～50 岁人群的 β-脂蛋白男女之间无差别

$H_1:\mu_1\neq\mu_2$，即该地 40～50 岁人群的 β-脂蛋白男女之间有差别

$\alpha=0.05$

（2）计算 $z$ 值：本例 $n_1=193$，$\overline{X}_1=3.97$，$S_1=1.04$，$n_2=128$，$\overline{X}_2=3.58$，$S_2=0.90$。代入公式(4-11)。

$$z=\frac{|\overline{X}_1-\overline{X}_2|}{\sqrt{\dfrac{S_1^2}{n_1}+\dfrac{S_2^2}{n_2}}}=\frac{|3.97-3.58|}{\sqrt{\dfrac{1.04^2}{193}+\dfrac{0.90^2}{128}}}=3.57$$

（3）确定 $P$ 值，作出推断结论：按 $v=\infty$ ，查附表2"$t$ 界值表"，得 $z_{0.001/2}=3.2905$ ，现 $z>z_{0.001/2}$ ，故 $P<0.001$ 。按 $\alpha=0.05$ 水准，拒绝 $H_0$ ，接受 $H_1$ ，差异有统计学意义。故可认为该地 40~50 岁健康人群男女之间 β-脂蛋白含量有差别。

## 第四节　两独立样本方差齐性检验与 $t'$ 检验

### 一、两独立样本方差齐性检验

综合前述 $t$ 检验的应用条件可知，在进行 $t$ 检验时均要求各样本数据服从正态分布或近似正态分布；两独立样本均数比较的 $t$ 检验，除要求两组资料应服从正态分布外，还要求两样本资料所对应总体的方差相等，即方差齐性（homogeneity of variance）。因此，在讲解例题过程中，假定所得样本数据服从正态分布。但实际工作中在使用 $t$ 检验方法之前应对样本数据的分布进行正态性检验（normality test）；若是两独立样本均数比较的 $t$ 检验，还要对两总体方差是否相等进行检验，即方差齐性检验。当两样本含量均大于 50 时，可以忽略方差齐性的要求。

正态性检验方法较多，常见的有图示法、假设检验法、矩法等。正态性检验计算复杂，通常不做手工计算，可用统计软件完成，具体内容请查阅相关参考书籍。在这里仅讨论方差齐性检验的 $F$ 检验。

两独立样本方差齐性检验原理为：两样本方差 $S_1^2$ 和 $S_2^2$ 分别是两总体方差 $\sigma_1^2$ 和 $\sigma_2^2$ 的无偏估计，假定两总体方差相等，即 $\sigma_1^2=\sigma_2^2$ ，由于存在抽样误差的原因，两样本方差 $S_1^2$ 和 $S_2^2$ 很少会相等，但相差不会很大；当两样本方差相差较大时，需作方差齐性检验，若求得的 $P$ 值小于预先设定的检验水准 $\alpha$ ，则有理由认为两总体方差不相等。

方差齐性检验常用 $F$ 检验，应用条件是两样本均来自正态分布的总体，检验统计量计算公式为：

$$F=\frac{S_1^2(较大)}{S_2^2(较小)}, \quad v_1=n_1-1, \quad v_2=n_2-1 \tag{4-12}$$

式中：$S_1^2$ 为较大的样本方差，$S_2^2$ 为较小的样本方差，分子的自由度为 $v_1$ ，分母的自由度为 $v_2$ ，相应的样本例数分别为 $n_1$ 和 $n_2$ 。$F$ 值是两个样本方差之比，如仅是抽样误差的影响，它一般不会离 1 太远，$F$ 分布就是反映此概率的分布。求得 $F$ 值后，根据 $v_1$ 和 $v_2$ ，查附表3"$F$ 界值表（方差齐性检验用）"，得 $F_{0.05/2,(v_1,v_2)}$ 界值。如 $F\geqslant F_{0.05/2,(v_1,v_2)}$ ，则 $P\leqslant0.05$ ，拒绝 $H_0$ ，可认为总体方差不齐；如 $F<F_{0.05/2,(v_1,v_2)}$ ，则 $P>0.05$ ，不拒绝 $H_0$ ，可认为总体方差齐。

**例 4-6**　为了探讨血清 SIL-2R 含量对白血病的诊断意义，随机抽取白血病患者 13 人和正常对照 11 人，测得血清 SIL-2R 含量（pmol/L）如下。试检验两样本的总体方差是否相等。

白血病组：630.21　602.13　589.27　638.17　592.30　690.11　869.23　723.33　653.26
　　　　　523.17　516.33　613.37　638.39

对照组：　179.21　180.22　183.30　160.17　187.23　185.26　165.31　185.21　178.33
　　　　　191.36　181.32

（1）建立检验假设，确定检验水准：

$H_0:\sigma_1^2=\sigma_2^2$ ，即两组总体方差相等

$H_1:\sigma_1^2\neq\sigma_2^2$ ，两组总体方差不等

$\alpha=0.05$

（2）计算 $F$ 值：对以上数据分别进行计算，可得 $S_1=90.41$ ，$S_2=9.28$ ，按公式（4-12）得：

$$F=\frac{S_1^2(较大)}{S_2^2(较小)}=\frac{90.41^2}{9.28^2}=94.92$$

$$v_1 = n_1 - 1 = 13 - 1 = 12, v_2 = n_2 - 1 = 11 - 1 = 10$$

（3）确定 $P$ 值，作出推断结论：按 $v_1 = 12$，$v_2 = 10$ 查附表3"$F$ 界值表（方差齐性检验用）"，得 $F_{0.05/2,(12,10)} = 3.62$，本例 $F > F_{0.05/2,(12,10)}$，则 $P < 0.05$，按 $\alpha = 0.05$ 水准，拒绝 $H_0$，接受 $H_1$，差异有统计学意义。可以认为两组总体方差不等。

## 二、$t'$检验

服从正态分布的两小样本均数比较不能满足方差齐性的要求，若仍进行 $t$ 检验，会增大 Ⅰ 类错误的概率。此时应选用以下方法进行处理：①$t'$检验；②适当的变量变换，达到方差齐性要求；③非参数检验，如秩和检验。在上述三种处理方法中，建议首选 $t'$ 检验。原因在于：①变量变换虽然没有改变各组数据间的关系，只是改变资料的分布形式，但变换后的分析结果的解释不太直观和方便；②非参数检验只保留观察值的大小次序关系，却丢弃了其具体的数值信息。

$t'$检验又称为近似 $t$ 检验，包括三种方法，分别是 Cochran & Cox 近似法、Satterthwaite 近似法和 Welch 近似法，其中第一种方法是对临界值校正，后两种方法是对自由度进行校正，这里仅介绍前 Cochran & Cox 近似法。该法 $t'$ 检验统计量及校正临界值 $t'_\alpha$ 的计算公式为：

$$t' = \frac{|\overline{X}_1 - \overline{X}_2|}{\sqrt{\dfrac{S_1^2}{n_1} + \dfrac{S_2^2}{n_2}}} \tag{4-13}$$

$$t'_\alpha = \frac{S_{\overline{X}_1}^2 \cdot t_{\alpha/2, v_1} + S_{\overline{X}_2}^2 \cdot t_{\alpha/2, v_2}}{S_{\overline{X}_1}^2 + S_{\overline{X}_2}^2}, \quad v_1 = n_1 - 1, v_2 = n_2 - 1 \tag{4-14}$$

当确定检验水准 $\alpha$ 后，公式（4-14）中的 $t_{\alpha/2, v_1}$ 和 $t_{\alpha/2, v_2}$ 可分别按 $v_1$ 和 $v_2$ 由附表2"$t$ 界值表"查得。根据 $t'$ 值与校正界值 $t'_{\alpha/2}$ 的数量关系界定 $P$ 值，从而作出推断结论。

**例4-7** 根据例4-6结果可知，该资料未满足成组 $t$ 检验方差齐性的应用条件，应用 Cochran & Cox 近似法进行 $t'$ 检验，比较两组血清 SIL-2R 含量（pmol/L）是否不同。

（1）建立检验假设，确定检验水准：

$H_0: \mu_1 = \mu_2$，即两组血清 SIL-2R 含量相同

$H_1: \mu_1 \neq \mu_2$，即两组血清 SIL-2R 含量不同

$\alpha = 0.05$

（2）计算 $t'$ 值及 $t'_\alpha$ 值：由公式（4-13）得

$$t' = \frac{|\overline{X}_1 - \overline{X}_2|}{\sqrt{\dfrac{S_1^2}{n_1} + \dfrac{S_2^2}{n_2}}} = \frac{|636.87 - 179.72|}{\sqrt{\dfrac{90.41^2}{13} + \dfrac{9.28^2}{11}}} = 18.119, v_1 = 13 - 1 = 12, v_2 = 11 - 1 = 10$$

分别按 $v_1 = 12$，$v_2 = 10$，查附表2"$t$ 界值表"，得 $t_{0.05/2,12} = 2.179$，$t_{0.05/2,10} = 2.228$。

$S_{\overline{X}_1}^2 = \dfrac{90.41^2}{13} = 628.767$，$S_{\overline{X}_2}^2 = \dfrac{9.28^2}{11} = 7.829$，将结果代入公式（4-14）得：

$$t'_{0.05} = \frac{S_{\overline{X}_1}^2 \cdot t_{0.05/2,12} + S_{\overline{X}_2}^2 \cdot t_{0.05/2,10}}{S_{\overline{X}_1}^2 + S_{\overline{X}_2}^2} = \frac{628.767 \times 2.179 + 7.829 \times 2.228}{628.767 + 7.829} = 2.180$$

（3）确定 $P$ 值，作出推断结论：本例 $t' > t'_{0.05/2}$，则 $P < 0.05$，按 $\alpha = 0.05$ 水准，拒绝 $H_0$，接受 $H_1$，差异有统计学意义。可以认为两组血清 SIL-2R 含量不同，白血病组血清 SIL-2R 含量高于对照组。

由公式（4-14）可以看出，当 $v_1 = v_2 = v$ 时，$t' = t_{\alpha/2, v}$，可按 $v = n - 1$ 直接查附表2得出 $t'$ 值，从而避免繁杂的计算。

**知识拓展**

## Satterthwaite 近似 *t'* 检验法

该方法是对自由度进行校正,其 *t'* 检验统计量计算仍按公式(4-13)。

校正自由度计算公式为:

$$v = \frac{(S_1^2/n_1 + S_2^2/n_2)^2}{\dfrac{(S_1^2/n_1)^2}{n_1-1} + \dfrac{(S_2^2/n_2)^2}{n_2-1}}$$

按计算的校正自由度查 *t* 界值表,得 $t'_{\alpha/2}$ 界值后,结论判定与 Cochran & Cox 近似法相同。

利用 SPSS 统计软件进行两独立样本 *t* 检验,Satterthwaite 近似法为方差不齐时系统默认的 *t'* 检验方法。

**本章小结**

1. 由于存在抽样误差,两个来自 $\mu_1 = \mu_2$ 总体的随机样本其样本均数往往不同。因此,实际工作中当两样本均数不等时,应用假设检验对总体均数是否相等进行统计推断。*t* 检验是数值变量资料两均数比较最常用检验方法之一。

*t* 检验包括单样本 *t* 检验、配对 *t* 检验、成组 *t* 检验三种类型,在实际工作中应当根据研究设计类型、研究目的选择具体 *t* 检验方法。

2. 在应用 *t* 检验时,应首先检查下列应用条件是否得到满足:①单样本 *t* 检验要求样本来自正态分布总体;②配对 *t* 检验要求研究变量每对测量值的差值 *d* 服从正态分布或近似正态分布;③成组 *t* 检验要求两组资料相应的总体服从正态分布或近似正态分布且方差齐。当不满足这些条件时,可采用变量变换或非参数检验。服从正态分布的两小样本均数比较时,如果两总体方差 $\sigma_1^2 \neq \sigma_2^2$,亦可选用 *t'* 检验。

(杨　亮)

扫一扫,测一测

**思考题**

### 一、简答题

1. *t* 检验的应用条件是什么?

2. 在 *t* 检验中,当 $P < 0.05$ 时,则拒绝 $H_0$,其理论依据是什么?

3. 两样本均数比较时,$P < 0.05$ 与 $P < 0.01$ 在意义上有何差别?

### 二、综合应用

1. 已知成年健康男子血红蛋白的均数为 140g/L,某医生随机抽取 25 名成年男性铅作业工人并测量其血红蛋白含量,算得均数为 130.86g/L,标准差为 25.65g/L。能否认为成年男性铅作业工人血红蛋白含量是否低于成年健康男性?

2. 某医生随机抽取一批研究对象并采集其头发,用 A、B 两种方法测定其中金属锰的含量

笔记

（mg/L），结果见表4-2。能否据此认为两种方法所测头发金属锰的含量有差别？

表 4-2　A、B 两种方法测定头发中金属锰的含量

单位：mg/L

| 样品号 | A 法 | B 法 |
| --- | --- | --- |
| 1 | 2.3 | 2.8 |
| 2 | 3.4 | 4.0 |
| 3 | 7.1 | 8.0 |
| 4 | 4.0 | 4.9 |
| 5 | 5.5 | 5.4 |
| 6 | 8.1 | 8.9 |
| 7 | 1.1 | 1.3 |
| 8 | 1.8 | 2.1 |

3. 某研究人员随机抽取 13 名健康人与 12 名Ⅲ度肺水肿病人并采集痰液，测定 $\alpha_1$-抗胰蛋白酶含量（g/L），结果如表4-3，问健康人与Ⅲ度肺水肿病人痰中 $\alpha_1$-抗胰蛋白酶含量是否不同？

表 4-3　健康人与Ⅲ度肺水肿病人痰中 $\alpha_1$-抗胰蛋白酶含量

单位：g/L

| 组别 | $\alpha_1$-抗胰蛋白酶含量 | | | | | | | | | | | | |
| --- | --- | --- | --- | --- | --- | --- | --- | --- | --- | --- | --- | --- | --- |
| 健康人 | 2.6 | 2.3 | 4.0 | 4.2 | 2.7 | 1.9 | 1.7 | 0.8 | 1.8 | 1.4 | 1.6 | 1.6 | 1.6 |
| Ⅲ度肺水肿病人 | 3.5 | 3.4 | 3.8 | 5.3 | 3.7 | 6.6 | 4.6 | 3.0 | 4.7 | 5.5 | 4.0 | 3.4 | |

# 第五章　方差分析

05章 PPT

## 学习目标

1. 掌握：方差分析的基本思想和应用条件；完全随机设计资料的方差分析；随机区组设计资料的方差分析。
2. 熟悉：多个样本均数间的两两比较方法：SNK-$q$ 检验。
3. 了解：多个正态总体的方差齐性检验；变量变换。
4. 能对多个样本均数间的差异进行分析比较。
5. 会进行完全随机设计资料和随机区组设计资料的方差分析。

方差分析（analysis of variance, ANOVA）是英国著名统计学家 R. A. Fisher 在 20 世纪 20 年代提出的一种统计学分析方法，为纪念 Fisher，故方差分析又称 $F$ 检验。方差分析用途很广，适用于多个（两个及以上）样本均数间的比较。

## 第一节　方差分析的基本思想和应用条件

### 一、方差分析的基本思想

方差是各个数据与其算术均数的离均差的平方和的平均数，是描述变异的一种指标。方差分析的基本思想为：根据变异的来源，把全部观察值之间的变异（即总变异）按研究目的和设计类型分解成两个或多个组成部分，除随机误差外，其余每个部分的变异可以由某个因素的作用（或某几个因素的交互作用）加以解释，如组间变异 $SS_{组间}$ 可由处理因素的作用加以解释，通过不同变异来源的均方与误差均方比值大小的比较，借助 $F$ 分布做出统计推断，从而判断各研究因素对观察指标有无影响。下面结合例 5-1 具体说明方差分析的基本思想。

**例 5-1**　某研究者为了研究一种降脂新药物的临床疗效，按统一纳入标准选择了某地年龄相同、体重接近的 36 例高脂血症患者，随机分为 3 组，每组 12 例，分别为对照组、低剂量降脂药物组和高剂量降脂药物组，服药 1 个月后，测定血清总胆固醇（mmol/L），结果见表 5-1。试分析三组患者的血清总胆固醇有无差别？

表 5-1 分为上下两半部分，上半部分为原始数据，每个原始数据可用 $X_{ij}$ 表示。下标 $i$ 表示处理组号，$i=1,2,3,\cdots,k$，本例 $k=3$。下标 $j$ 表示各组内观察单位序号，$j=1,2,3,\cdots,n_i$。下半部分为与上半部分原始数据有关的合计数，分别为：

$n_i$ 表示第 $i$ 组的观察值个数；

笔记

表 5-1　三种不同处理水平患者的血清总胆固醇

单位：mmol/L

| | 对照组 | 低剂量药物组 | 高剂量药物组 | |
|---|---|---|---|---|
| $X_{ij}$ | 7.16 | 7.03 | 4.68 | |
| | 6.65 | 5.83 | 5.92 | |
| | 6.98 | 7.28 | 4.74 | |
| | 5.78 | 5.12 | 6.16 | |
| | 6.44 | 7.51 | 5.99 | |
| | 6.77 | 7.74 | 6.07 | |
| | 7.65 | 6.19 | 5.29 | |
| | 5.91 | 7.15 | 4.70 | |
| | 6.79 | 7.18 | 5.05 | |
| | 6.31 | 5.53 | 6.01 | |
| | 8.05 | 6.79 | 5.67 | |
| | 7.04 | 6.76 | 4.65 | |
| $n_i$ | 12 | 12 | 12 | 36($N$) |
| $\sum\limits_j X_{ij}$ | 81.3 | 80.11 | 64.93 | 226.57($\sum X$) |
| $\overline{X}_i$ | 6.79 | 6.68 | 5.41 | 6.29($\overline{X}$) |
| $\sum\limits_j X_{ij}^2$ | 558.658 | 542.304 | 355.555 | 1 456.517($\sum X^2$) |

$\sum\limits_j X_{ij}$ 表示第 $i$ 组内从 $j=1$ 到 $j=n_i$ 的各个观察值之和；

$\overline{X}_i$ 表示第 $i$ 组观察值的均数；

$\sum\limits_j X_{ij}^2$ 表示第 $i$ 组内从 $j=1$ 到 $j=n_i$ 的各个观察值平方之和；

$N$ 表示全部观察值个数之和，即总频数；

$\sum X$ 表示全部观察值之和；

$\overline{X}$ 表示全部观察值的均数，即总均数；

$\sum X^2$ 表示全部观察值平方之和。

**（一）变异分解**

表 5-1 中，36 个数据 $X_{ij}$ 之间的差异可以分为以下三种变异：

**1. 总变异**　36 例患者接受不同处理 1 个月后测定的血清总胆固醇 $X_{ij}$ 大小不同，即 $X_{ij}$ 与总均数 $\overline{X}$ 不同，这种变异称为总变异（total variation）。总变异用总离均差平方和表示，即各测量值 $X_{ij}$ 与总均数 $\overline{X}$ 差值的平方和，记为 $SS_{总}$。总变异 $SS_{总}$ 反映了所有测量值之间总的变异情况，计算公式为：

$$SS_{总} = \sum_i \sum_j (X_{ij} - \overline{X})^2 = \sum_i \sum_j X_{ij}^2 - C = \sum X^2 - C, \nu_{总} = N - 1 \qquad (5\text{-}1)$$

式中：$C = \dfrac{(\sum X)^2}{N}$，$N$ 为总观察例数。

**2. 组间变异**　三组患者（$k=3$）接受的处理水平不同，各组的样本均数 $\overline{X}_i$ 也各不相同，即 $\overline{X}_i$ 与总均数 $\overline{X}$ 大小不同，这种变异称为组间变异（variation between groups）。其大小可用各组样本均数 $\overline{X}_i$ 与总均数 $\overline{X}$ 的离均差平方和表示，记为 $SS_{组间}$。该变异既包含了各处理组不同处理水平的影响，同时也包括了随机误差。计算公式为：

$$SS_{组间} = \sum_i n_i (\overline{X}_i - \overline{X})^2 = \sum_i \frac{\left( \sum_j X_{ij} \right)^2}{n_i} - C, \nu_{组间} = k-1 \qquad (5-2)$$

式中：$n_i$ 为各处理组样本例数，$k$ 为处理组数。

**3. 组内变异**　同一处理组内虽然受试对象接受的处理相同，但患者的血清总胆固醇 $X_{ij}$ 大小仍各不相同，即每组观察值 $X_{ij}$ 与本组的样本均数 $\overline{X}_i$ 的不同，这种变异称为组内变异（variation within groups）。组内变异可用组内各测量值 $X_{ij}$ 与所在组的均数 $\overline{X}_i$ 的离均差平方和表示，记为 $SS_{组内}$。该变异仅反映了随机误差，又称误差变异。计算公式为：

$$SS_{组内} = \sum_i \sum_j (X_{ij} - \overline{X}_i)^2 = \sum_i (n_i - 1) S_i^2, \nu_{组内} = N-k \qquad (5-3)$$

总离均差平方和可以分解为组间离均差平方和及组内离均差平方和，即

$$SS_{总} = SS_{组间} + SS_{组内} \qquad (5-4)$$

相应的总自由度也分解为组间自由度和组内自由度，即

$$\nu_{总} = \nu_{组间} + \nu_{组内} \qquad (5-5)$$

### （二）变异比较与分析

由于组间变异和组内变异均与自由度有关，所以不能直接比较离均差平方和。将各部分的离均差平方和除以各自的自由度，其比值称为均方差，简称均方（mean square，MS）。组间均方和组内均方的计算公式分别为：

$$MS_{组间} = \frac{SS_{组间}}{\nu_{组间}} \qquad (5-6)$$

$$MS_{组内} = \frac{SS_{组内}}{\nu_{组内}} \qquad (5-7)$$

如果本例三种不同处理水平的效应相同，即各样本所代表的总体均数相等（$H_0: \mu_1 = \mu_2 = \mu_3$），则组间变异和组内变异一样，只反映随机误差作用大小。组间均方与组内均方的比值称为 $F$ 统计量，即

$$F = \frac{MS_{组间}}{MS_{组内}}, \nu_1 = \nu_{组间}, \nu_2 = \nu_{组内} \qquad (5-8)$$

此时，$MS_{组间}$ 接近 $MS_{组内}$，$F$ 值接近 1，就没有理由拒绝 $H_0$；反之，如果三种不同处理水平的效应不全相同，即各样本所代表的总体均数不全相同，则 $MS_{组间} > MS_{组内}$，$F > 1$。也就是说，$F$ 值越大，$P$ 值越小，拒绝 $H_0$ 的理由越充分。

但 $F$ 值要大到多少才有统计学意义？数理统计的理论证明，当 $H_0$ 成立时，$F$ 统计量服从 $F$ 分布，$F$ 分布有两个自由度，$\nu_1$ 为组间自由度，$\nu_2$ 为组内自由度，记为 $F_{\alpha(\nu_1, \nu_2)}$。由 $F$ 界值表（附表 4），可查出按所取的检验水准 $\alpha$ 供方差分析用的单侧 $F$ 界值，作为判断统计量 $F$ 大小的标准。如 $F \geqslant F_{0.05(\nu_1, \nu_2)}$ 时，则 $P \leqslant 0.05$，拒绝 $H_0$，接受 $H_1$，说明各样本来自不全相同的总体，即认为各样本的总体均数不全相同。相反，如 $F < F_{0.05(\nu_1, \nu_2)}$ 时，则 $P > 0.05$，不拒绝 $H_0$，尚不能认为各样本的总体均数不全相同。

样本均数比较的方差分析方法与实验设计的类型密切相关。方差分析所分析的数据是按照特定实验设计进行实验所得的数据，不同的实验设计其总变异的分解有所不同。因此，在应用方差分析时，除了要求资料满足方差分析的应用条件外，还应结合具体实验设计来选择相应的方差分析方法。

方差分析根据研究所涉及的因素的多少，可以分为单因素方差分析和多因素方差分析（包括双因素分析）。本章仅介绍完全随机设计资料的方差分析（即单因素方差分析）和随机区组设计资料的方差分析（即双因素无重复实验的方差分析）。

## 二、方差分析的应用条件

多个样本均数比较的方差分析应用条件为:

1. 各样本是互相独立的随机样本,均服从正态分布。一般情况下,如果样本含量较大,虽然总体分布偏离正态,中心极限定理保证了样本均数的抽样分布仍然服从或近似服从正态分布,此时方差分析也是适用的。但是如果总体极度地偏离正态时,则须作变量变换,以改善其正态性。

2. 各样本的总体方差相等,即具有方差齐性(homogeneity of variance)。只有当各样本的总体方差相等时,才能有效地分析各对比组均数之间的差异。一般情况下,只要各组样本含量相等或相近,即使方差不齐,方差分析仍然适用。

对于非正态分布或方差不齐的资料,可进行变量变换,变为正态或接近正态后再进行方差分析,或者采用秩和检验进行分析。

# 第二节　多个正态总体的方差齐性检验和变量变换

## 一、多个正态总体的方差齐性检验

根据方差分析的应用条件,要求所对比的各样本应是互相独立的且服从正态分布的随机样本,同时各样本的总体方差相等,即具有方差齐性。因此,在方差分析之前,即使所对比的各样本是服从正态分布且互相独立的随机样本,仍然需要对其进行方差齐性检验。

方差齐性检验(test for homogeneity of variance)是关于两个或两个以上总体的方差是否相等的统计检验。根据情况不同,有不同的检验方法。对于服从正态分布且互相独立的多个随机样本,进行方差齐性检验方法常用 Bartlett $\chi^2$ 检验;对于不服从正态分布的资料,可用 Levene 检验方法进行方差齐性检验。这里仅介绍多个正态总体的方差齐性检验即 Bartlett $\chi^2$ 检验。

### Levene 检验

对于不服从正态分布的资料,可用 Levene 检验方法进行方差齐性检验,也可用对正态性不敏感的检验,如对数方差分析、$F_{max}$ 检验、Cochran 检验等。

与 Bartlett $\chi^2$ 检验相比,Levene 检验所分析的资料不依赖总体分布,即资料可不具有正态性。它既可用于对两个总体方差进行齐性检验,也可用于对多个总体方差进行齐性检验。但这些方法计算量较大,一般需借助统计软件如 SPSS 来完成。Levene 检验是 SPSS 统计软件进行 $t$ 检验或方差分析时系统默认的方差齐性检验方法。

Bartlett $\chi^2$ 检验的基本思想是将各组的样本方差之和除以方差个数得到合并方差,假如各组总体方差相等,那么各组样本方差与合并方差相差不会很大,其统计量 $\chi^2$ 值也不会很大,即出现大的 $\chi^2$ 值的可能性很小;反之,如果各组总体方差不相等,就会出现大的 $\chi^2$ 值,因而有理由拒绝原假设。其统计量 $\chi^2$ 值的计算公式如下:

$$\chi^2 = \frac{\sum_i \left[ (n_i - 1) \ln \frac{S_C^2}{S_i^2} \right]}{1 + \frac{\sum_i (n_i - 1)^{-1} - (N - k)^{-1}}{3(k - 1)}} , \ \nu = k - 1 \tag{5-9}$$

式中:$S_i^2$ 是各比较组的方差,$S_C^2$ 为合并方差(即误差的均方 $MS_{组内}$ 或 $MS_{误差}$),$k$ 是参加比较的组数,$n_i$ 为各组的样本含量,$N$ 为总观测例数。

**例5-2**　对例5-1中三组资料做方差齐性检验。

（1）建立检验假设，确定检验水准：

$H_0$：三个总体方差相等，即 $\sigma_1^2 = \sigma_2^2 = \sigma_3^2$

$H_1$：三个总体方差不等或不全相等

$\alpha = 0.05$

（2）计算 $\chi^2$ 值：在例 5-1 中，$k = 3$，$n_1 = n_2 = n_3 = 12$，各比较组的标准差分别为：$S_1 = 0.656$，$S_2 = 0.826$，$S_3 = 0.620$，$S_C^2 = MS_{误差} = 0.499$，代入公式（5-9）得

$$\chi^2 = \frac{11 \times \ln\dfrac{0.499}{0.656^2} + 11 \times \ln\dfrac{0.499}{0.826^2} + 11 \times \ln\dfrac{0.499}{0.620^2}}{1 + \dfrac{3 \times (11^{-1} - 33^{-1})}{3 \times 2}} = \frac{1.507}{1.030} = 1.4631$$

$$\nu = 3 - 1 = 2$$

（3）确定 $P$ 值，作出推断结论：以 $\alpha = 0.05$ 水准，$\nu = 3 - 1 = 2$，查附表 8"$\chi^2$ 界值表"，得 $\chi_{0.05,2}^2 = 5.99$，现 $\chi^2 < \chi_{0.05,2}^2$，故 $P > 0.05$，不拒绝 $H_0$。尚不能认为三个总体方差不具有齐性。

注意：Bartlett $\chi^2$ 检验要求资料具有正态性。

如果所计算的 $\chi^2$ 值刚刚超过 $\chi^2$ 界值，则需要对所求得的 $\chi^2$ 值进行校正，以便获得更精确的概率。如果所求得的 $\chi^2$ 值小于 $\chi^2$ 界值或超出 $\chi^2$ 界值较远，则不必进行校正。Bartlett $\chi^2$ 检验校正值记为 $\chi_C^2$，其计算公式如下：

$$\chi_C^2 = \frac{\chi^2}{C} \tag{5-10}$$

式中：$\chi_C^2$ 为校正 $\chi^2$ 值，$C$ 为校正系数，其计算公式如下：

（1）各组样本含量相等时，

$$C = 1 + \frac{k+1}{3k(n-1)} \tag{5-11}$$

（2）各组样本含量不等时，

$$C = 1 + \frac{1}{3k(n-1)} \left[ \sum \frac{1}{(n_i - 1)} - \frac{1}{\sum (n_i - 1)} \right] \tag{5-12}$$

## 二、变量变换

当资料不能满足参数统计分析如方差分析（或 $t$ 检验）等的应用条件（如方差不齐、偏态等）时，一是可将变量经适当方式变换后使其满足应用条件，就可用新数据进行相应的分析，二是改用秩变换的非参数统计（nonparametric statistics）方法。一般情况下，若能通过变量变换使资料符合参数分析方法的条件时，尽量用参数统计分析方法进行分析。

变量变换（data transformations）是将原始数据作某种函数转换，如转换为对数值。变量变换虽然改变了资料分布的形式，但不改变各组资料间的关系。变量变换的目的：①使资料转为正态分布；②使各组达到方差齐性；③曲线直线化。以满足 $t$ 检验或方差分析的应用条件。

常用的变量变换有对数变换、平方根变换、倒数变换、平方根反正弦变换等，应根据资料性质选择适当的变量变换方法。

1. 对数变换（logarithmic transformation）　即将原始数据 $X$ 的对数值作为新的分析数据。变换公式为：

$$y = \lg X \tag{5-13}$$

当原始数据中有小值或零值时，亦可用：

$$y = \lg (X + 1) \tag{5-14}$$

对数变换常用于：①使服从对数分布资料正态化；②使数据达到方差齐性，特别是各样本变异系数($CV$)比值接近时；③使曲线直线化，常用于曲线拟合。

**2. 平方根变换(square root transformation)**　即将原始数据 $X$ 的平方根作为新的分析数据。变换公式为：

$$y = \sqrt{X} \tag{5-15}$$

当原始数据中有小值或零值时，亦可用：

$$y = \sqrt{X+1} \tag{5-16}$$

平方根变换常用于：①使服从 Poisson 分布的资料正态化；②使各样本方差与均数呈正相关的资料达到方差齐。

**3. 倒数变换(reciprocal transformation)**　即将原始数据 $X$ 的倒数作为新的分析数据。变换公式为：

$$y = \frac{1}{X} \tag{5-17}$$

倒数变换常用于两端波动较大的资料，可使极端值的影响变小。

**4. 平方根反正弦变换(arcsine square root transformation)**　即将原始数据 $X$ 的平方根反正弦作为新的分析数据。变换公式为：

$$y = \sin^{-1}\sqrt{X} \tag{5-18}$$

平方根反正弦变换常用于适合率或百分比资料，使有较多过大或过小百分率资料接近正态。
几种常用的变量变换及其用途见表 5-2。

表 5-2　常用变量变换方法及其应用

| 变换方法 | 新的分析数据 | 计算公式 | 有小值或零值 | 应用 |
| --- | --- | --- | --- | --- |
| 对数变换 | 对数值 | $y = \lg X$ | $y = \lg(X+k)$ | ①使服从对数分布资料正态化；②使数据达到方差齐性；③使曲线直线化 |
| 平方根变换 | 平方根值 | $y = \sqrt{X}$ | $y = \sqrt{X+0.5}$ | ①使服从 Poisson 分布的资料正态化；②使各样本方差与均数呈正相关的资料达到方差齐 |
| 倒数变换 | 倒数值 | $y = 1/X$ | | 常用于两端波动较大的资料 |
| 平方根反正弦变换 | 平方根反正弦值 | $y = \sin^{-1}\sqrt{p}$ | $y = \sin^{-1}\sqrt{1/4n}$ | 适合率或百分比资料，使有较多过大或过小百分率资料接近正态 |

# 第三节　完全随机设计资料的方差分析

## 一、完全随机设计资料的特点

完全随机设计(completely randomized design)是采用完全随机化的分组方法，将同质的受试对象分配到各处理组，分别接受不同的处理，比较各组均数之间的差别有无统计学意义，推断处理因素的效应。完全随机设计只考察一个处理因素，是单因素多水平的实验设计方法，又称为单因素方差分析(one-way ANOVA)。

上述例 5-1 资料就属于完全随机设计资料：某研究者为研究一种降脂新药物的临床疗效，采用完全随机的分组方法将统一纳入标准选择的某地年龄相同、体重接近的 36 例高脂血症患者随机分为 3

组,每组12例分别接受不同处理(对照组、低剂量降脂药物组和高剂量降脂药物组),1个月后比较三组患者的血清总胆固醇有无差别,推断该降脂新药物的效应。

## 二、变异分解

完全随机设计方差分析的总变异可分为组间变异和组内变异两部分。总变异、组间变异和组内变异的离均差平方和 $SS$、自由度 $\nu$、均方 $MS$ 和 $F$ 值计算公式见表5-3。表中校正数 $C = (\sum X)^2/N$。

表5-3 完全随机设计资料的方差分析表

| 变异来源 | $SS$ | $\nu$ | $MS$ | $F$ |
|---|---|---|---|---|
| 总变异 | $\sum X^2 - C$ | $N-1$ | | |
| 组间变异 | $\sum_i \dfrac{\left(\sum_j X_{ij}\right)^2}{n_i} - C$ | $k-1$ | $\dfrac{SS_{组间}}{k-1}$ | $\dfrac{MS_{组间}}{MS_{组内}}$ |
| 组内变异 | $SS_总 - SS_{组间}$ | $N-k$ | $\dfrac{SS_{组内}}{N-k}$ | |

## 三、分析步骤

结合例5-1说明完全随机设计资料方差分析的基本步骤:

(1) 建立检验假设,确定检验水准:

$H_0$:三组患者的血清总胆固醇的总体均数相等,即 $\mu_1 = \mu_2 = \mu_3$

$H_1$:三组患者的血清总胆固醇的总体均数不等或不全相等

$\alpha = 0.05$

(2) 计算 $F$ 值:据表5-3计算统计量 $F$。

$$C = \frac{(\sum X)^2}{N} = \frac{226.57^2}{36} = 1\,425.943$$

$$SS_总 = \sum X^2 - C = 1\,456.517 - 1\,425.943 = 30.574$$

$$\nu_总 = 36 - 1 = 35$$

$$SS_{组间} = \sum_i \frac{(\sum X_i)^2}{n_i} - C = \frac{81.53^2}{12} + \frac{80.11^2}{12} + \frac{64.93^2}{12} - 1\,425.943 = 14.111$$

$$\nu_{组间} = 3 - 1 = 2$$

$$MS_{组间} = \frac{SS_{组间}}{\nu_{组间}} = \frac{14.111}{2} = 7.056$$

$$SS_{组内} = SS_总 - SS_{组间} = 30.574 - 14.111 = 16.463$$

$$\nu_{组内} = \nu_总 - \nu_{组间} = 35 - 2 = 33$$

$$MS_{组内} = \frac{SS_{组内}}{\nu_{组内}} = \frac{16.463}{33} = 0.499$$

$$F = \frac{MS_{组间}}{MS_{组内}} = \frac{0.756}{0.499} = 14.140$$

将计算结果列成表5-4方差分析表。

表5-4 例5-1的方差分析结果

| 变异来源 | $SS$ | $\nu$ | $MS$ | $F$ | $P$ |
|---|---|---|---|---|---|
| 总变异 | 30.574 | 35 | | | |
| 组间变异 | 14.111 | 2 | 7.056 | 14.140 | <0.01 |
| 组内变异 | 16.463 | 33 | 0.499 | | |

（3）确定 $P$ 值，作出推断结论：以 $\nu_1=2$，$\nu_2=33$，查附表 4"$F$ 界值表（方差分析用）"。附表 4 中 $\nu_2$ 无 33，在保守的情况下取 $\nu_2=32$，$F_{0.01(2,32)}=5.35$，$F>5.35$，得 $P<0.01$。

结论：按 $\alpha=0.05$ 水准，拒绝 $H_0$，接受 $H_1$，差异有统计学意义。可认为不同处理方法对患者的血清总胆固醇有影响。

注意：方差分析的结果拒绝 $H_0$，接受 $H_1$，不能说明各组总体均数间两两均有差别。如果要分析哪两组间有差别，可进行多个均数间的两两比较（详见本章第五节）。当 $k=2$ 时，完全随机设计方差分析结果与两样本均数比较的 $t$ 检验等价，有 $t=\sqrt{F}$。

## 第四节　随机区组设计资料的方差分析

### 一、随机区组设计资料的特点

随机区组设计（randomized block design）又称配伍组设计，即先将受试对象按自然属性（如动物的窝别、体重，病人的年龄、性别、病情等影响结果的非处理因素）相同或相近的原则配成区组（配伍组），再分别将各个区组中的受试对象随机分配到各处理或对照组。随机区组设计是配对设计的扩展。此设计既要考察处理因素的作用，还要考察区组的作用，统计分析处理因素和区组因素各个水平组间均数有无统计学意义，因而又称为双因素方差分析（two-way ANOVA）。

在随机区组设计中，每个区组内的 $k$ 个受试对象具有较好的同质性，与完全随机设计相比，减少了误差，因而提高了统计检验效率。由于随机区组的这一特点，通常将区组因素作为一种试图控制的非处理因素，也可以看作是第二个处理因素。

**例5-3**　为了解不同饲料对肝脏的影响，将 24 只大白鼠按窝别、体重分成 8 个配伍组，每个配伍组的 3 只大白鼠随机分配到 3 个处理组，分别用三种不同的饲料喂养 60 天后，测定其肝重占体重的比值（%），结果见表 5-5。试比较三种不同饲料喂养后肝重占体重的比值有无差异？

**表 5-5　三种饲料喂养的大白鼠肝重占体重比值**

单位：%

| 区组 | 饲料 A | 饲料 B | 饲料 C | $k$ | $\sum X_j$ |
|---|---|---|---|---|---|
| 1 | 2.62 | 2.82 | 3.92 | 3 | 9.36 |
| 2 | 2.23 | 2.77 | 3.32 | 3 | 8.32 |
| 3 | 2.36 | 2.76 | 3.04 | 3 | 8.16 |
| 4 | 2.41 | 2.82 | 3.45 | 3 | 8.68 |
| 5 | 2.33 | 2.73 | 2.98 | 3 | 8.04 |
| 6 | 2.57 | 2.51 | 3.00 | 3 | 8.08 |
| 7 | 2.39 | 2.43 | 3.41 | 3 | 8.23 |
| 8 | 2.33 | 2.87 | 3.56 | 3 | 8.76 |
| $b$ | 8 | 8 | 8 | 24 | $(N)$ |
| $\sum X_i$ | 19.24 | 21.71 | 26.68 | 67.63 | $(\sum X)$ |
| $\overline{X}_i$ | 2.405 | 2.714 | 3.335 | 2.818 | $(\overline{X})$ |
| $\sum_j X_{ij}^2$ | 46.389 8 | 59.090 1 | 89.715 0 | 195.194 9 | $(\sum X^2)$ |

本例的研究因素有两个，即处理因素（三种不同的饲料）和区组因素（大白鼠）。将第 $j(j=1,2,\cdots,b)$ 区组的受试对象随机分配接受处理因素第 $i(i=1,2,\cdots,k)$ 水平的处理，下半部分为与上半部分原始数据有关的合计数，分别为：

$b$ 为区组数，$k$ 为处理组数；

$\sum X_i$ 表示第 $i$ 处理组内从 $j=1$ 到 $j=b$ 的各个观察值之和；

$\overline{X}_i$ 表示第 $i$ 处理组观察值的均数；

$\sum\limits_j X_{ij}^{\ 2}$ 表示第 $i$ 处理组内从 $j=1$ 到 $j=b$ 的各个观察值平方之和；

$N$ 表示全部观察值个数之和，即总例数，$N=b\times k$；

$\sum X$ 表示全部观察值之和；

$\overline{X}$ 表示全部观察值的均数，即总均数；

$\sum X^2$ 表示全部观察值平方之和。

本例 $b=8$，$k=3$，$N=b\times k=8\times 3=24$。

## 二、变异分解

随机区组设计方差分析的总变异分为处理组变异、区组变异和误差变异三部分，其中：

### （一）总变异

总变异反映所有观测值之间的变异，记为 $SS_{总}$，其自由度记为 $\nu_{总}$，计算公式同公式（5-1），即：

$$SS_{总}=\sum_i\sum_j(X_{ij}-\overline{X})^2=\sum_i\sum_j X_{ij}^{\ 2}-C=\sum X^2-C,\ \nu_{总}=N-1 \tag{5-19}$$

式中：$C=\dfrac{(\sum X)^2}{N}$，$N$ 为总观察例数。

### （二）处理组变异

处理组变异是由处理因素的不同水平作用和随机误差产生的变异，记为 $SS_{处理}$，其自由度记为 $\nu_{处理}$，计算公式同公式（5-2），即：

$$SS_{处理}=\sum_i b(\overline{X}_i-\overline{X})^2=\sum_i\frac{\left(\sum\limits_j X_{ij}\right)^2}{b}-C,\ \nu_{处理}=k-1 \tag{5-20}$$

式中：$b$ 为各处理组样本例数，$k$ 为处理组数。

### （三）区组变异

区组变异是由不同区组作用和随机误差产生的变异，记为 $SS_{区组}$，其自由度记为 $\nu_{区组}$，计算公式为：

$$SS_{区组}=\sum_j k(\overline{X}_j-\overline{X})^2=\sum_j\frac{\left(\sum\limits_i X_{ij}\right)^2}{k}-C,\ \nu_{区组}=b-1 \tag{5-21}$$

### （四）误差变异

误差变异是完全由随机误差产生的变异，记为 $SS_{误差}$，其自由度记为 $\nu_{误差}$。

对总离均差平方和及其自由度的分解：

$$SS_{总}=SS_{处理}+SS_{区组}+SS_{误差} \tag{5-22}$$

$$\nu_{总}=\nu_{处理}+\nu_{区组}+\nu_{误差} \tag{5-23}$$

因此，$SS_{误差}$ 的计算公式为：

$$SS_{误差}=SS_{总}-SS_{处理}-SS_{区组} \tag{5-24}$$

同样,$\nu_{误差}$的计算公式为:

$$\nu_{误差} = \nu_{总} - \nu_{处理} - \nu_{区组} \tag{5-25}$$

随机区组设计资料方差分析的总变异、处理组变异、区组变异和误差的离均差平方和 $SS$、自由度 $\nu$、均方 $MS$ 和 $F$ 计算公式见表5-6。通过分析处理组 $F$ 值和区组 $F$ 值,分别推断处理因素和区组因素各个水平组间均数有无统计学意义。

表 5-6　随机区组设计资料的方差分析表

| 变异来源 | SS | $\nu$ | MS | F |
|---|---|---|---|---|
| 总变异 | $\sum X^2 - C$ | $N-1$ | | |
| 处理组 | $\sum_i \dfrac{\left(\sum_j X_{ij}\right)^2}{b} - C$ | $k-1$ | $\dfrac{SS_{处理}}{k-1}$ | $\dfrac{MS_{处理}}{MS_{误差}}$ |
| 区组 | $\sum_j \dfrac{\left(\sum_i X_{ij}\right)^2}{k} - C$ | $b-1$ | $\dfrac{SS_{区组}}{b-1}$ | $\dfrac{MS_{区组}}{MS_{误差}}$ |
| 误差 | $SS_总 - SS_{处理} - SS_{区组}$ | $(k-1)(b-1)$ | $\dfrac{SS_{误差}}{(k-1)(b-1)}$ | |

## 三、分析步骤

以例5-3说明随机区组设计方差分析的步骤。

(1) 建立检验假设,确定检验水准:

处理组:

$H_0$:三种饲料喂养的大白鼠肝重占体重比值相等,即 $\mu_1 = \mu_2 = \mu_3$

$H_1$:三种饲料喂养的大白鼠肝重占体重比值不等或不全相等

区组:

$H_0$:八个区组的大白鼠肝重占体重比值相等

$H_1$:八个区组的大白鼠肝重占体重比值不等或不全相等

$\alpha = 0.05$

(2) 计算 $F$ 值:据表5-6计算统计量 $F$。

$$b=8, k=3, N=b \times k = 8 \times 3 = 24$$

$$C = (\sum X)^2 / N = 67.63^2 / 24 = 190.576$$

$$SS_总 = \sum X^2 - C = 195.195 - 190.576 = 4.619$$

$$\nu_总 = 24 - 1 = 23$$

$$SS_{处理} = \sum_i \frac{(\sum X_i)^2}{b} - C = \frac{19.24^2 + 21.71^2 + 26.68^2}{8} - 190.576 = 3.590$$

$$\nu_{处理} = 3 - 1 = 2$$

$$MS_{处理} = \frac{SS_{处理}}{\nu_{处理}} = \frac{3.590}{2} = 1.795$$

$$SS_{区组} = \sum_j \frac{(\sum X_j)^2}{k} - C = \frac{9.36^2 + 8.32^2 + \cdots 8.32^2 + 8.76^2}{3} - 190.576 = 0.477$$

$$\nu_{区组} = 8 - 1 = 7$$

$$MS_{区组} = \frac{SS_{区组}}{\nu_{区组}} = \frac{0.477}{7} = 0.068$$

笔记

$$SS_{误差} = SS_{总} - SS_{处理} - SS_{区组} = 4.619 - 3.590 - 0.477 = 0.552$$

$$\nu_{误差} = (k-1)(b-1) = (3-1)(8-1) = 14$$

$$MS_{误差} = \frac{SS_{误差}}{\nu_{误差}} = \frac{0.552}{14} = 0.039$$

$$F_{处理} = \frac{MS_{处理}}{MS_{误差}} = \frac{1.795}{0.039} = 46.026$$

$$F_{区组} = \frac{MS_{区组}}{MS_{误差}} = \frac{0.068}{0.039} = 1.744$$

计算结果列入表5-7。

表5-7　例5-3资料的方差分析表

| 变异来源 | SS | $\nu$ | MS | F | P |
|---|---|---|---|---|---|
| 总变异 | 4.619 | 23 | | | |
| 处理组 | 3.590 | 2 | 1.795 | 45.502 | <0.01 |
| 区组 | 0.477 | 7 | 0.068 | 1.728 | >0.05 |
| 误差 | 0.552 | 14 | 0.039 | | |

（3）确定 P 值,作出推断结论:分别以求 F 值时分子的自由度 $\nu_{处理}$ 和 $\nu_{区组}$、分母的自由度 $\nu_{误差}$ 查附表4"F 界值表(方差分析用)",得出处理效应的 P 值和区组效应的 P 值。

本例中,对于处理组,$F_{0.01(2,14)} = 6.51$,现 $F_{处理} > F_{0.01(2,14)}$,则 $P < 0.01$,按 $\alpha = 0.05$ 水准,拒绝 $H_0$,接受 $H_1$,差异有统计学意义。可认为 A、B、C 三种饲料的效果不全相同。

对于区组,$F_{0.05(7,14)} = 2.77$,现 $F_{区组} < F_{0.05(7,14)}$,则 $P > 0.05$,按 $\alpha = 0.05$ 水准,不拒绝 $H_0$,差异无统计学意义。尚不能认为八个区组的总体均数有差异。

注意:方差分析的结果拒绝 $H_0$,接受 $H_1$,不能说明各组总体均数间两两均有差别。如果要分析哪两组间有差别,可进行多个均数间的两两比较(详见本章第五节)。当 $k = 2$ 时,随机区组设计方差分析处理组分析结果与配对设计资料的 $t$ 检验等价,有 $t = \sqrt{F}$。

随机区组设计确定区组因素应是对研究结果有影响的非处理因素。区组的选择原则是区组间差别越大越好,区组内差别越小越好,这样利于区组控制非处理因素的影响,并在方差分析时将区组间的变异从组内变异中分解出来。因此,当区组间差别有统计意义时,这种设计的误差比完全随机设计小,试验效率得以提高。

## 第五节　多个样本均数间的两两比较

当方差分析的结果拒绝 $H_0$、接受 $H_1$ 时,只说明各处理组总体均数不全相等,还不能说明各组总体均数间两两均有差别,如例5-1和例5-3。如果要分析具体哪些组均数间有差别,可进一步作多个均数间的两两比较。由于涉及的对比组数大于2,若仍用两样本均数比较的 $t$ 检验对资料进行两两比较,虽然每次检验水准 $\alpha = 0.05$,但由于概率相乘,不犯第Ⅰ类错误的概率降低了,即会增大犯第Ⅰ类错误(把本无差别的两个总体均数判为有差别)的概率。例如,有4个样本均数,每两个均数间作1次 $t$ 检验,则需进行6次 $t$ 检验,若按照 $\alpha = 0.05$ 的检验水准,每次检验判断正确(不犯第Ⅰ类错误)的概率为 $(1-0.05) = 0.95$,全部判断正确的概率为每次判断正确的概率之积,即 $(0.95)^6 = 0.735$,则犯Ⅰ类错误的概率为 $1 - 0.735 = 0.265$,为 0.05 的 5.3 倍,远远大于 0.05。因此,样本均数间的两两比较不能用 $t$ 检验。

多个样本均数间的两两比较的方法很多,本节介绍 SNK-$q$ 检验。

## 一、SNK-$q$ 检验的基本概念

SNK-$q$ 检验又称 $q$ 检验,其中 SNK 为 Students-Newman-Keuls 三个人姓氏的缩写,适用于多个样本均数两两之间的全面比较的探索性研究。检验统计量为 $q$,自由度为方差分析表中误差自由度,查 $q$ 界值表。其检验统计量为 $q$ 的计算公式为:

$$q = \frac{|\overline{X}_A - \overline{X}_B|}{S_{\overline{X}_A - \overline{X}_B}}, \nu = \nu_{\text{误差}} \tag{5-26}$$

式中:$\overline{X}_A$、$\overline{X}_B$ 为任意两个对比组的样本均数,$S_{\overline{X}_A - \overline{X}_B}$ 是样本均数差值的标准误,其计算公式为:

$$S_{\overline{X}_A - \overline{X}_B} = \sqrt{\frac{MS_{\text{误差}}}{2}\left(\frac{1}{n_A} + \frac{1}{n_B}\right)} \tag{5-27}$$

式中:$MS_{\text{误差}}$ 为方差分析中算得的 $MS_{\text{组内}}$ 或误差均方 $MS_{\text{误差}}$,$n_A$,$n_B$ 分别为两个对比组的样本例数。

如比较组样本例数相同均为 $n_i$,公式(5-27)可以换为公式(5-28)。

$$S_{\overline{X}_A - \overline{X}_B} = \sqrt{\frac{MS_{\text{误差}}}{n_i}} \tag{5-28}$$

## 二、分析步骤

下面结合例 5-1 说明 SNK-$q$ 检验的分析步骤。

**例 5-4**　对例 5-1 资料三组总体均数进行两两比较。

(1)建立检验假设,确定检验水准:

$H_0$:任两对比组的总体均数相等,即 $\mu_A = \mu_B$

$H_1$:任两对比组的总体均数不等,即 $\mu_A \neq \mu_B$

$\alpha = 0.05$

(2)计算 $q$ 值:首先将三个样本均数由大到小排列,并编组次(表 5-8)。

表 5-8　三个样本均数及组次

| 组别 | 对照组 | 低剂量药物组 | 高剂量药物组 |
|---|---|---|---|
| $\overline{X}_i$ | 6.79 | 6.68 | 5.41 |
| 组次 | 1 | 2 | 3 |

然后列出两两比较 $q$ 检验计算表(表 5-9)。

表 5-9　三个样本均数间两两比较的 $q$ 检验

| 比较组 $A$ 与 $B$ (1) | 两均数之差 $\overline{X}_A - \overline{X}_B$ (2) | 标准误 $S_{\overline{X}_A - \overline{X}_B}$ (3) | $q$ 值 $(4) = \frac{(2)}{(3)}$ | 组数 $a$ (5) | $q$ 界值 0.05 (6) | $q$ 界值 0.01 (7) | $P$ (8) |
|---|---|---|---|---|---|---|---|
| 1 与 2 | 0.11 | 0.204 | 0.539 | 2 | 2.89 | 3.89 | >0.05 |
| 1 与 3 | 1.38 | 0.204 | 6.765 | 3 | 3.49 | 4.45 | <0.01 |
| 2 与 3 | 1.27 | 0.204 | 6.225 | 2 | 2.89 | 3.89 | <0.01 |

表中:第(1)为 $A$、$B$ 两个对比组;

第(2)栏为两个比较组的均数差值;

第(3)栏为两均数之差的标准误,本例 $MS_{误差}=MS_{组内}=0.499$,$\nu_{误差}=33$,由于各组例数相等即 $n_i=$

12,则 $S_{\overline{X}_A-\overline{X}_B}=\sqrt{\dfrac{MS_{误差}}{n_i}}=\sqrt{\dfrac{0.499}{12}}=0.204$;

第(4)栏为 $q$ 值;

第(5)栏 $a$ 为对比组内包含的组数;

第(6)栏为 $q$ 界值(以组数 $a$ 和 $\nu_{误差}=33$ 查附表5"$q$ 界值表"得到);

第(7)栏将第(4)栏算得的 $q$ 值与相应 $q$ 界值进行比较得各组的 $P$ 值。

(3) 确定 $P$ 值,作出推断结论:按 $\alpha=0.05$ 水准,1 与 3 比较组以及 2 与 3 比较组拒绝 $H_0$,接受 $H_1$,说明对照组与高剂量降脂药物组的血清总胆固醇有差别,低剂量降脂药物组与高剂量降脂药物组的血清总胆固醇有差别;而 1 与 2 比较组不拒绝 $H_0$,尚不能认为对照组与低剂量降脂药物组的血清总胆固醇有差别。

## Dunnett-$t$ 检验

Dunnett-$t$ 检验适用于 $k-1$ 个处理组与一个对照组均数差别的两两比较。检验统计量为 $t_D$,自由度为方差分析表中误差自由度,查 Dunnett-$t$ 界值表。其检验统计量 $t_D$ 的计算公式为:

$$t_D=\frac{\overline{X}_T-\overline{X}_C}{S_{\overline{X}_T-\overline{X}_C}},\nu=\nu_{误差}$$

$$S_{\overline{X}_T-\overline{X}_C}=\sqrt{MS_{误差}\left(\frac{1}{n_T}+\frac{1}{n_C}\right)}$$

式中:$\overline{X}_T$、$n_T$ 为处理组的样本均数和样本例数,$\overline{X}_C$、$n_C$ 为对照组的样本均数和样本例数,$S_{\overline{X}_T-\overline{X}_C}$ 为两比较组均数差值的标准误,$MS_{误差}$ 为方差分析中算得的误差均方,计算出 $t_D$ 值后,根据误差自由度 $\nu_{误差}$、处理组数 $T=k-1$(不包括对照组)以及检验水准 $\alpha$ 查"Dunnett-$t$ 界值表",确定 $P$ 值,作出结论。

## 本章小结

1. 方差分析的基本思想就是根据变异的来源,把全部观察值之间的变异(即总变异)按研究目的和设计类型分解成两个或多个组成部分,通过不同变异来源的均方与误差均方比值大小的比较,借助 $F$ 分布做出统计推断,从而判断各研究因素对观察指标有无影响。

方差分析适用于两个或多个样本均数间的比较。应用条件包括:各样本是互相独立的随机样本,均服从正态分布,且具有方差齐性。

2. 在方差分析之前,需要进行多个样本方差齐性检验,即 Bartlett $\chi^2$ 检验。

对于非正态分布或方差不齐的资料,可用变量变换方法变为正态或接近正态后再进行方差分析,或者采用非参数统计分析。

3. 完全随机设计的方差分析是将受试对象随机地分配到各个处理组,将总变异分为组间变异和组内变异两部分,又称单因素方差分析。目的是比较各组均数之间的差别是否由处理因素造成。

4. 随机区组设计的方差分析是先将受试对象按自然属性相同或相近的原则配成区组（配伍组），再分别将各个区组中的受试对象随机分配到各处理或对照组，又称双因素方差分析。该设计将总变异分为处理组间变异、区组间变异和误差三部分，分别分析处理组间和区组间均数之间的差异是否有统计学意义。

5. 任两组均数间均作两两比较可选用 SNK-$q$ 检验进行。

6. 方差分析过程流程图可概括如图 5-1。

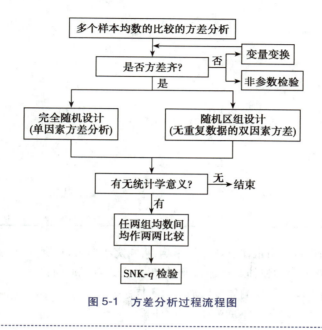

图 5-1　方差分析过程流程图

（朱秀敏）

扫一扫,测一测

## 思考题

**一、简答题**

1. 方差分析的基本思想及其应用条件各是什么？

2. 完全随机设计方差分析中 $SS_{总}$、$SS_{组间}$、$SS_{组内}$ 各表示什么含义？

3. 随机区组设计的检验效能为什么比完全随机设计高？

4. 为什么当方差分析的结果为拒绝 $H_0$、接受 $H_1$ 时,对多个样本均数间的两两比较不能用 $t$ 检验进行两两比较？

**二、综合应用题**

1. 为研究某药物的抑癌作用,使一批小白鼠致癌后,按完全随机设计的方法随机分为四组,分别为 A、B、C 三个试验组和一个对照组。A、B、C 三个试验组分别注射 0.5ml、1.0ml 和 1.5ml 30% 的注射液,对照组不用药。经一定时间后,测定四组小白鼠的肿瘤重量（g）,测定结果见表 5-10。请问不同剂量药物注射液的抑癌作用有无差别？

表 5-10　不同剂量组小白鼠的肿瘤重量测定结果

单位：g

| 对照组 | 试验组 | | |
| --- | --- | --- | --- |
| | A | B | C |
| 3.7 | 4.0 | 3.6 | 3.1 |
| 4.5 | 2.3 | 1.8 | 1.2 |
| 4.2 | 2.4 | 2.1 | 1.3 |
| 4.4 | 1.1 | 4.5 | 2.5 |
| 3.6 | 3.0 | 0.4 | 3.3 |
| 5.6 | 3.7 | 1.3 | 3.2 |
| 7.0 | 2.8 | 3.2 | 0.6 |
| 4.1 | 1.9 | 2.1 | 1.4 |
| 5.0 | 2.6 | 2.6 | 1.3 |
| 4.5 | 1.3 | 2.3 | 2.1 |

2. 为研究三种饲料对小白鼠体重增加的影响，将 4 窝小白鼠，每窝 3 只，随机安排喂养甲、乙、丙三种饲料。4 周后观察小白鼠体重增加情况，结果见表 5-11。请问：

（1）不同饲料组之间小白鼠的体重增加是否不同？

（2）不同窝别之间小白鼠的体重增加是否不同？

表 5-11　不同剂量组小白鼠的体重

单位：g

| 窝别 | 甲饲料 | 乙饲料 | 丙饲料 |
| --- | --- | --- | --- |
| 1 | 108 | 112 | 142 |
| 2 | 46 | 64 | 116 |
| 3 | 70 | 96 | 134 |
| 4 | 43 | 65 | 98 |

3. 某职业病防治所对 30 名矿工分别测定血清铜蓝蛋白含量（$\mu mol/L$），结果如表 5-12。假如 3 组结果均服从正态分布，请问各期血清铜蓝蛋白含量测定结果的方差有无差别？

表 5-12　30 名矿工各期血清铜蓝蛋白含量测定结果

单位：$\mu mol/L$

| 0 期 | 0~I 期 | I 期 |
| --- | --- | --- |
| 8.0 | 8.5 | 11.3 |
| 9.0 | 4.3 | 7.0 |
| 5.8 | 11.0 | 9.5 |
| 6.3 | 9.0 | 8.5 |
| 5.4 | 6.7 | 9.6 |
| 8.5 | 9.0 | 10.8 |

续表

| 0 期 | 0~I 期 | I 期 |
| --- | --- | --- |
| 5.6 | 10.5 | 9.0 |
| 5.4 | 7.7 | 12.6 |
| 5.5 | 7.7 | 13.9 |
| 7.2 |  | 6.5 |
| 5.6 |  |  |

4. 请对第 3 题资料进行均数间的多重比较。

# 第六章　统计表与统计图

 **学习目标**

1. 掌握:正确绘制统计表;常用统计图的用途和绘制方法。
2. 熟悉:绘制统计表的基本要求;绘制统计图的基本要求。
3. 了解:统计表和统计图的种类。
4. 具有正确绘制统计表的能力;具有将不同资料绘制成正确统计图的能力。
5. 能根据统计表和统计图,初步分析和比较统计资料。

统计表与统计图是应用广泛的统计描述方法。通过统计表和统计图,可以对数据进行概括、对比或做直观的表达。

## 第一节　统　计　表

统计表(statistical table)是将统计分析的事物及其指标以表格的形式列出,以代替冗长的文字叙述,便于计算、分析和对比。

从外形上看,统计表主要由标题、标目、线条、数字和备注五个部分所组成。其基本格式如下:

| 表序　标题 | | | | | |
|---|---|---|---|---|---|
| 横标目的总标目 | 纵标目的总标目 | | 纵标目的总标目 | | ← 顶线 ← 总标目线 |
| | 纵标目 | 纵标目 | 纵标目 | 纵标目 | ← 标目线 |
| 横标目 | 数字 | | | | |
| 合计 | | | | | ← 合计线 ← 底线 |

### 一、制表的基本要求

编制统计表的总原则为:结构简单、层次分明;内容安排合理、重点突出;数据准确可靠。重点突

 笔记

60

出,简单明了,即一张表一般表达一个中心内容,便于分析比较;主谓分明,层次清楚,符合逻辑;数据准确可靠。

**（一）标题**

标题简明扼要的概括表中内容,包括时间、地点、内容等。如资料有两个以上的统计表时,还应根据统计表在文中的先后顺序予以编号,即表序。标题应写在统计表顶线上端中间的位置。

**（二）标目**

标目分为横标目和纵标目,用来说明表内数据含义的文字,有单位的要注明单位。

**1. 横标目**　位于表格左侧,是统计表所要叙述的主语,用于说明相应横行数字的涵义。

**2. 纵标目**　位于表格右上方,在内容上属于统计表的宾语,用于说明相应一列(或数列)数字的涵义,一般是绝对数、相对数或统计指标。纵标目的总标目位于纵标目的上方,是对纵标目内容的概括,有需要的时候设置。

统计表的主语和宾语要安排恰当,一般主语放置在横标目的位置,宾语放置在纵标目的位置,使得从左到右可以形成一句完整的叙述语句。同类的或要比较的事项尽可能列在一起,便于分析研究和对比。

**（三）线条**

线条力求简洁,常使用三线表形式,即只保留顶线、标目线、底线。此外,还可以在三线表的基础上加合计线,或用短横线分割多重纵标目;其余线条均省略。应特别注意禁用斜线和竖线。

**（四）数字**

表内数字必须准确,使用阿拉伯数字;同一指标数值的小数位数一致,位置上下对齐;表内不留空格,无数字用"—"表示,暂缺或未记录用"…"表示,数字若为零则填"0"。

**（五）备注**

统计表表格内的数字区只能写阿拉伯数字,不能出现其他文字,需要说明的备注用"﹡"号标出,写在表的底线下面。

## 二、统计表的种类

**（一）简单表**

只按一个特征或标志分组的统计表称为简单表。如表 6-1,表中列出不同性别 HBsAg 阳性率,只说明性别一个层次,属于简单表。

表 6-1　某地某年不同性别 HBsAg 阳性率

| 性别 | 调查数 | 阳性数 | 阳性率/% |
|---|---|---|---|
| 男 | 4 234 | 303 | 7.16 |
| 女 | 4 530 | 181 | 4.00 |
| 合计 | 8 764 | 484 | 5.52 |

**（二）复合表**

按两个或两个以上特征或标志结合起来分组的统计表称复合表或组合表。如表 6-2,将 A、B 两药和甲、乙两医院两个标志结合起来分组,可以分析不同药物和不同医院的有效率。

表 6-2　A、B 两药在甲、乙两医院的有效率

| 药物 | 甲医院 | | | 乙医院 | | |
|---|---|---|---|---|---|---|
| | 病例数 | 有效数 | 有效率/% | 病例数 | 有效数 | 有效率/% |
| A | 45 | 35 | 77.77 | 300 | 215 | 71.67 |
| B | 710 | 450 | 63.38 | 83 | 42 | 50.60 |
| 合计 | 755 | 485 | 64.24 | 383 | 257 | 67.10 |

# 第二节　统　计　图

统计图（statistical chart）是用点的位置、线段的升降、直条的长短、面积的大小等各种几何图形来表达统计资料和指标，可直观地反映出事物间的数量关系。医学研究工作中常用的统计图有直条图、圆形图、百分直条图、线图、半对数线图、直方图、散点图、箱式图和统计地图等。

## 一、制图的基本要求

### （一）统计图的结构

统计图通常由标题、图域、标目、图例和刻度五个部分组成。

### （二）制图的基本要求

1. 根据资料性质和统计分析的目的，正确选择合适的图形（表 6-3）。

表 6-3　常用统计图及其应用

| 资料类型 | 常用图形 | 用途 |
| --- | --- | --- |
| 间断型资料 | 直条图 | 比较各个相互独立、无数量关系的多个组或多个类别的统计量 |
| | 圆图 | 表示各组成部分或各构成部分的情况，用于构成比的比较 |
| | 百分直条图 | |
| | 箱式图 | 可比较各个相互独立的计量资料的统计量 |
| 连续型资料 | 线图 | 表示数量随时间的变迁，或表示某种现象随另一种现象而变迁 |
| | 半对数线图 | 比较两个或几个率的变化速度 |
| | 直方图 | 表示变量的频数分布 |
| | 散点图 | 探索两变量有无相关关系 |
| 地域性资料 | 统计地图 | 表示某种事物的地理分布情况 |

2. 统计图应拟标题，简明扼要的说明资料的内容、时间和地点，其要求与统计表相同。一般位于图的正下方。

3. 涉及坐标系的统计图要有横轴与纵轴。横轴方向从左到右，纵轴方向自下而上，数量一律由小到大。纵横轴应有标目，注明单位。纵横标目的意义与统计表相同，分别表示主语与宾语。为了美观，纵横轴的长度比例要合适，一般以 5∶7 为宜。

4. 对图中的不同事物应通过不同的图案或颜色加以区别，并附图例。图例通常放在横标目与标题之间，如果图域部分有较大空间，也可以放在图域中。

## 二、常用统计图及其绘制方法

### （一）直条图

直条图（bar graph）又称条图，是以等宽直条的长短来表达参与比较指标的大小，常有单式和复式之分。

单式直条图具有一个统计指标，一个分组因素，如图 6-1 所示。复式直条图具有一个统计指标，两个分组因素，如图 6-2 所示。

绘制方法：

（1）一般以横轴表示各独立指标，纵轴表示各项相应的指标数值，可以是绝对数、相对数和平均数。

（2）纵轴尺度必须从 0 开始，中间不宜折断。在同一图内尺度单位代表同一数量时，必须相等。

（3）各直条宽度应当相等，各直条间之间的间隙也应相等，其宽度一般为直条宽度的 0.5~1。

（4）各直条宜按某一指标的大小排列，便于比较。

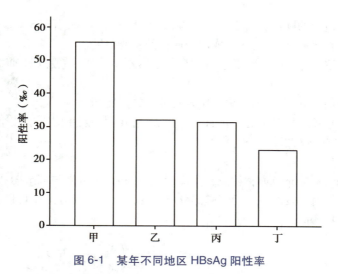

图 6-1　某年不同地区 HBsAg 阳性率

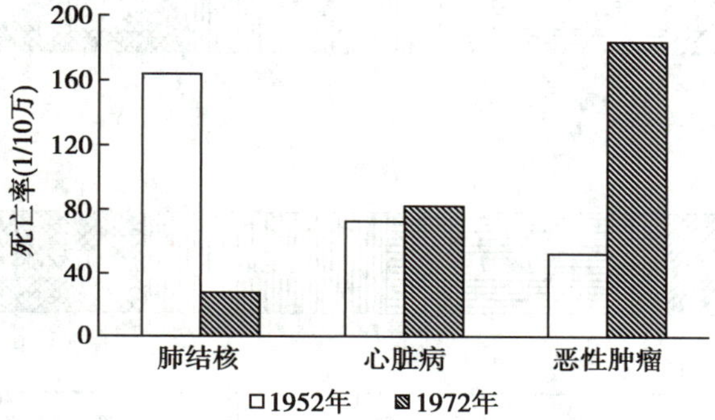

图 6-2　某地区 1952 年与 1972 年三种疾病的死亡率比较

（5）如果直条的高度是均数，在其均数上下用"Ⅰ"绘以标准差或标准误的范围，表示各均数的变异程度，这样可增加图的表现力。

（6）复式直条图绘制方法与单式直条图相同，所不同的是，复式直条图以组为单位，每组包括两个或多个直条，直条所表示的类别应用图例说明，同一组的直条间不留空隙。

**（二）圆图**

圆图（pie graph）用圆的总面积为 100%，表示事物的全部，以扇形的面积大小表示事物内部各组成部分所占的百分比，用来表示总体各组成部分的构成比，如图 6-3 所示。

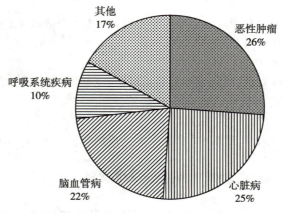

图 6-3　北京市居民 2011 年主要死因构成

绘制方法：

（1）先绘制大小适当的圆形。由于圆心角为360°，因此每1%相当于3.6°的圆周角，将资料各部分所占的百分比分别乘以3.6°，即为各构成部分应占的圆心角度数。

（2）圆内各部分按百分比的大小顺序或按事物自然顺序排列，一般以时钟12点或9点的位置作始点，顺时针方向排列。

（3）圆中各部分用线分开，注明简要文字及百分比或用图例。

（4）如果需要比较总体中各部分所占百分比构成，可在同一水平线上绘几个直径相等的圆，并且各部分的排列次序也应一致，以便比较。

### （三）百分条图

百分条图（percent bar graph）亦称构成直条图，其作用和适用范围与圆形图相同，只是它以直条全长的面积为100%，直条内各段的面积为相应部分所占的百分比。百分条图可以将多组数据排列在一起，便于比较，如图6-4所示。

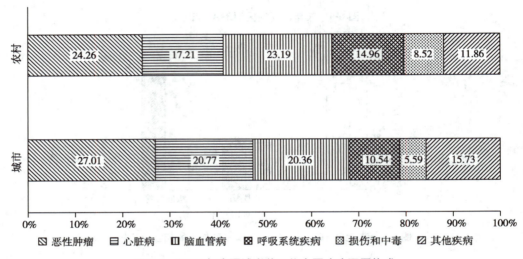

图6-4　2009年我国城乡前五位主要疾病死因构成

绘制方法：

（1）先绘制一个标尺，尺度分成5格或10格，每格代表20%或10%，总长度为100%，直条宽度可任意选择，各部分按习惯顺序或构成比大小排列，把直条分成若干段，尺度可绘制在图的上方或下方。

（2）直条各部分用线分开，并注明简要文字及百分比或用图例表示。

（3）若有2种或2种以上性质类似的资料相比较，可在同一基线上画几个相同长度、宽度的平行直条，并使各直条中各部分的排列次序一致，各直条间留适当的空隙，一般为直条宽度的一半。

### （四）线图

线图（line graph）用线段的升降来表示两个连续型变量中一个数值变量随着另一个数值变量变化而变化的趋势，如图6-5所示。

绘制方法：

（1）横轴表示某一连续变量（时间或年龄等），纵轴表示某种率或频数，且间距应各自相等。纵轴一般以0点作起点，否则需作特殊标记或说明，以防给读者造成假象。

（2）横轴如果是组段，只需表明各组段起点。

（3）同一图内线条不宜太多，通常≤5条。有两条或两条以上的线条时，要用不同颜色或线段加以区别，并用图例说明。

（4）绘图时，相邻两点用线段连接，切勿任意修改成光滑曲线。

### （五）半对数线图

半对数线图（semi logarithmic line graph）用于表示两个连续型变量相对变化速度的比较。它是以纵轴为对数尺度，横轴为算术尺度的线图。一般绘制在半对数坐标纸上。

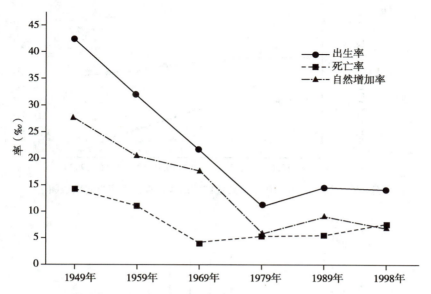

图 6-5 某市市区人口各年度出生率(‰)、死亡率(‰)、自然增加率(‰)

表 6-4 给出了某市 1949~1957 年 15 岁以下儿童结核病和白喉死亡率(1/10 万)资料。将表 6-4 中的数据分别绘制成普通线图和半对数线图,得到图 6-6 和图 6-7。

表 6-4 某市 1949~1957 年 15 岁以下儿童结核病和白喉死亡率

单位:1/10 万

| 年份 | 结核病死亡率 | 白喉死亡率 | 年份 | 结核病死亡率 | 白喉死亡率 |
| --- | --- | --- | --- | --- | --- |
| 1949 | 150.2 | 20.1 | 1954 | 98.2 | 6.5 |
| 1950 | 148.0 | 16.6 | 1955 | 72.6 | 3.9 |
| 1951 | 141.0 | 14.0 | 1956 | 68.0 | 2.4 |
| 1952 | 130.0 | 11.8 | 1957 | 54.8 | 1.3 |
| 1953 | 110.4 | 10.7 | | | |

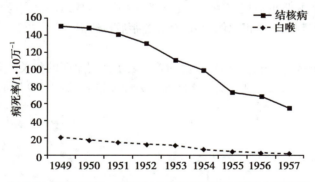

图 6-6 某市 1949~1957 年儿童结核病和白喉死亡率线图

两种图形从不同的角度反映被观察指标的变化情况,但两者的意义和适用场合区别甚大,使用时要根据具体情况正确选用。如果研究者一概应用普通线图来反映动态数据的变化情况,则可能导致无法正确呈现资料所蕴涵的信息。

如普通线图(图 6-6)显示 1949~1957 年某市 15 岁以下儿童的结核病和白喉的病死率呈逐年下降趋势。而要进行两种疾病死亡率的比较,建议绘制半对数线图。半对数线图(图 6-7)显示白喉死亡率的下降速度明显高于结核病死亡率的下降速率。如果只看普通线图,则会得出相反的结论。

## (六)直方图

直方图(histogram)是以各矩形的面积表示各组段的频数,各矩形面积的总和为总频数,适用于表

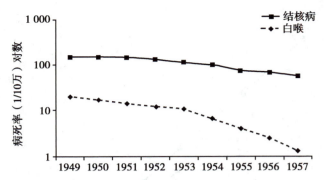

图 6-7　某市 1949~1957 年儿童结核病和白喉死亡率半对数线图

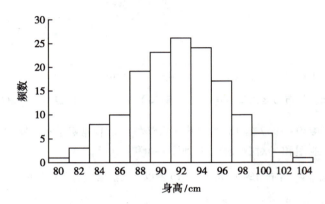

图 6-8　某市某年 150 名 3 岁女孩身高的频数分布

示连续型资料的频数分布,如图 6-8 所示。

绘制方法:

(1) 横轴尺度表示被观察现象的组段,纵轴表示频数或频率,纵轴尺度必须从 0 开始。

(2) 直方图的各直条间不留空隙,各直条间可用直线分隔(图 6-8),或仅连接相邻两条直线顶端,但左右两端必须有垂线至横轴,使直方图成为密闭的图形。

(3) 当组距相等时,矩形的高度与频数呈正比例,故可直接按纵轴尺度绘出相应的矩面积。当组距不等时,矩形的高度与频数不呈正比例,要折合成等距后再绘图。

0602

直方图

**（七）散点图**

散点图(scatter diagram)是用点的密集程度和趋势表示两现象间的相关关系。根据散点图中各点的分布走向和密集程度,可以大致判断变量之间的相关性和趋势,如图 6-9 所示。

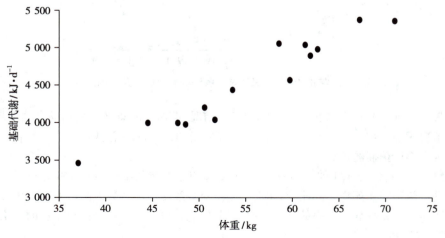

图 6-9　14 例中老年健康女性基础代谢与体重的散点图

笔记

绘制方法:

(1)一般横轴代表自变量或可进行精确测量、严格控制的变量,纵轴则代表与自变量有依存关系的因变量。

(2)纵轴和横轴的尺度起点可根据需要设置,不一定从 0 开始。

(3)与线图不同,对于横轴上的每个值,纵轴可以有多个点与其对应,且点与点之间不能用线段连接。

### (八)箱式图

箱式图(box plot)常用于反映几组数据的分布情况并进行直观比较分析,如图 6-10 所示。

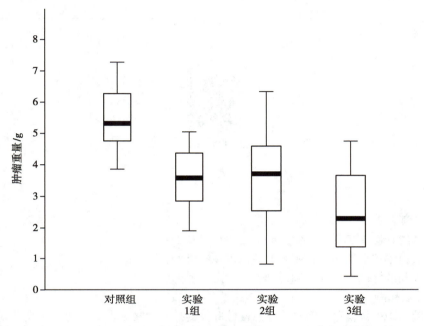

图 6-10 抑肿瘤药不同剂量组与对照组用药后小白鼠肿瘤重量的比较

绘制方法:

(1)箱式图用于比较两组或多组资料的集中趋势和离散趋势,主要适用于描述偏态分布的资料。

(2)箱式图的中间横线表示中位数,箱体的长度表示四分位数间距,两端分别是 $P_{75}$ 和 $P_{25}$。最外面两端连线有两种表示方法:一种是表示最大值和最小值;另一种是去除离群值后的最大值和最小值,对离群值另作标记。

(3)箱体越长,表示数据离散程度越大;中间横线若在箱子中心位置,表示数据分布对称,中间横线偏离箱子正中心越远,表示数据分布越偏离中位数。

(4)绘制箱式图时,纵轴起点不一定从"0"开始。

### (九)统计地图

统计地图(statistical map)是用点、线、颜色、形象或其他符号绘制于地图上,以表示某种事物的地理分布情况。

绘制方法:

(1)先绘制一张该地区的地图。

(2)把资料按等级数据或不同性质在地图的相应位置上分别用不同的线条、颜色或符号表达出来。

(3)用图例说明不同线条、颜色或符号代表的数值,以清晰地反映出不同疾病在不同地域的发病数、发病率、死亡率等情况。

## 本章小结

　　1. 统计表和统计图是统计描述的重要方法。规范的统计表在结构上包括5个部分,即标题、标目、线条、数字和备注。要求简明扼要、重点突出;横标目作为主语放在统计表的左侧,纵标目作为统计表的宾语放在统计表的右上方;线条简洁;数据准确无误。依据分组标志是否唯一,可将统计表分为简单表和复合表。

　　2. 统计图通常由标题、图域、标目、图例和刻度5个部分组成。要根据资料性质和分析目的正确选择合适的图型。常用统计图有条图、圆形图、百分直条图、线图、半对数线图、直方图、散点图、箱式图和统计地图等。

（周　瑾）

扫一扫,测一测

## 思考题

### 一、简答题

1. 常用的统计图有哪几种？它们的适用条件是什么？

2. 统计表由哪些要素构成？制表的注意事项有哪些？

3. 统计表与统计图有何联系和区别？

### 二、综合应用题

1. 某医院对161例麦芽根糖浆治疗急慢性肝炎的疗效观察见表6-5,请做修改。

表6-5　疗效观察(原表)

| 总例数 | 有效 | | | | | | 无效 | |
| --- | --- | --- | --- | --- | --- | --- | --- | --- |
| | 小　计 | | 近期痊愈 | | 好　转 | | | |
| | 例数 | % | 例数 | % | 例数 | % | 例数 | % |
| 161 | 108 | 67.1 | 70 | 43.5 | 38 | 23.6 | 53 | 32.9 |

2. 某研究人员研究复方猪胆胶囊治疗老年性慢性气管炎病例近期疗效观察,绘制表6-6。指出此表的缺陷,并加以修正。

表6-6　复方猪胆胶囊对403例不同类型老年性慢性气管炎病例近期疗效观察(原表)

| 分度及疗效 | 分型 | 单纯性慢性气管炎 | | | 喘息性慢性气管炎 | | |
| --- | --- | --- | --- | --- | --- | --- | --- |
| 分度 | 度别 | 重 | 中 | 轻 | 重 | 中 | 轻 |
| | 例数 | 136 | 54 | 31 | 93 | 56 | 33 |
| 疗效 | 指标 | 临床治愈 | 显效 | 好转 | 无效 | 临床治愈 | 显效 | 好转 | 无效 |
| | 例数 | 60 | 98 | 51 | 12 | 23 | 83 | 65 | 11 |
| | 小计% | 95% | | | 5% | 94% | | | 6% |
| | 合计% | 94.4% | | | | | | | |

笔记

3. 将表 6-7 资料绘成合适的图形。

**表 6-7　亚洲国家成人 HIV 感染情况**

| 国家 | 成人感染率/% | 国家 | 成人感染率/% |
| --- | --- | --- | --- |
| 柬埔寨 | 2.40 | 印度 | 0.82 |
| 泰国 | 2.23 | 中国 | 0.06 |
| 缅甸 | 1.79 | | |

4. 根据表 6-8 的资料,绘制合适的图形并简述作图步骤。

**表 6-8　我国 1998 年性病传播途径分布情况**

| 传播途径 | 病例数 | 构成比/% |
| --- | --- | --- |
| 非婚姻性接触 | 413 303 | 72.1 |
| 配偶传播 | 103 064 | 18.0 |
| 其他传播 | 57 174 | 9.9 |

## 第七章　分类变量资料的统计描述

 **学习目标**

1. **掌握**：常用相对数的概念和计算；应用相对数应注意的问题；标准化率的计算和注意事项。
2. **熟悉**：医学工作中常用的相对数指标。
3. **了解**：率的标准化意义和基本思想。
4. 能理解相对数的含义并正确使用。
5. 会计算医学中常用的相对数指标；计算标准化率。

## 第一节　相对数的概念及计算

在医疗卫生工作中，通过日常医疗卫生工作记录、统计报表、现场调查、实验研究所搜集来的一些数据，如人口数、出生数、治愈数、阳性数、阴性数等都是绝对数。绝对数可以反映事物在某时某地出现的实际情况，是统计分析和制订计划的基础。但绝对数的大小常受基数多少的影响，不便于进行深入的分析比较。要比较资料的情况，必须计算相对数，再进行比较，才能得出正确的结论。

相对数（relative number）是两个有联系指标的比值，常用于无序分类变量资料的统计分析，是进行无序分类变量资料统计描述的常用指标。

相对数通常用百分比、千分比或万分比等表示，是医学研究中最常用的统计指标之一。常用的指标有率、构成比、相对比。

### 一、率

率（rate）又称频率指标，说明某现象发生的频率或强度。常以百分率（%）、千分率（‰）、万分率（1/万）、10万分率（1/10万）等表示。计算公式为：

$$率 = \frac{\text{发生某现象的观察单位数}}{\text{可能发生某现象的观察单位总数}} \times K \qquad (7\text{-}1)$$

式中：$K$ 为比例基数（可为 100%、1 000‰、10 000/万等）。

计算时比例基数的选择主要依据习惯用法或使算得的率至少保留一位整数，以便于阅读、比较。如有效率、治愈率，习惯上用百分率；出生率、死亡率、人口自然增长率，习惯上用千分率；某病死亡专率、恶性肿瘤发病率，习惯上用万分率、十万分率等。

 笔记

**例 7-1** 甲乙两地流感流行,甲地发病 50 人,乙地发病 75 人,乙地较甲地多发病 25 人,能否说明乙地发病情况比甲地更为严重。

要比较两地发病的严重程度,需考虑两地人口数。如甲地有 1 000 人,乙地有 1 500 人,则:

$$甲地流感发病率 = \frac{50}{1\ 000} \times 100\% = 5\%$$

$$乙地流感发病率 = \frac{75}{1\ 500} \times 100\% = 5\%$$

可见甲乙两地流感发病情况相同,这里两地流感发病率就是相对数。计算相对数可以帮助我们了解事物相互之间的关系,便于进行事物之间的比较。

## 二、构成比

构成比(proportion)又称构成指标,它表示某一事物内部各组成部分所占的比重或分布。常用 100 为基数,以百分比表示,计算公式为:

$$构成比 = \frac{某一组成部分的观察单位数}{同一事物各组成部分的观察单位总数} \times 100\% \qquad (7-2)$$

一般来说,构成比的总和为 100%(亦可表示为 1),但有时由于计算尾数取舍的关系,其总和不一定恰好等于 100%,需对各构成比的尾数做适当调整,使构成比的总和等于 100%。

事物各构成部分构成比的大小受两方面因素的影响,一是该部分自身数值变化的影响,这一影响易被人们所察觉;二是其他部分数值变化的影响,这一影响往往被人们所忽视。

**例 7-2** 某医院 2015 年与 2017 年各科病床数见表 7-1,试计算各科病床构成比。

表 7-1 某医院两年各科病床构成情况

| 科室 | 2015 年 | | 2017 年 | |
| --- | --- | --- | --- | --- |
| | 病床数 | 构成比/% | 病床数 | 构成比/% |
| 内科 | 200 | 50.0 | 300 | 60.0 |
| 外科 | 100 | 25.0 | 100 | 20.0 |
| 传染科 | 100 | 25.0 | 100 | 20.0 |
| 合计 | 400 | 100.0 | 500 | 100.0 |

由于 2017 年内科病床数的增加,虽然外科、传染科病床数未变,但构成比却下降了。

## 三、相对比

相对比(relative ratio)是两个有关指标之比。例如,不同地区、不同单位或不同时期的两个有关指标(可以是绝对数、相对数或平均数)之比,可反映两者之间的差别变化情况。相对比通常用百分数(%)或倍数表示。其计算公式为:

$$相对比 = \frac{甲指标}{乙指标}(或 \times 100\%) \qquad (7-3)$$

**例 7-3** 某年某地出生男婴 28 750 人,女婴 27 860 人,试计算男女性别比。

$$性别比 = \frac{28\ 750}{27\ 860} \times 100\% = 103.19\%$$

这表示男婴人数为女婴人数的 103.19%,也就是当女婴数为 100 名时,男婴数则为 103.19 名。或者:

$$性别比 = \frac{28\,750}{27\,860} = 1.03\ 倍$$

这表示男婴数约为女婴数的 1.03 倍。习惯上,性别比常以女子为 100 作为基数。

## 第二节　相对数使用应注意的问题

在应用相对数时应注意以下事项:

1. **不要混淆率与构成比**　构成比说明某部分占全体的比重,率说明事物发生的概率,两者计算不同,说明的问题也不同,但由于两指标同属于相对数范畴,有时又都用 100 作基数,所以易于混淆。常见的错误是把构成比当作率来应用。例如,某地某年肿瘤普查结果见表 7-2,如果根据表中构成比作出 50～岁组人群最容易得肿瘤,患病情况最严重,60 岁以后反而有所下降的结论,则是错误的。若要了解哪一个年龄组患病最严重,应从患病率来分析。由此表可以看出,肿瘤患病率随年龄增大而逐渐上升,60 岁以上者最严重。这里率和比不一致的原因,是因为 60 岁以上组检查人数较少,虽然患病率最高,但病人数相对并不比 50～岁组多,所以构成比反而较低。

表 7-2　某地某年肿瘤普查资料

| 年龄/岁 | 检查人数 | 肿瘤病人数 | 构成比/% | 患病率/1·万$^{-1}$ |
|---|---|---|---|---|
| 0～ | 633 000 | 19 | 1.27 | 0.30 |
| 30～ | 570 000 | 171 | 11.46 | 3.00 |
| 40～ | 373 000 | 484 | 32.58 | 12.99 |
| 50～ | 143 000 | 574 | 38.47 | 40.16 |
| 60～ | 30 250 | 242 | 16.22 | 80.00 |
| 合计 | 1 750 250 | 1 492 | 100.00 | 8.52 |

2. **计算相对数时分母不宜过小**　一般说来,调查和实验观察单位应有足够的数量。观察单位足够时,计算的相对数比较稳定,能够正确反映实际情况。如果观察例数过少,计算的相对数可靠性较差,此时应以绝对数直接表示为好。例如,4 名患者 2 名治愈,最好用绝对数表示。

3. **要注意平均率的计算**　平均率亦称合计率或总率。计算平均率时,不能将各组率相加,然后除以组数。如计算表 7-2 资料各年龄组人群平均患病率时,不能将各年龄组患病率相加后求平均率,而应该将各年龄组检查人数与病人数分别相加,然后以总病人数除以总检查人数,即:1 492/1 750 250×10 000/万 = 8.52/万。

4. **两个率或构成比比较时应作假设检验**　在抽样研究中,率和构成比也存在抽样误差,所以比较构成比或率时,不能仅凭表面数据直接下结论,应进行差别的显著性检验。

5. **要注意资料的可比性**　所谓可比性,即除了两者被比较的因素不同以外,其余可能影响结果的因素应尽可能相同或相近。一般应注意:①所要比较资料的时间、地点、方法等是否相同;②所要比较对象的年龄、性别等因素的构成是否相同,如果要比较组的年龄、性别等构成不同,应计算分年龄组、分性别的率,或者计算标准化率。

## 第三节　率的标准化

### 一、标准化的意义

医学统计工作中,比较不同人群的发病率、患病率、死亡率等资料时,如果要比较的组间研究对象的个体在年龄、性别、疾病严重程度、疾病型别、病程等因素构成上存在差异,其内部构成不同,往往会影响合计率大小,这时直接比较合计率是不合理的。如年龄对死亡率的影响,表现为年龄越大,死亡率可能越高;又如病情越重,治愈率可能越低。

表 7-3 甲乙两所医院治疗某病的疗效

| 组别 | 甲医院 | | | 乙医院 | | |
|---|---|---|---|---|---|---|
| | 治疗数 | 治愈数 | 治愈率/% | 治疗数 | 治愈数 | 治愈率/% |
| 儿童 | 60 | 48 | 80 | 120 | 72 | 60 |
| 成人 | 180 | 72 | 40 | 40 | 8 | 20 |
| 合计 | 240 | 120 | 50 | 160 | 80 | 50 |

从表 7-3 的资料可以看出,如果把成人、儿童分开比较,都是甲医院治愈率更高一些,但合计率却是相等的。其原因就是儿童和成年人的治愈率不相等以及两个医院中儿童病人所占比例不相等。可以说,甲医院病人中,治愈率偏低的成年人比例较高,所以"吃亏"。也就是说,这样的比较不公平。

标准化法(standardization method)的意义是:为了消除在比较两个不同人群发病率、患病率、死亡率等资料时,由于内部构成对合计率或总率的影响,可采用标准化法,计算标准化率(standardized rate),简称标化率,亦称为调整率(adjusted rate)。

常用率的标准化法有直接标化法(direct standardization)和间接标化法(indirect standardization),本章仅介绍直接法。直接法是利用资料中各层实际率(如死亡率、发病率等),选择统一的标准例数(或标准构成),直接计算出标准化率的方法。

## 二、标准化直接法的计算步骤

### (一)直接法计算标化率的资料条件

已知要比较的两组人群各层(如年龄层、病情严重程度等)率,且各层率之间无明显交叉。如表 7-3 的资料中,儿童组和成人组传染病某治愈率,均为甲医院高于乙医院。

### (二)选择比较标准

标准化计算的关键是比较的各组要选择统一的比较标准,即"共同的标准",选择方法通常有以下三种:

1. 选择有代表性的、较稳定的、数量较大的人群作为两者"共同的标准",可选择世界的、全国的、全省的、全市的数据作为标准。

2. 选择要比较的两组资料中各部分例数之和组成的例数(或合并构成)作为两者"共同的标准"。

3. 从比较的两组资料中任选一组资料的例数(或构成)作为两者"共同的标准"。通常选择例数较大的一组。

### (三)标准化率的计算

1. 计算公式

$$p' = \frac{\sum N_i p_i}{N} \tag{7-4}$$

式中:$p'$ 为标准化率,$N_i$ 为某一影响因素(如年龄、病型等)"共同标准"每层例数,$p_i$ 为原始数据中各层的实际率,$N$ 为"共同标准"总例数。

2. 计算步骤

例 7-4 据表 7-4 资料,试计算甲、乙两医院的某病标准化治愈率。

(1)选用标准构成:两医院儿童组和成人组合并例数作为"共同标准",即标准人口数。儿童组治疗数 $N_1 = 180$ 例,成人组治疗数 $N_2 = 220$ 例,$N = 400$ 例。

(2)分别计算标准构成的预期治愈例数(表 7-4):

甲医院:儿童组和成人组的治愈率分别为 $p_1 = 80\%$ 和 $p_2 = 40\%$,则预期治愈例数分别为 $N_1 p_1 = 180 \times 80\% = 144$ 和 $N_2 p_2 = 220 \times 40\% = 88$。

同理,乙医院:儿童组和成人组的治愈率分别为 $p_1 = 60\%$ 和 $p_2 = 20\%$,则预期治愈例数分别为 $N_1 p_1 = 180 \times 60\% = 108$ 和 $N_2 p_2 = 220 \times 20\% = 44$。

表 7-4　消除年龄构成不同影响后甲乙两所医院治疗某病的疗效比较

| 组别 | 标准治疗例数 $(N_i)$ | 甲医院 | | 乙医院 | |
|---|---|---|---|---|---|
| | | 原治愈率/% $(p_i)$ | 预期治愈例数 $(N_i p_i)$ | 原治愈率/% $(p_i)$ | 预期治愈例数 $(N_i p_i)$ |
| 儿童 | 180 | 80 | 144 | 60 | 108 |
| 成人 | 220 | 40 | 88 | 20 | 44 |
| 合计 | 400 | — | 232 | — | 152 |

（3）分别计算两医院的标准化治愈率：

按公式(7-4)计算得到甲医院的标准化后的治愈率为

$$p' = \frac{\sum N_i p_i}{N} = \frac{232}{400} \times 100\% = 58\%$$

乙医院的标准化后的治愈率为

$$p' = \frac{\sum N_i p_i}{N} = \frac{152}{400} \times 100\% = 38\%$$

因此，在消除了病人年龄（儿童和成人）构成不同的影响后，还是甲医院比乙医院的治愈率更高，其标准化治愈率分别为 58% 和 38%。这也说明，表 7-3 中用原始数据算得的甲乙两个医院的治愈率（50% 与 50%），既有两个医院治愈率不同的实质性影响，也有所治病人年龄不同的影响，如果不作标准化，就难以区别是什么原因造成的差别。

#### （四）应用标准化法的注意事项

1. 标准化的目的是要使对比组资料之间更具可比性。标准化法适用于某因素在要比较的两组内部构成不同并有可能影响到两组合计率的可比性时。某因素作为混杂因素可以是年龄、性别、职业、病人的病情、病型等。比较的率可以是发病率、患病率、阳性率、死亡率、治愈率等。标准化法可以消除混杂因素的影响。但应注意的是，标准化只能解决不同人群内部构成不同对总率的影响，并不能解决所有可比性问题。

2. 标准化率只代表相互比较的率的相对水平，并不能反映当时当地的实际水平。

3. 选用不同的标准，所算得的标准化率也不同，但比较资料间的相对水平不变，即不论选用何种标准，高者总是高，低者总是低。标化率仅限于选用同一标准进行标化的组间比较。

4. 若各层率的大小交叉出现时，不宜采用标准化处理。如低年龄组死亡率，甲人群高于乙人群，而高年龄组死亡率，则为乙人群高于甲人群，此时可以比较年龄别死亡率，即应用分层分析等方法平衡混杂因素年龄的影响。

5. 样本标准化率是样本统计指标，由于抽样误差的存在，两样本标化率的比较也应作假设检验。

## 第四节　医学中常用的相对数指标

### 一、死亡统计指标

死亡统计是医学人口统计的重要组成部分，主要研究的是人群的死亡水平、死亡原因及其变动规律。常用的死亡统计指标有粗死亡率、年龄别死亡率、婴儿死亡率、新生儿死亡率、围生儿死亡率、死因别死亡率、某病病死率和死因构成等。

#### （一）死亡率

1. **粗死亡率**（crude death rate，CDR）　指某地某年平均每千人口中的死亡数，反映当地居民总的死亡水平，简称死亡率。其计算公式为：

$$粗死亡率 = \frac{某地区某时期全部死亡人数}{该地区该时期内的平均人口数} \times 1\,000‰ \qquad (7-5)$$

粗死亡率是人口度量中最基本的指标之一,具有计算简便、所需资料易得等优点,能比较准确地反映死亡对人口总量增长的影响,是计算人口自然增长率的重要组成部分。通常老年人和婴儿死亡率较高,男性死亡率高于女性,所以不同地区死亡率进行比较时,应注意不同人群的内部构成不同,不能直接进行比较,需进行标准化分析,或直接比较年龄别性别死亡率。

**2. 死亡专率**　是按疾病的种类、人群的年龄、性别、职业、民族、种族等分别计算的死亡率。计算死亡专率时,注意分母和分子要一致。例如,计算某地 35~40 岁女性乳腺癌的死亡率,分子为该地该年 35~40 岁女性人口中因乳腺癌死亡的总人数,分母为该地该年 35~40 岁的女性人口数,而不能用全人口数。

常用的死亡专率主要有年龄别死亡率、死因别死亡率、婴儿死亡率、新生儿死亡率、孕产妇死亡率等。

（1）年龄别死亡率（age-specific death rate，ASDR）：是指某年某地某年龄别人口中死亡数与同年龄组平均人口数的比值。年龄别死亡率是按年龄分组计算的死亡率,表示该年龄组每 1 000 人口中死于所有原因的人数。年龄别死亡率消除了人口的年龄构成不同对死亡水平的影响,故不同地区同一年龄组的死亡率可以直接进行比较。计算公式为：

$$年龄别死亡率 = \frac{某年某地某年龄组死亡人数}{同年该年龄组平均人口数} \times 1\,000‰ \qquad (7-6)$$

（2）死因别死亡率（cause-specific death rate，CSDR）：指因某种原因（疾病）所致的死亡率,是分析死因的重要指标,反映各类病伤死亡对居民生命的危害程度。计算公式为：

$$死因别死亡率 = \frac{某年内某种原因死亡人数}{同年平均人口数} \times 1\,000‰ \qquad (7-7)$$

（3）婴儿死亡率（infant mortality rate，IMR）：指某年不满一岁的婴儿死亡数与全年活产数的比值,表示每 1 000 名活产婴儿中死亡人数。婴儿死亡率是反映社会卫生状况、婴儿保健工作以及人群健康状况的重要指标之一,也是死亡统计指标中较敏感的指标。婴儿死亡率不受年龄的影响,可以直接进行比较。其计算公式为：

$$婴儿死亡率 = \frac{某年不满 1 岁婴儿死亡数}{同年活产数} \times 1\,000‰ \qquad (7-8)$$

（4）新生儿死亡率（neonatal mortality rate，NMR）：是指某地某年内出生活产儿中不满 28 天的死亡人数与全年活产数的比值。新生儿死亡率是反映妇幼卫生工作质量的重要指标。其计算公式为：

$$新生儿死亡率 = \frac{某年出生 28 天内的死亡数}{同年活产总数} \times 1\,000‰ \qquad (7-9)$$

（5）孕产妇死亡率（maternal mortality rate）：是指某地某年孕产妇死亡人数与同年活产数的比值。孕产妇死亡人数指妇女从妊娠开始到分娩后 42 天内,因各种原因死亡人数（除外意外事故）。孕产妇死亡率不仅用于评价妇女保健工作质量,也间接反映一个国家的卫生文化水平。其计算公式为：

$$孕产妇死亡率 = \frac{某年孕产妇死亡人数}{同年活产总数} \times 100\,000/10\,万 \qquad (7-10)$$

**3. 病死率（fatality rate）**　表示一定时期内一定人群中死于某病（或死于所有原因）的频率,是测量人群死亡危险大小的一个最常用的指标,说明一个国家或地区的居民死亡水平。病死率反映不同时期人群的健康状况和卫生保健工作水平,也可为该地区卫生保健工作的需求和规划提供科学依据。计算公式为：

$$病死率 = \frac{某时期内因某病死亡人数}{同期该病的患病人数} \times 100\% \qquad (7-11)$$

病死率与发病率和病程有一定的关系,当某种疾病的发病与病程处于比较稳定状态时,则病死率为死亡率与发病率之比。

病死率反映疾病的严重程度,也反映医疗水平和诊断能力的高低。在比较不同医院疾病的病死率时,应注意是否有可比性,如疾病严重程度、医疗设备条件等。

### (二)死因构成与死因顺位的指标

**1. 死因构成(proportion of dying of a specific cause)** 也称相对死亡比,是指死于某死因者占全部死亡人数的百分比。计算公式为:

$$某种死因的构成比 = \frac{某种病因死亡人数}{总死亡人数} \times 100\%$$ (7-12)

**2. 死因顺位(cause of death)** 是按各死因构成比从大到小排序的位次,用于说明各死亡原因的相对重要性。2015年我国部分市县人群死亡前十位的疾病情况见表7-5。

**表7-5 2015年我国部分市县前十位疾病死亡专率及死因构成**

| 顺位 | 市 | | | 县 | | |
|---|---|---|---|---|---|---|
| | 死亡原因 | 死亡专率/<br>1·万$^{-1}$ | 构成<br>比/% | 死亡原因 | 死亡专率/<br>1·万$^{-1}$ | 构成<br>比/% |
| 1 | 恶性肿瘤 | 172.33 | 27.79 | 恶性肿瘤 | 150.83 | 23.62 |
| 2 | 心脏病 | 132.04 | 21.30 | 脑血管疾病 | 138.68 | 21.72 |
| 3 | 脑血管疾病 | 125.37 | 20.22 | 心脏病 | 123.69 | 19.37 |
| 4 | 呼吸系病 | 65.47 | 10.56 | 呼吸系病 | 84.97 | 13.31 |
| 5 | 损伤及中毒 | 33.93 | 5.47 | 损伤及中毒 | 56.50 | 8.85 |
| 6 | 内分泌营养和代谢病 | 18.64 | 3.01 | 消化系病 | 13.84 | 2.17 |
| 7 | 消化系病 | 16.35 | 2.64 | 内分泌营养和代谢病 | 10.56 | 1.65 |
| 8 | 神经系病 | 7.63 | 1.23 | 传染病 | 6.75 | 1.06 |
| 9 | 泌尿生殖系病 | 6.60 | 1.06 | 泌尿生殖系病 | 6.50 | 1.02 |
| 10 | 传染病 | 5.51 | 0.89 | 神经系病 | 4.85 | 0.76 |

## 二、常用疾病统计指标

疾病统计(morbidity statistics)是对居民进行健康统计的重要内容之一,从数量上研究疾病在人群中的发生、发展及变化规律,为探索病因、疾病防制及其效果评价提供依据。常用指标有发病率、罹患率、患病率、病死率、治愈率、生存率等指标。

### (一)发病率

**1. 定义** 发病率(incidence rate)表示在一定期间内(通常为一年)特定人群中某病新病例发生的频率。计算公式为:

$$发病率 = \frac{一定期间内某人群中某病新病例数}{同期暴露人口数} \times K$$ (7-13)

$K = 100\%, 1\,000‰, 10\,000/万, 或\,100\,000/10\,万……$

**2. 分子与分母的确定**

(1)分子的确定:在计算发病率时,分子为一定期间内新发生的某病病例数,病例的确认需公认的客观标准。新发病例的确定有赖于该病的发病时间。对于急性病如流行性感冒、急性心肌梗死、脑卒中等疾病的发病时间很容易确定。但是对于发病时间不易确定的慢性病,一般以首次确诊时间为发病时间,如高血压、冠心病和肿瘤等疾病。如果在观察时期内同一个人多次发生同种疾病,则应按多个新发病例计算。

（2）分母的确定：分母为暴露人口数，也称危险人群，必须是观察期间观察范围内可能发生所观察疾病的人群，而不应包括不可能发病者，如正在患病、已感染了传染病或因接种疫苗而获得免疫力者。但在实际工作中暴露人口数不易获得，分母多用同期平均人口数。

可以按照不同人群、时间、地区的特征计算发病专率（specific incidence rate），但要注意分子和分母应来自同一总体，如麻疹发病率、女性乳腺癌发病率等。不同人群、地区的发病率资料比较时，由于年龄、性别等因素构成不同，不能直接进行比较，应采用标化发病率或发病专率进行比较。

**3. 应用** 发病率可用于描述疾病的分布，探讨发病因素，提出病因假说，评价防制措施的效果。

**（二）罹患率**

罹患率（attack rate）与发病率同样是衡量人群新病例发生频率的指标。通常是指短时间和小范围内的发病率。观察时间单位可以是月、旬、周、日，或一个疾病流行或暴发期，所以在使用时较发病率灵活，其优点是可以根据暴露程度精确测量发病概率。适用于局部地区疾病的暴发，如食物中毒、职业中毒及传染病暴发和流行。

**（三）患病率**

**1. 定义** 患病率（prevalence rate）又称现患率或流行率，是指在特定时间内，特定人群中某种疾病的病例数（新、旧病例数）所占比例。计算公式为：

$$患病率 = \frac{某观察期间某人群中现患某病新旧病例数}{同期平均人口数} \times K \tag{7-14}$$

**2. 患病率与发病率和病程的关系** 患病率的影响因素较多，其中受发病率和病程的影响较大，当某地某病的发病率和病程在相当长的时间内保持稳定时，患病率等于发病率和病程的乘积。

**3. 应用** 患病率用以表示病程较长的疾病（慢性病）在某一时点（或时期）存在状况的频率指标，可用于研究这些疾病的流行因素、防治效果和为卫生行政部门在卫生资源配置时提供有价值的信息。

**（四）病死率**

参见本章本节"死亡的统计指标"。

**（五）治愈率**

**1. 定义** 治愈率（cure rate）是指接受治疗的病人中治愈的频率。其计算公式为：

$$治愈率 = \frac{治愈病人数}{接受治疗病人数} \times 100\% \tag{7-15}$$

**2. 应用** 治愈率主要用于疾病治疗效果的评价。

**（六）生存率**

**1. 定义** 生存率（survival rate）又称存活率，通常指患某种疾病的人或接受某种治疗措施的病人中，随访满 $n$ 年后，尚存活的病人数所占的比例。计算公式为：

$$n \text{年生存率} = \frac{随访满 n 年尚存活的病例数}{随访满 n 年病例数} \times 100\% \tag{7-16}$$

**2. 应用** 生存率反映了疾病对生命的危害程度，常用于某些慢性病如恶性肿瘤、心、脑血管病等的远期疗效评价或预后研究。研究存活率需有相应的随访制度，确定随访开始和终止时间。一般以确诊日期、出院日期或手术日期作为开始时间，终止时间通常为 1 年、3 年、5 年、10 年，此时计算的生存率称为 1 年、3 年、5 年或 10 年生存率。在随访中应注意尽量减少"失访"病例，以免影响生存率的计算。

**本章小结**

1. 相对数可以用来描述分类变量资料的分布特征。不同的相对数其意义不同，计算方式也不同。常用的相对数指标包括率、构成比和相对比。率是反映某现象发生的频率和强度大小的指标；构成比则是反映事物中各部分占比的指标；用相对比则可表明两个指标值之间的对比关系。

2. 相对数计算比较容易,也容易发生错误。应用相对数时应注意:分母不宜过小,率和构成比不能混淆、资料的可比性、样本率比较时应做假设检验。

3. 标准化法的目的是消除内部构成不同对粗率比较的影响,选择统一的"标准构成",对比较的资料进行校正。标准化后的率已经不再反映当时当地的实际水平,它只反映相互比较的资料间的相对水平。

4. 医学工作中常用的统计指标包括死亡统计指标如死亡率、死因构成等;疾病统计指标如发病率、患病率、病死率等。医学实践工作中应注意正确运用这些统计指标。

（杨万龄）

扫一扫,测一测

## 思考题

### 一、简答题

1. 某部队野营训练,发生中暑 12 人,北方籍战士 10 人,南方籍战士 2 人。结论:北方籍战士容易中暑。该调查者得出此结论是否正确? 为什么?

2. 什么是率的标准化? 其基本思想是什么?

3. 常用的疾病统计指标有哪些? 各有什么意义?

4. 请比较发病率与患病率、死亡率与病死率的区别。

### 二、综合应用题

1. 表 7-6 资料是某年甲乙两厂接尘作业工人石棉肺的发病情况,试比较两厂石棉肺的发病率。

表 7-6　某年甲乙两厂石棉工的石棉肺发病比较

| 年龄组/岁 | 甲厂 | | | 乙厂 | | |
|---|---|---|---|---|---|---|
| | 接触人数 | 病人数 | 发病率/‰ | 接触人数 | 病人数 | 发病率/‰ |
| <45 | 400 | 4 | 10.0 | 800 | 10 | 12.5 |
| ≥45 | 600 | 18 | 30.0 | 200 | 10 | 50.0 |
| 合计 | 1 000 | 22 | 22.0 | 1 000 | 20 | 20.0 |

2. 某社区某年年均人口数为 80 000 人,60 岁及以上人口为 20 000 人。该社区年内死亡总数为 80 人,60 岁及以上死亡人数为 50 人。年内共发现肺癌患者 20 人,其中年内新发病人为 15 人;年内因肺癌死亡共 18 人。此外,该社区死亡总人数中,因肿瘤死亡者占 50%。请结合资料完成下列指标的计算:①总死亡率;②病因别死亡率(不同疾病的死亡率);③年龄别死亡率(不同年龄的死亡率);④肺癌患病率;⑤肺癌发病率;⑥肺癌病死率;⑦肺癌的死因构成比。

# 第八章

# 二项分布与 Poisson 分布及其应用

**学习目标**

1. 掌握二项分布的概念、应用条件、特征及应用。
2. 熟悉 Poisson 分布的概念及应用条件。
3. 了解 Poisson 分布的特征及其应用。
4. 能正确理解二项分布、Poisson 分布的概念及其在医学研究上的应用。
5. 能进行二项分布事件的概率、总体率的区间估计、假设检验的计算及 Poisson 分布的概率计算。

## 第一节　二项分布及其应用

### 一、二项分布的概念及其应用条件

#### （一）二项分布的概念

二项分布（binomial distribution）是指在 $n$ 次彼此独立的、结果为"是"或"非"的试验中，出现"是"或"非"的概率分布，是一种离散型概率分布。在医学临床和科研中有许多事物或现象的结果为这种类型，如生或死、阳性或阴性、有效或无效等。

在上述两分类相互独立事件中，若观察对象的阳性结果发生概率为 $\pi$，则阴性结果发生概率为 $(1-\pi)$。在 $n$ 次试验中，出现 $X$ 次阳性的概率可按下式计算。

$$P(X) = C_n^X \pi^X (1-\pi)^{n-X} \tag{8-1}$$

其中：
$$C_n^X = \frac{n!}{X!\ (n-X)!} \tag{8-2}$$

**例 8-1**　在对某毒物的毒性试验中，给 3 只同种属、同性别且体重相近的小白鼠注射规定剂量的该毒物。若该毒物对小白鼠的致死率为 0.6。问结果出现 0 只、1 只、2 只、3 只小白鼠死亡的概率。

因每只小白鼠的致死率为 0.6，存活率则为 1−0.6＝0.4。按照 3 只小白鼠可能死亡的组合不同，可以将它们死亡的概率列表如表 8-1。

表 8-1　3 只小白鼠死亡可能情况及其概率

| 死亡数量 | 死亡组合 | 死亡概率（$P$） | 合计 |
|---|---|---|---|
| 0 只死亡 | 生生生 | $0.4×0.4×0.4=0.064$ | 0.064 |
| 1 只死亡 | 死生生 | $0.6×0.4×0.4=0.096$ | |
| | 生死生 | $0.4×0.6×0.4=0.096$ | 0.288 |
| | 生生死 | $0.4×0.4×0.6=0.096$ | |
| 2 只死亡 | 死死生 | $0.6×0.6×0.4=0.144$ | |
| | 死生死 | $0.6×0.4×0.6=0.144$ | 0.432 |
| | 生死死 | $0.4×0.6×0.6=0.144$ | |
| 3 只死亡 | 死死死 | $0.6×0.6×0.6=0.216$ | 0.216 |

即：

$$P(0)=C_3^0\pi^0(1-\pi)^{3-0}=0.4^3=0.064$$

$$P(1)=C_3^1\pi^1(1-\pi)^{3-1}=3×0.6×0.4^2=0.288$$

$$P(2)=C_3^2\pi^2(1-\pi)^{3-2}=3×0.6^2×0.4=0.432$$

$$P(3)=C_3^3\pi^3(1-\pi)^{3-3}=0.6^3=0.216$$

由本例可知，该试验只有 4 种可能的结果，各种可能结果出现的概率之和为 1，即 $\sum(X)=1$。因此，1 只及以上死亡的概率可表示为：

$$P(X\geqslant1)=1-P(0)=1-0.064=0.936$$

### （二）二项分布的应用条件

从上述可知，二项分布的应用需满足下列条件：

1. 每次试验只可能出现两种对立的结果之一，即两种对立结果的概率之和恒等于 1。如试验动物的生存与死亡、手术的成功与失败等。

2. 每次试验产生某种结果的概率是固定的。

3. 每次试验是相互独立的，即一只试验动物的生存概率不会影响其他试验动物的生存概率。

#### 累积概率的计算公式

在应用二项分布计算的实践中，除了需要计算概率 $P(X)$ 外，在进行比较时还经常会遇到单侧检验，即"优"或"劣"的问题，这时就需要计算累积概率，其计算公式如下：

1. 出现"阳性"的次数至多为 $k$ 次的概率为

$$P(X\leqslant k)=\sum_{X=0}^{k}P(X)=\sum_{X=0}^{k}\frac{n!}{X!(n-X)!}\pi^X(1-\pi)^{n-X}$$

2. 出现"阳性"的次数至少为 $k$ 次的概率为

$$P(X\geqslant k)=\sum_{X=k}^{n}P(X)=\sum_{X=k}^{n}\frac{n!}{X!(n-X)!}\pi^X(1-\pi)^{n-X}$$

这里，$P(X\leqslant k)+P(X\geqslant k)=1+P(k)$。

## 二、二项分布的特征

二项分布的特征由参数 $\pi$ 及观察例数 $n$ 决定。

**（一）二项分布的图形特征**

在二项分布事件中,以 $X$ 为横轴,以 $X$ 对应的 $P(X)$ 为纵轴,绘出二项分布图(图 8-1、图 8-2)。

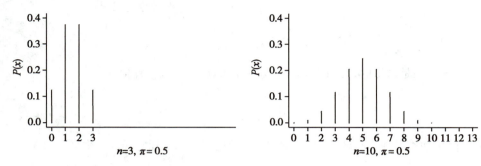

图 8-1 $\pi=0.5$ 时,不同 $n$ 值对应的二项分布

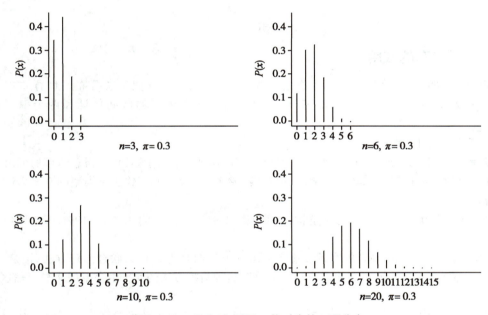

图 8-2 $\pi=0.3$ 时,不同 $n$ 值对应的二项分布

从图形可推导其具有如下特征:

1. 二项分布的高峰在 $\mu=n\pi$ 处或附近。

2. 当 $\pi=0.5$ 时,图形是对称的。

3. 当 $\pi\neq0.5$ 时,图形分布不对称,呈偏态分布,但随着 $n$ 的增大,分布趋于对称。

4. 更多的图形分析可知,只要 $\pi$ 不太靠近 0 或 1,特别是当 $n\pi$ 和 $n(1-\pi)$ 均大于 5 时,二项分布趋于对称。当 $n\rightarrow\infty$ 时,二项分布就接近正态分布。

**（二）二项分布的均数和标准差**

数理统计已证明,二项分布的均数与标准差为:

$$\mu=n\pi \tag{8-3}$$

$$\sigma=\sqrt{n\pi(1-\pi)} \tag{8-4}$$

**例 8-2** 求例 8-1 资料小白鼠死亡的均数和标准差。

在例 8-1 资料中,共有 3 只小白鼠,致死率为 0.6,死亡的均数和标准差为(单位:只)

$$\mu=n\pi=3\times0.6=1.8$$

$$\sigma=\sqrt{n\pi(1-\pi)}=\sqrt{3\times0.6\times0.4}=0.85$$

若将出现阳性结果的频率记为 $p = \dfrac{X}{n}$，则率的总体均数、标准差分别为

$$\mu_p = \pi \tag{8-5}$$

$$\sigma_p = \sqrt{\frac{\pi(1-\pi)}{n}} \tag{8-6}$$

因总体率 $\pi$ 往往是未知的，常用样本率 $p$ 代替 $\pi$ 来计算 $\sigma_p$ 的估计值 $S_p$。

$$S_p = \sqrt{\frac{p(1-p)}{n}} \tag{8-7}$$

**例 8-3** 随机抽查某地 100 名儿童，有 16 人感染蛔虫，求率的标准误。

本例 $n = 100$，$p = \dfrac{16}{100} = 0.16$，按式（8-7）计算得

$$S_p = \sqrt{\frac{0.16 \times 0.84}{100}} = 0.036\ 7$$

### 三、二项分布的应用

数理统计证明，当 $n > 50$ 且 $\pi$ 不太靠近 0 或 1 时，二项分布近似正态分布。即样本率服从以 $\pi$ 为总体均数、$\sigma_p$ 为总体标准差的正态分布。据此，可作总体率的区间估计和两个率比较的假设检验。

#### （一）总体率的区间估计

**1. 查表法** 当 $n \leqslant 100$、$p \geqslant 1\%$ 时，可查百分率的可信区间表（附表 6），求得总体率的可信区间。

**例 8-4** 随机抽查某社区 50 名儿童，有 4 人感染钩虫，求该地儿童钩虫感染率的 95% 及 99% 可信区间各为多少？

查附表 6，$n = 50$，$X = 4$，得该地儿童钩虫感染率的 95% 可信区间为 2%～19%，99% 可信区间为 1%～23%。

**例 8-5** 某医院对局部晚期的宫颈癌患者采取放疗同时加上化疗的联合治疗方法，治疗了 45 名患者，跟踪观察 5 年后，仍有 30 名患者存活。问该院这种治疗方法的 5 年生存率的 95% 可信区间为多少？

本例在附表 6 中不能直接查到，可查 $n = 45$、$X = 45 - 30 = 15$ 的 95% 可信区间为 20%～49%。故 $n = 45$、$X = 30$ 的 95% 可信区间为 1 减去上述查表所得可信区间，为 51%～80%。

**2. 正态近似法** $\sigma_p$ 表示样本率与总体率的离散程度，即率的标准差。和均数的标准差也称为标准误一样，率的标准差也称为率的标准误。当 $n > 100$ 且总体率不知道时，常用 $S_p$ 估计 $\sigma_p$。根据正态分布的规律，得出总体率的 95% 可信区间为：

$$p - 1.96S_p < \pi < p + 1.96S_p \text{ 或写成}$$
$$(p - 1.96S_p, p + 1.96S_p) \tag{8-8}$$

总体率的 99% 可信区间为：

$$p - 2.58S_p < \pi < p + 2.58S_p \text{ 或写成}$$
$$(p - 2.58S_p, p + 2.58S_p) \tag{8-9}$$

**例 8-6** 随机抽查某地 200 名儿童，蛔虫感染率为 16%，试估计该地儿童蛔虫感染率的 95% 可信区间。若该地有 10 000 名儿童，以 95% 可信区间估计该地感染蛔虫的儿童至少有多少人？至多有多少人？

$$S_p = \sqrt{\frac{0.16 \times 0.84}{200}} = 2.59\%$$

按式（8-8）计算，该地儿童蛔虫感染率的 95% 可信区间为：

$$(16\%-1.96\times2.59\%,16\%+1.96\times2.59\%)$$
$$即(10.92\%,21.08\%)$$

推算该地感染蛔虫的儿童至少有 $10\,000\times10.92\%=1\,092$（人），至多有 $10\,000\times21.08\%=2\,108$（人）。

若要计算该地儿童蛔虫感染率的 99% 可信区间，则按式（8-9），得：

$$(16\%-2.58\times2.59\%,16\%+2.58\times2.59\%)$$
$$即(9.32\%,22.68\%)$$

该地感染蛔虫的儿童至少有 $10\,000\times9.32\%=932$（人），至多有 $10\,000\times22.68\%=2\,268$（人）。

### （二）两个率比较的假设检验

**1. 大样本率与总体率比较的 $z$ 检验**　大样本资料的 $p$ 不接近于 0 或 1，且 $np$ 和 $n(1-p)$ 均大于 5 时，可用本假设检验。

**例 8-7**　通过大量调查得知，某药的过敏反应发生率为 6%。某医院最近对 100 位患者使用同一批号的该药后，有 8 人发生了过敏反应。问该批号药物的过敏反应发生率是否和以往的不同？

检验步骤如下：

（1）建立检验假设，确定检验水准：

$$H_0:\pi=\pi_0=0.06$$
$$H_1:\pi\neq0.06$$
$$\alpha=0.05$$

（2）计算 $z$ 值：可按式（8-10）计算

$$z=\frac{p-\pi}{\sigma_p} \tag{8-10}$$

本例 $\pi=0.06$，$1-\pi=0.94$，$p=0.08$，按式（8-6）及（8-10）计算得

$$\sigma_p=\sqrt{\frac{\pi(1-\pi)}{n}}=\sqrt{\frac{0.06\times0.94}{100}}=0.023\,7$$

$$z=\frac{p-\pi}{\sigma_p}=\frac{0.08-0.06}{0.023\,7}=0.844$$

（3）确定 $P$ 值，作出统计推断：按 $\nu\to\infty$ 查 $t$ 值表，得 $0.2<P<0.5$。按 $\alpha=0.05$ 水准，不拒绝 $H_0$，故不能认为该批号药物的过敏反应发生率和以往的不同。

**2. 小样本率与总体率的比较**　对于小样本率与总体率的比较，可以直接计算其概率。

**例 8-8**　大量调查表明，用一般药物治疗某疾病的有效率为 84%。某医院用综合疗法治疗了 30 例该疾病患者，28 例有效。问该院的综合疗法的效果是否与一般疗法不同？

检验步骤如下：

（1）建立检验假设，确定检验水准：

$H_0$：该院的综合疗法效果与一般疗法相同，即 $\pi=0.84$

$H_1$：该院的综合疗法效果与一般疗法不同，$\pi\neq0.84$

$\alpha=0.05$

（2）计算 $P$ 值：按式（8-1）计算 30 例患者中有 28、29、30 例有效的概率

$$P(28)=C_{30}^{28}\pi^{28}(1-\pi)^{30-28}=435\times0.84^{28}\times0.16^2=0.084\,4$$
$$P(29)=C_{30}^{29}\pi^{29}(1-\pi)^{30-29}=30\times0.84^{29}\times0.16=0.030\,6$$
$$P(30)=C_{30}^{30}\pi^{30}(1-\pi)^{30-30}=0.84^{30}=0.005\,4$$

若 $H_0$ 成立，则用一般药物治疗 30 例患者能使 28 例及以上有效的概率为

$$P=0.084\,4+0.030\,6+0.005\,4=0.120\,4$$

（3）确定 $P$ 值，作出统计推断：$P=0.120\,4>0.05$，按 $\alpha=0.05$ 水准，不拒绝 $H_0$，即尚不能认为综合

疗法与一般疗法效果不同。

**3. 两样本率比较的 z 检验** 当两样本的含量均大于 50,且 $np$ 和 $n(1-p)$ 均大于 5 时,可用本假设检验。

**例 8-9** 某医院对某地的 650 名 18 ~ 25 岁青年进行 HBsAg 阳性情况进行检测。其中检查男性 390 人,阳性 52 人;检查女性 260 人,阳性 22 人。问该地 18 ~ 25 岁青年中男女 HBsAg 阳性率是否不同?

检验步骤如下:

(1) 建立检验假设,确定检验水准:

$$H_0 : \pi_1 = \pi_2$$
$$H_1 : \pi_1 \neq \pi_2$$
$$\alpha = 0.05$$

(2) 计算 z 值:可按式(8-11)计算

$$z = \frac{p_1 - p_2}{S_{p_1 - p_2}} \tag{8-11}$$

其中,$S_{p_1 - p_2}$ 为两样本率之差的标准误,按式(8-12)计算

$$S_{p_1 - p_2} = \sqrt{p_c (1 - p_c) \left( \frac{1}{n_1} + \frac{1}{n_2} \right)} \tag{8-12}$$

式中:$p_c$ 为合并率,按式(8-13)计算

$$p_c = \frac{X_1 + X_2}{n_1 + n_2} \tag{8-13}$$

本例 $n_1 = 390$,$X_1 = 52$,$n_2 = 260$,$X_2 = 22$,故按公式计算得

$$p_1 = \frac{52}{390} = 0.133$$

$$p_2 = \frac{22}{260} = 0.085$$

$$p_c = \frac{52 + 22}{390 + 260} = 0.114$$

$$S_{p_1 - p_2} = \sqrt{0.114(1 - 0.114) \left( \frac{1}{390} + \frac{1}{260} \right)} = 0.025$$

$$z = \frac{0.133 - 0.085}{0.025} = 1.92$$

(3) 确定 P 值,作出统计推断:按 $v \to \infty$ 查 t 值表,得 $P > 0.05$。按 $\alpha = 0.05$ 水准,不拒绝 $H_0$,故不能认为该地 18 ~ 25 岁青年中男女 HBsAg 阳性率不同。

**知识拓展**

经过多次试验,将一枚硬币随机抛掷后出现正面朝上的概率为 0.5。现随机抛掷 100 次,正好出现有 50 次正面朝上的概率为

$$P(50) = C_{100}^{50} \left( \frac{1}{2} \right)^{50} \left( 1 - \frac{1}{2} \right)^{50} = C_{100}^{50} \left( \frac{1}{2} \right)^{100} \approx 0.08$$

问:正好出现 50 次正面的概率为什么不是 0.5?

## 第二节　Poisson 分布及其应用

### 一、Poisson 分布的概念及应用条件

#### （一）Poisson 分布的概念

Poisson 分布（Poisson distribution）是一种离散型随机变量分布，常用于描述单位时间、空间、面积内稀有事件发生次数的概率分布，是二项分布的极限形式。

医学研究中有许多服从 Poisson 分布的事例。例如，在单位人群中调查某些患病率很低的疾病、某些意外事故发生的概率分布情况；1 000 个或 10 000 个新生儿中出现多胞胎、染色体异常的概率分布情况；某些微生物（如细菌、病毒）在单位面积上出现数的分布；某些微粒（如粉尘）在单位容积中出现数的分布等等。

Poisson 分布的概率函数表达式为

$$P(X) = \frac{\lambda^X}{X!} e^{-\lambda} \tag{8-14}$$

式中：$X$ 为观察单位内某稀有事件发生的次数，$X = 0、1、2、\cdots$。$P(X)$ 为出现计数为 $X$ 的概率；$\lambda$ 为计数的总体均数，等于 $n\pi$，常以 $\overline{X}$ 估计；$e$ 为自然对数的底，约等于 2.718 28。

与二项分布相同，观察单位内各种可能出现的结果概率之和为 1，即 $\sum P(X) = 1$。因此，$k$ 只及以上死亡的概率可表示为：

$$P(X \geqslant k) = 1 - P(X \leqslant k-1)$$

#### （二）Poisson 分布的应用条件

Poisson 分布是二项分布中稀有现象（小概率事件）发生次数的概率分布模型，应具备下列应用条件。

**1. 稀有**　要求可能发生某事件的次数（$n$）很大，但实际发生的次数很少（$\pi$ 或 $1-\pi$ 很小）。如注射疫苗的人数很多，而实际发生严重不良反应的人数很少。

**2. 独立**　与二项分布中的独立相同。即在各次试验中，某事件发生或不发生相互独立，互不关联。如注射疫苗后某人是否发生严重不良反应，与其他注射了该疫苗的人是否发生严重不良反应互不影响。

**3. 等范围计数**　对比或多次描述稀有事件发生的情况，要求在相等的范围内计数。如相等的时间、空间、面积、体积、人数⋯等等。

这三个条件中，前面两个条件是要求被研究对象本身必须具备的性质，第三个条件则是要求研究者必须掌握的情况。

### 二、Poisson 分布的特征

#### （一）Poisson 分布的总体均数等于总体方差

在 Poisson 分布中，唯一的参数 $\lambda$ 既是总体均数也是总体方差，即 $\lambda = \sigma^2$。

#### （二）Poisson 分布的图形特征

Poisson 分布的图形是否对称与 $\lambda$ 的关系密切。$\lambda$ 值愈小，分布越不对称，随着 $\lambda$ 的增大，分布趋于对称。

例如，经过长期调查统计，某地某病的发病率为 1‰，今调查了 1 000 人，计算出现 0、1、2、3、⋯例病人的概率列于表 8-2。

表 8-2　某地出现某病病例的概率分布

| $X$ | 0 | 1 | 2 | 3 | 4 | 5 | 6 |
| --- | --- | --- | --- | --- | --- | --- | --- |
| $P(X)$ | 0.367 9 | 0.367 9 | 0.183 9 | 0.061 3 | 0.015 3 | 0.003 1 | 0.000 5 |

以病例发生数 $X$ 为横轴,以对应的于 $X$ 的概率 $P(X)$ 为纵轴,对所有可能的 $X(X \geqslant 0)$ 分别绘制垂直于横轴、高度为 $P(X)$ 的线段,得 $\lambda = 1$ 的 Poisson 分布图。并依此类推,可分别绘制 $\lambda = 3$、$\lambda = 6$、$\lambda = 10$ 的 Poisson 分布图,如图 8-3。

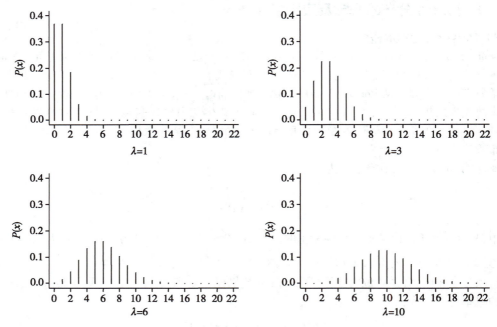

图 8-3 λ 取不同值时的 Poisson 分布图

从图中可以看出 Poisson 分布图形随 $\lambda$ 不同而变化的趋势。

### （三）Poisson 分布的观察结果有可加性

呈 Poisson 分布的独立变量之和仍呈 Poisson 分布。例如,从同一水源独立地取水样 3 次,每次 1ml,进行细菌培养,每次水样中的菌落数分别为 $X_1$、$X_2$、$X_3$,均服从 Poisson 分布;将 3 份水样混合,其合计菌落数为 $X_1 + X_2 + X_3$,也服从 Poisson 分布。医学研究中常利用其可加性,将小单位的稀有事件合并,以增加发生次数 $X$,以便更好地进行统计分析。

### （四）当 λ 增大时，Poisson 分布渐近正态分布

在实际工作中,当 $\lambda = 20$ 时,Poisson 分布接近于正态分布;当 $\lambda = 50$ 时,可以认为 Poisson 分布呈正态分布。

## 三、Poisson 分布的应用

### （一）概率估计

**例 8-10** 根据以往的大量检测,某自来水取水点的大肠菌群平均数为每升水中 6 个。现在该取水点取 1 升水检测,试估计大肠菌群数等于 3 个的概率。

本资料中,$\lambda = 6$,$X = 3$,按式(8-14)计算得

$$P(3) = \frac{6^3}{3!}e^{-6} = 0.089$$

**例 8-11** 某地调查统计了无偿献血者的 HBsAg 阳性率为 0.2%,若调查检测该地 1 000 名无偿献血者中有 3 人的 HBsAg 阳性的概率为多少?

本资料中,$\lambda = 1\,000 \times 0.2\% = 2$,$X = 3$,按式(8-14)计算得

$$P(3) = \frac{2^3}{3!}e^{-3} = 0.180$$

### （二）总体均数的区间估计

**1. 正态近似法** 当 $X > 50$ 时,可采用正态近似法估计总体均数的区间,计算公式如下:

$\lambda$ 的 95% 可信区间

$$(X-1.96\sqrt{X},X+1.96\sqrt{X}) \tag{8-15}$$

$\lambda$ 的 99% 可信区间

$$(X-2.58\sqrt{X},X+2.58\sqrt{X}) \tag{8-16}$$

**例 8-12** 某地随机抽样调查了 1 万人,患某病的有 60 人,试估计该地每万人中该病患者平均有多少?

将 $X=60$ 代入公式(8-15)计算,得

$$(60-1.96\sqrt{60},60+1.96\sqrt{60})=(44.82,75.18)$$

即每万人中该病患者平均为 45~75 人。

**2. 查表法** 当 $X \leqslant 50$ 时,可查表估计总体均数。

**例 8-13** 从某自来水管网末端抽取 1ml 水样,经培养有 10 个细菌,试估计每 ml 该自来水中细菌的 95% 可信区间。

查附表 7"Poisson 分布参数 $\lambda$ 的置信区间",当 $X=10$ 时,95% 可信区间的上限为 4.8,下限为 18.4。故每 ml 该自来水中细菌的 95% 可信区间为 5~18 个。

**(三)假设检验**

**1. 样本均数与总体均数的比较** 用直接概率法。

**例 8-14** 某病使用某治疗方法的无效率一般为 2‰,今采用联合治疗法治疗 2 000 例该病患者,全部有效。问联合治疗方法是否提高了疗效?

检验步骤如下:

(1)建立检验假设,确定检验水准:

$H_0$:联合治疗方法的疗效与原方法相同

$H_1$:联合治疗方法的疗效高于原方法

$\alpha=0.05$(单侧)

(2)计算 $P(X)$ 值:在检验假设 $H_0$ 成立的条件下,2 000 例病例中,治疗无效的人数(总体均数)$\lambda=n\pi=2\,000\times0.002=4$,代入式(8-14),得

$$P(0)=\frac{4^0}{0!}e^{-4}=0.018$$

(3)确定 $P$ 值,作出统计推断:$P=0.018<0.05$,按 $\alpha=0.05$ 水准,拒绝 $H_0$,$H_1$ 成立,即联合治疗方法的疗效高于原方法。

**例 8-15** 大量调查得知,某种疫苗的严重不良反应率一般为 1‰。现对疫苗进行了改良,注射了 5 000 人,发生严重不良反应 3 例。问改良后的疫苗是否降低了严重不良反应发生率?

检验步骤如下:

(1)建立检验假设,确定检验水准:

$H_0$:两种疫苗的严重不良反应发生率相同

$H_1$:两种疫苗的严重不良反应发生率不同,改良后的疫苗更低

$\alpha=0.05$(单侧)

(2)计算 $P(X)$ 值:在检验假设 $H_0$ 成立的条件下,注射 5 000 人出现严重不良反应的理论人数(总体均数)$\lambda=n\pi=5\,000\times0.001=5$,代入式(8-14)计算出现 3 例及以下严重不良反应的概率

$$P(0)=\frac{5^0}{0!}e^{-5}=0.006\,7$$

$$P(1)=\frac{5^1}{1!}e^{-5}=0.033\,7$$

笔记

$$P(2) = \frac{5^2}{2!}e^{-5} = 0.0842$$

$$P(3) = \frac{5^3}{3!}e^{-5} = 0.1404$$

$$\sum_{X=0}^{3} P(X) = 0.0067 + 0.0337 + 0.0842 + 0.1404 = 0.265$$

（3）确定 $P$ 值，作出统计推断：$P = 0.265 > 0.05$，按 $\alpha = 0.05$ 水准，不拒绝 $H_0$，即尚不能认为改良疫苗降低了原疫苗的严重不良反应发生率。

**2. 两个样本均数的比较**

（1）两个计数（等范围计数）的比较：根据 Poisson 分布的性质，当计数 $X > 20$ 时，Poisson 分布可视为正态分布，可直接作 $z$ 检验。

**例 8-16** 随机抽样检查某手术室空气中用常规方法消毒的效果，得细菌菌落数为 150cfu/m³。今对消毒方法进行了改良后，测得细菌菌落数为 120cfu/m³，问改良后的消毒方法是否效果更好？

检验步骤如下：

1）建立检验假设，确定检验水准：

$H_0$：两种消毒的效果相同，$\lambda_1 = \lambda_2$

$H_1$：改良后的消毒效果更好，$\lambda_1 > \lambda_2$

$\alpha = 0.05$（单侧）

2）计算 $z$ 值：按式（8-17）计算

$$z = \frac{|X_1 - X_2|}{\sqrt{X_1 + X_2}} \tag{8-17}$$

式中：$X_1$、$X_2$ 为两个样本计数的结果，$\sqrt{X_1 + X_2}$ 为两个样本计数之差的标准差。

本例 $X_1 = 150$、$X_2 = 120$，代入式（8-17）得

$$z = \frac{|150 - 120|}{\sqrt{150 + 120}} = 1.826$$

3）确定 $P$ 值，作出统计推断：按 $v \to \infty$ 查 $t$ 值表，得 $P < 0.05$。按 $\alpha = 0.05$（单侧）水准，拒绝 $H_0$，$H_1$ 成立，即改良后的消毒效果更好。

（2）两个总计数（观察单位数相等）的比较：对于单个观察单位内计数结果数量较小（$X < 20$）的情况，可以将观察单位数相等的多次观察结果累计，使总计数 $\sum X \geq 20$。根据 Poisson 分布的独立变量之和仍呈 Poisson 分布及计数大于 20 的 Poisson 分布近似正态分布的性质，对总计数作 $z$ 检验。

**例 8-17** 用两种培养基对水样作细菌培养，各培养 5 次，每份水样均为 1ml，得菌落数如表 8-3。问两种培养基培养效果是否相同？

表 8-3　两种培养基所得菌落数

单位：个/皿

| 培养皿对号 | 甲培养基 $X_1$ | 乙培养基 $X_2$ |
|---|---|---|
| 1 | 20 | 25 |
| 2 | 18 | 23 |
| 3 | 17 | 24 |
| 4 | 19 | 20 |
| 5 | 17 | 21 |
| 合计 | 91 | 113 |

检验步骤如下：

1）建立检验假设，确定检验水准：

$H_0$：两种培养基培养效果相同，$\lambda_1 = \lambda_2$

$H_1$：两种培养基培养效果不同，$\lambda_1 \neq \lambda_2$

$\alpha = 0.5$

2）计算 $z$ 值：按式（8-18）计算

$$z = \frac{|\sum X_1 - \sum X_2|}{\sqrt{\sum X_1 + \sum X_2}} \tag{8-18}$$

本例 $\sum X_1 = 91$，$\sum X_2 = 113$，代入式（8-18）得

$$z = \frac{|91 - 113|}{\sqrt{91 + 113}} = 1.54$$

3）确定 $P$ 值，作出统计推断：按 $\nu \to \infty$ 查 $t$ 值表，得 $P > 0.05$。按 $\alpha = 0.05$ 水准，不拒绝 $H_0$，故不能认为两种培养基培养效果不同。

（3）两个计数的均数（计数范围不等）的比较：如两样本计数范围（$n$）不同，可先算出等范围计数的均数，再用式（8-19）计算

$$z = \frac{|\overline{X_1} - \overline{X_2}|}{\sqrt{\dfrac{\overline{X_1}}{n_1} + \dfrac{\overline{X_2}}{n_2}}} \tag{8-19}$$

式中：$\overline{X_1}$ 为甲样观察 $n_1$ 个单位的计数之均数，$\overline{X_2}$ 为乙样观察 $n_2$ 个单位的计数之均数，$\sqrt{\dfrac{\overline{X_1}}{n_1} + \dfrac{\overline{X_2}}{n_2}}$ 为两计数均数之差的标准误。

**例 8-18** 某工厂为了降低生产车间粉尘的浓度，对生产工艺进行了改革。于改革前测量了 3 次粉尘浓度，每次测 1L 空气，分别有 50、53、59 颗粉尘；改革后测量了 4 次，每次 1L 空气，分别有 35、27、30、28 颗粉尘。问生产工艺改革前后粉尘浓度是否不同。

检验步骤如下：

1）建立检验假设，确定检验水准：

$H_0$：生产工艺改革前后粉尘浓度相同，$\lambda_1 = \lambda_2$

$H_1$：生产工艺改革前后粉尘浓度不同，$\lambda_1 \neq \lambda_2$

$\alpha = 0.05$

2）计算 $z$ 值：按式（8-19）计算。本例

$$\overline{X_1} = \frac{50 + 53 + 59}{3} = 54$$

$$\overline{X_2} = \frac{35 + 27 + 30 + 28}{4} = 30$$

$$z = \frac{|54 - 30|}{\sqrt{\dfrac{54}{3} + \dfrac{30}{4}}} = 4.75$$

3）确定 $P$ 值，作出统计推断：按 $\nu \to \infty$ 查 $t$ 值表，得 $P < 0.05$。按 $\alpha = 0.05$ 水准，拒绝 $H_0$，$H_1$ 成立，可以认为生产工艺改革能降低粉尘的浓度。

### 本章小结

二项分布是指在 $n$ 次彼此独立的、结果为"是"或"非"的试验中,出现"是"或"非"的概率分布。在医学临床和科研中有许多事物或现象的结果为这种类型。二项分布的特征由参数 $\pi$ 及观察例数 $n$ 决定。只要 $\pi$ 不太靠近 0 或 1,特别是当 $n\pi$ 和 $n(1-\pi)$ 均大于 5 时,二项分布趋于对称。根据二项分布的概率分布规律,可以计算出某现象出现一定数量的概率,可以进行总体率的区间估计,在满足一定条件下可以进行样本率与总体率、两个样本率的假设检验。

Poisson 分布是一种离散型随机变量分布,常用于描述相等时间、空间、面积、人数…等发生稀有事件的次数的概率分布,是二项分布的极限形式。医学领域中有许多服从 Poisson 分布的事例。在 Poisson 分布中,唯一的参数 $\lambda$ 既是总体均数也是总体方差。根据 Poisson 分布的概率分布规律,可以进行概率估计,在满足一定条件下可以进行总体均数的区间估计、两个样本均数比较的假设检验。

（袁尚华）

扫一扫,测一测

### 思考题

**一、简答题**

1. 简述二项分布的应用条件。

2. 简述二项分布近似正态分布的条件及其应用。

3. 简述 Poisson 分布的应用条件。

**二、综合应用题**

1. 某医院治疗某疾病的有效率为 80%。现随机治疗 10 例病人,求全部有效的概率、至少 8 例有效的概率是多少?

2. 某医院用中药治疗某疾病的有效率为 80%,现某医生对该药方进行了改良,用改良后的中药治疗该种病人。试分析以下两种情形下,改良后的中药是否疗效更好。

（1）用改良后的中药治疗 20 例病人,19 例有效;

（2）用改良后的中药治疗 30 例病人,29 例有效。

3. 调查某农村小学蛔虫感染情况,其中男生 80 人,感染 23 人,女生 85 人,感染 13 人,问男女生的蛔虫感染率有无差别?

4. 某地某种遗传性疾病的发病率为 0.5‰,现调查 1 000 人,问无 1 例、恰有 1 例、至少有 1 例病人的概率各为多少?

5. 调查某地人群因意外而死亡的状况,男性意外死亡率为 80/10 万,女性意外死亡率为 65/10 万,问该地男女性意外死亡率有无差异?

# 第九章　χ² 检验

**学习目标**

1. 掌握:独立四格表资料的 $\chi^2$ 检验;配对四格表资料的 $\chi^2$ 检验;行×列表资料的 $\chi^2$ 检验。
2. 熟悉:独立四格表与配对四格表资料的连续性校正条件。
3. 了解: $\chi^2$ 检验的基本思想;行×列表 $\chi^2$ 检验的注意事项。
4. 能运用所学的知识进行率和构成比的假设检验。
5. 会使用 SPSS 统计学软件,利用 $\chi^2$ 检验的方法分析处理相应的数据资料。

$\chi^2$ 检验(chi square test)也称卡方检验,是英国统计学家 Pearson 于 1900 年提出的一种用途较广的假设检验方法,常用于无序分类变量资料的统计推断。实际工作中常用于检验两个或多个样本率及构成比之间的差别有无统计学意义,两种属性或特征之间是否有关系,以及拟合优度检验(goodness of fit test)等。本章主要介绍独立四格表资料的 $\chi^2$ 检验、配对四格表资料的 $\chi^2$ 检验以及行×列表的 $\chi^2$ 检验。

## 第一节　$\chi^2$ 检验的基本思想

**例 9-1**　为了比较某中药和西药治疗高脂血症的疗效,选取 75 例高脂血症患者随机分成中药组和西药组,结果中药组治疗了 40 例,有效例数为 32 例,西药组治疗了 35 例,有效例数为 23 例,结果见表 9-1。试分析中药、西药治疗高脂血症的疗效是否有差别?

表 9-1　中西药治疗高脂血症有效率的比较

| 处理组 | 有效 | 无效 | 合计 | 有效率/% |
|---|---|---|---|---|
| 中药组 | 32(29.3)$a$ | 8(10.7)$b$ | 40($a+b$) | 80.0 |
| 西药组 | 23(25.7)$c$ | 12(9.3)$d$ | 35($c+d$) | 65.7 |
| 合计 | 55($a+c$) | 20($b+d$) | 75($n$) | 73.3 |

表 9-1 中的 $a$、$b$、$c$、$d$ 为 4 个基本数据,即中药、西药两种治疗方法中的实际有效例数和实际无效例数,其他数据均可以由这 4 个基本数据计算出来,这样的数据形式常称为 2×2 列联表(2×2 contingency table),也称为四格表(fourfold table),这种形式的资料称为四格表资料。

例 9-1 的无效假设 $H_0:\pi_1=\pi_2$,即两种治疗方法的总体有效率相同,两样本有效率的差别仅由于抽样误差所致。可以用两样本合计的有效率 73.3% 作为总体有效率的点估计值,即 $H_0:\pi_1=\pi_2=73.3\%$。

91

在此假设成立的基础上,可以推断每个格子的期望频数,称为理论频数(theoretical frequency),用符号 $T$ 来表示。若 $H_0$ 成立,则中药组理论有效例数应为 $40×73.3\% = 29.3$(人),西药组理论有效例数应为 $35×73.3\% = 25.7$(人)。样本观察到的频数称为实际频数(actual frequency),用符号 $A$ 表示。若 $H_0$ 成立,则中药组理论无效例数应为 $40−29.3 = 10.7$(人),西药组理论无效例数应为 $35−25.7 = 9.3$(人)。将 4 个理论频数均记入表 9-1 相应的括号内。

实际计算中,理论频数 $T$ 的求法可用式(9-1)来计算:

$$T_{RC} = \frac{n_R n_C}{n} \tag{9-1}$$

式(9-1)中,$T_{RC}$ 表示第 $R$ 行第 $C$ 列格子的理论频数,$n_R$ 为该格子相应行的合计数,$n_C$ 为该格子相应列的合计数,$n$ 为总例数。

例如表 9-1,第 1 行第 1 列格子的理论频数为:

$$T_{11} = \frac{40×55}{75} = 29.3$$

又因为四格表的每行和每列都只有两个格子,而每行和每列的合计数都是固定的,所以求出其中任意一个格子的理论频数后,其余格子的理论频数可以用减法求出,如:

$$T_{12} = 40−29.3 = 10.7$$
$$T_{21} = 55−29.3 = 25.7$$
$$T_{22} = 35−25.7 = 9.3$$

利用实际频数 $A$ 与相应的理论频数 $T$,得到 $\chi^2$ 统计量为:

$$\chi^2 = \sum \frac{(A−T)^2}{T} \tag{9-2}$$

由式(9-2)可以看出,$\chi^2$ 值的大小反映了实际频数与理论频数的吻合程度。如果检验假设 $H_0$ 成立,那么实际频数与理论频数的差值应该较小,即 $\chi^2$ 值也应该较小,说明吻合程度较高;反之,若检验假设 $H_0$ 不成立,那么实际频数与理论频数的差值就会较大,则 $\chi^2$ 值也会较大,说明吻合程度较低。

$\chi^2$ 值的大小除取决于 $A$ 与 $T$ 的差值之外,还与基本数据的格子数有关,故 $\chi^2$ 值一般随着格子数的增多而加大,严格地说是与自由度有关。四格表及行×列表的自由度是指在表中周边合计数不变的前提下基本数据可以自由取值的格子数。如表 9-1 中基本数据有 4 个,其中只要根据式(9-1)计算出 1 个格子数据(理论频数 $T$)后,其他 3 个格子数据(理论频数 $T$)由于受周边合计数的限制,只能随之相应变动,而无法自由取值,即能够自由取值的格子数为 1,故其自由度为 1;如果基本数据格子数大于 4 个,则自由度也必大于 1。自由度 $\nu$ 可用式(9-3)求得:

$$\nu = (行数−1)(列数−1) \tag{9-3}$$

$\chi^2$ 检验的基本思想是:如果检验假设成立,则两种疗法的有效率的差异仅是抽样误差引起的,相差不会太大,由此而计算出来的理论频数($T$)与实际频数($A$)也不会相差很大,即 $\chi^2$ 值不会相差很大;如果两样本率相差过大,即实际频数与理论频数相差较大,$\chi^2$ 值也会相差较大,相应的 $P$ 值也就越小。因此,按照式(9-2)计算出 $\chi^2$ 之后,根据自由度 $\nu$ 查附表 8"$\chi^2$ 界值表",如 $\chi^2 \geqslant \chi^2_{\alpha,\nu}$ 时,则 $P \leqslant \alpha$,根据小概率原理,就有理由怀疑 $H_0$ 的真实性,从而作出拒绝 $H_0$,同时接受 $H_1$ 的统计推断;如果 $\chi^2 < \chi^2_{\alpha,\nu}$ 时,则 $P > \alpha$,从而作出不拒绝 $H_0$ 的统计推断。

## 第二节 四格表资料的 $\chi^2$ 检验

四格表资料也称为 2×2 列联表资料,其 $\chi^2$ 检验主要用于两个样本率(或构成比)的假设检验,属于随机分组设计,而且是随机分为两组的设计。

## 一、四格表 $\chi^2$ 检验的基本公式

$\chi^2$ 检验的检验统计量为 $\chi^2$，其基本公式为：

$$\chi^2 = \sum \frac{(A-T)^2}{T} \tag{9-2}$$

自由度为：

$$v = (\text{行数}-1)(\text{列数}-1) \tag{9-3}$$

式(9-2)服从自由度为 $v$ 的 $\chi^2$ 分布。

现以例9-1为例，说明 $\chi^2$ 检验的步骤。将所给资料按表9-1格式列成表9-2。

**表9-2 中西药治疗高脂血症有效率的比较**

| 处理组 | 有效 | 无效 | 合计 | 有效率/% |
|---|---|---|---|---|
| 中药组 | 32(29.3) | 8(10.7) | 40 | 80.0 |
| 西药组 | 23(25.7) | 12(9.3) | 35 | 65.7 |
| 合计 | 55 | 20 | 75 | 73.3 |

（1）建立检验假设，确定检验水准：

$H_0: \pi_1 = \pi_2$，即中药组和西药组的有效率相同

$H_1: \pi_1 \neq \pi_2$，即中药组和西药组的有效率不同

$\alpha = 0.05$

（2）计算 $\chi^2$ 值：先按式(9-1)计算出各格子的理论频数，填在表9-2中，用括号标出，即

$$T_{11} = \frac{40 \times 55}{75} = 29.3$$

$$T_{12} = 40 - 29.3 = 10.7$$

$$T_{21} = 55 - 29.3 = 25.7$$

$$T_{22} = 35 - 25.7 = 9.3$$

按式(9-2)计算 $\chi^2$ 值：

$$\chi^2 = \frac{(32-29.3)^2}{29.3} + \frac{(8-10.7)^2}{10.7} + \frac{(23-25.7)^2}{25.7} + \frac{(12-9.3)^2}{9.3} = 1.948$$

（3）确定 $P$ 值，作出推断结论：按 $v = (2-1) \times (2-1) = 1$，查附表8"$\chi^2$ 界值表"，得 $\chi^2_{0.05,1} = 3.84$，现 $\chi^2 < \chi^2_{0.05,1}$，故 $P > 0.05$，在 $\alpha = 0.05$ 水准上，不拒绝 $H_0$，差异无统计学意义，故尚不能认为中、西药治疗高脂血症的有效率不同。

## 二、四格表 $\chi^2$ 检验的专用公式

在对两样本率比较时，当总例数 $n \geq 40$ 且所有格子的 $T \geq 5$ 时，可用 $\chi^2$ 检验的基本公式(9-2)。实际应用时，为了省去计算理论频数的步骤，简化计算公式，常用四格表资料 $\chi^2$ 检验的专用公式(9-4)计算检验统计量 $\chi^2$ 值，即

$$\chi^2 = \frac{(ad-bc)^2 n}{(a+b)(c+d)(a+c)(b+d)} \tag{9-4}$$

式中：$a$、$b$、$c$、$d$ 为四格表的实际频数；$(a+b)$、$(c+d)$、$(a+c)$、$(b+d)$ 分别是周边合计数；$n$ 为总例数，即 $n = a+b+c+d$。

仍以例9-1资料为例，用式(9-4)计算 $\chi^2$ 值，如下：

$$\chi^2 = \frac{(32 \times 12 - 8 \times 23)^2 \times 75}{40 \times 35 \times 55 \times 20} = 1.948$$

结果与基本公式(9-2)计算的结果一致,这说明对于四格表资料,基本公式(9-2)与通用公式(9-4)是完全等价的。

### 三、四格表$\chi^2$值的校正

无序分类变量资料中的实际频数 $A$ 为分类资料,是不连续的。$\chi^2$ 分布界值表的依据是 $\chi^2$ 分布,而 $\chi^2$ 分布是连续型分布。因此,使用式(9-2)计算的 $\chi^2$ 值查 $\chi^2$ 分布界值表,得到的概率 $P$ 偏小,特别是对自由度 $v=1$ 的四格表资料的影响更大。如果自由度为 1 的四格表资料理论频数 $T$ 较小或总例数 $n$ 较小时,计算得到的 $\chi^2$ 值偏离 $\chi^2$ 界值表较远,所得概率 $P$ 偏小,易出现假阳性错误,为此美国统计学家 F. Yates 在 1934 年提出了计算 $\chi^2$ 的连续性校正法(correction for continuity),其校正公式为:

$$\chi^2 = \sum \frac{(|A-T|-0.5)^2}{T} \tag{9-5}$$

$$\chi^2 = \frac{\left(|ad-bc|-\frac{n}{2}\right)^2 n}{(a+b)(c+d)(a+c)(b+d)} \tag{9-6}$$

公式(9-5)和(9-6)分别是对基本公式(9-2)和专用公式(9-4)的校正。在实际工作中,对于四格表资料通常规定为:

(1) 当 $n \geq 40$ 且所有的 $T \geq 5$ 时,用 $\chi^2$ 检验的基本公式(9-2)或四格表资料$\chi^2$ 检验的专用公式(9-4)。

(2) 当 $n \geq 40$ 但有任一格的 $5 > T \geq 1$ 时,用四格表资料$\chi^2$ 检验的校正公式(9-5)或(9-6)。

(3) 当 $n < 40$ 或任一格的 $T < 1$ 时,用四格表资料的 Fisher 确切概率计算法(具体方法查阅有关统计学参考书)。

**例9-2** 某医学院抽样调查大学一年级和二年级学生近视患病情况,调查结果见表9-3。问该大学一年级和二年级学生的近视患病率是否不同?

表 9-3 两个年级大学生的近视患病率比较

| 年级 | 近视 | 非近视 | 合计 | 近视率/% |
|------|------|--------|------|----------|
| 一年级 | 26(28.8) | 7(4.2) | 33 | 78.79 |
| 二年级 | 36(33.2) | 2(4.8) | 38 | 94.74 |
| 合计 | 62 | 9 | 71 | 87.32 |

(1) 建立检验假设,确定检验水准:

$H_0: \pi_1 = \pi_2$,即一年级和二年级学生的近视眼患病率相同

$H_1: \pi_1 \neq \pi_2$,即一年级和二年级学生的近视眼患病率不同

$\alpha = 0.05$

(2) 计算$\chi^2$ 值:本例有两个格子的 $1 < T < 5$ 且 $n > 40$,故对$\chi^2$ 值作校正,使用校正公式(9-6)计算得:

$$\chi^2 = \frac{\left(|26 \times 2 - 7 \times 36| - \frac{71}{2}\right)^2 \times 71}{33 \times 38 \times 62 \times 9} = 2.75$$

(3) 确定 $P$ 值,作出推断结论:本例自由度 $v = (2-1) \times (2-1) = 1$,查附表 8"$\chi^2$ 界值表",得 $\chi^2_{0.05,1} = 3.84$,现 $\chi^2 < \chi^2_{0.05,1}$,则 $P > 0.05$。在 $\alpha = 0.05$ 的水准上,不拒绝 $H_0$,差异无统计学意义。尚不能认为该大学一年级和二年级学生的近视患病率不同。

若本例对$\chi^2$ 值不进行校正,计算$\chi^2 = 4.06$,则 $P < 0.05$,结论正好相反。

## 第三节 配对四格表资料的$\chi^2$检验

**例9-3** 某实验室分别用乳胶凝集法和免疫荧光法对 58 名可疑系统性红斑狼疮患者血清中的抗核抗体进行检测,结果见表9-4。问两种方法的检测结果有无差别?

表 9-4　两种方法检测患者血清中抗核抗体的结果

| 免疫荧光法 | 乳胶凝集法 | | 合计 |
| --- | --- | --- | --- |
| | + | − | |
| + | 11($a$) | 12($b$) | 23 |
| − | 2($c$) | 33($d$) | 35 |
| 合计 | 13 | 45 | 58 |

本例为配对设计的无序分类变量资料。无序分类变量资料的配对设计常用于两种检验方法、两种培养方法、两种诊断方法的比较。其特点是对样本中各观察单位分别使用两种方法处理或检测,然后按照两分类变量计数结果。观察结果有四种情况,可整理成表 9-4 的形式:①两种检测方法检测结果皆为阳性数($a$);②两种检测方法检测结果皆为阴性数($d$);③免疫荧光法检测结果为阳性而乳胶凝集法检测结果为阴性数($b$);④免疫荧光法检测结果为阴性而乳胶凝集法检测结果为阳性数($c$)。其中,$a$、$d$ 为两种方法观察结果一致的两种情况,而 $b$、$c$ 为两种方法观察结果不一致的两种情况。当两种处理方法无差别时,对总体有 $B=C$,即两总体率相等 $\pi_1=\pi_2$。由于样本在被随机抽取的过程中抽样误差是不可避免的,样本中的 $b$ 和 $c$ 往往不等($B \neq C$,即两样本率不等)。因此,需要进行假设检验,该检验方法称为 McNemar 检验,其检验统计量为:

$$\chi^2 = \frac{(b-c)^2}{b+c}, \nu=1 \tag{9-7}$$

$$\chi^2 = \frac{(|b-c|-1)^2}{b+c}, \nu=1 \tag{9-8}$$

式(9-7)用于($b+c$)≥40 时,式(9-8)用于($b+c$)<40 时。值得注意的是,该法一般用于样本含量不是很大的资料。因本法仅考虑了两种结果不一致的两种情况($b$、$c$),而未考虑样本含量 $n$ 和两种结果一致的两种情况($a$、$d$),所以当 $n$ 很大且 $a$ 与 $d$ 的数值也很大(即两种方法的一致率较高),$b$ 与 $c$ 的数值相对较小时,即使是检验结果有统计学意义,但其实际意义往往也并不大。

本例的检验步骤如下:

(1) 建立检验假设,确定检验水准:

$H_0:B=C$,即两种检测方法的检测结果相同

$H_1:B \neq C$,即两种检测方法的检测结果不同

$\alpha=0.05$

(2) 计算 $\chi^2$ 值:本例($b+c$)=14<40,故使用式(9-8),计算得

$$\chi^2 = \frac{(|12-2|-1)^2}{12+2} = 5.79$$

(3) 确定 $P$ 值,作出推断结论:本例自由度 $\nu=1$,查附表 8"$\chi^2$ 界值表",得 $\chi^2_{0.05,1}=3.84$,现 $\chi^2 > \chi^2_{0.05,1}$,则 $P<0.05$。在 $\alpha=0.05$ 的水准上,拒绝 $H_0$,接受 $H_1$。可以认为两种检测方法的检测结果不同,相比乳胶凝集法来说,免疫荧光法的阳性检测率较高些。

需要注意的是,配对设计的四格表资料只能用配对 $\chi^2$ 检验,不能随意转化为两组独立样本的 $\chi^2$ 检验。

## 第四节　行×列表资料的 $\chi^2$ 检验

前面介绍了两个样本率比较的 $\chi^2$ 检验方法,其基本数据有 2 行 2 列,称为 2×2 表或四格表资料。当行或列分组超过两组时,统称为行×列表,简记为 $R×C$ 表。行×列表的 $\chi^2$ 检验主要用于解决多个独立样本率或多个独立样本构成比的比较,以及有序分类资料的关联性检验。其 $\chi^2$ 检验除可用基本公式(9-2)计算,但因该基本公式(9-2)需要首先计算理论频数 $T$,计算较为繁琐,故可用下面简化后的

$R\times C$ 列联表资料 $\chi^2$ 检验的专用公式,即

$$\chi^2 = n\left( \sum \frac{A^2}{n_R n_C} - 1 \right), v = (R-1)(C-1) \tag{9-9}$$

式中:$n$ 为总例数,$A$ 为每个格子的实际频数,$n_R$、$n_C$ 分别为相应行和列的周边合计数。在无效假设 $H_0$ 下,$\chi^2$ 统计量服从自由度为 $v$ 的 $\chi^2$ 分布。

## 一、多个样本率的比较

**例 9-4** 某医师研究物理治疗、药物治疗和外用膏药三种疗法治疗周围型面神经麻痹的疗效,结果见表 9-5。问三种疗法的治疗有效率有无差别?

表 9-5　三种疗法治疗周围型面神经麻痹有效率的比较

| 疗法 | 有效 | 无效 | 合计 | 有效率/% |
|---|---|---|---|---|
| 物理治疗组 | 199 | 7 | 206 | 96.60 |
| 药物治疗组 | 164 | 18 | 182 | 90.11 |
| 外用膏药组 | 118 | 26 | 144 | 81.94 |
| 合计 | 481 | 51 | 532 | 90.41 |

本例为 3 个样本率的比较,是 3×2 表资料,$\chi^2$ 检验步骤如下,
(1) 建立检验假设,确定检验水准:
$H_0:\pi_1 = \pi_2 = \pi_3$,即三种疗法治疗周围型面神经麻痹的有效率相等
$H_1:$三种疗法治疗周围型面神经麻痹的有效率不等或不全相等
$\alpha = 0.05$
(2) 计算 $\chi^2$ 值:按式(9-9),计算 $\chi^2$ 值得:

$$\chi^2 = 532 \times \left( \frac{199^2}{206 \times 481} + \frac{7^2}{206 \times 51} + \cdots + \frac{26^2}{144 \times 51} - 1 \right) = 21.04$$
$$v = (3-1) \times (2-1) = 2$$

(3) 确定 $P$ 值,作出推断结论:本例自由度 $v=2$,查附表 8"$\chi^2$ 界值表",得 $\chi^2_{0.05,2} = 5.99$,现 $\chi^2 > \chi^2_{0.05,2}$,则 $P<0.05$。在 $\alpha = 0.05$ 的水准上,拒绝 $H_0$,接受 $H_1$。可以认为三种疗法治疗周围型面神经麻痹的有效率有差别。

## 二、多个构成比的比较

**例 9-5** 某研究人员收集了亚洲、欧洲和非洲人的 A、B、AB、O 血型资料,结果见表 9-6。问亚洲、欧洲和非洲地区人群的血型分布(构成比)是否不同?

表 9-6　亚洲、欧洲和非洲地区人群血型样本的频数分布

| 地区 | A | B | AB | O | 合计 |
|---|---|---|---|---|---|
| 亚洲 | 1 080 | 321 | 369 | 95 | 295 |
| 欧洲 | 517 | 258 | 43 | 22 | 194 |
| 非洲 | 995 | 408 | 106 | 37 | 444 |
| 合计 | 2 592 | 987 | 518 | 154 | 933 |

本例为 3 个样本构成比的比较,是 3×4 表资料,$\chi^2$ 检验步骤如下:
(1) 建立检验假设,确定检验水准:
$H_0:$亚洲、欧洲和非洲地区人群的血型分布总体构成比相同

$H_1$:亚洲、欧洲和非洲地区人群的血型分布总体构成比不同或不全相同

$\alpha = 0.05$

（2）计算 $\chi^2$ 值:按式(9-9),计算 $\chi^2$ 值得:

$$\chi^2 = 2\,592 \times \left(\frac{321^2}{987 \times 1\,080} + \frac{369^2}{518 \times 1\,080} + \cdots + \frac{444^2}{933 \times 955} - 1\right) = 297.38$$

$$v = (3-1) \times (4-1) = 6$$

（3）确定 $P$ 值,作出推断结论:本例自由度 $v = 6$,查附表 8"$\chi^2$ 界值表",得 $\chi^2_{0.05,6} = 12.59$,现 $\chi^2 > \chi^2_{0.05,6}$,则 $P<0.05$。在 $\alpha = 0.05$ 的水准上,拒绝 $H_0$,接受 $H_1$。可以认为亚洲、欧洲和非洲地区人群的血型分布不同。

### 三、行×列表资料的 $\chi^2$ 检验的注意事项

1. $\chi^2$ 检验要求理论频数不能太小,一般认为行×列表资料中各格子的理论频数不应小于1,并且 $1 \leq T < 5$ 的格子数不应超过格子总数的 1/5。如果出现上述的情况,可以通过以下三种方法解决:①适当增加样本含量,以此来增大理论频数;②根据专业知识和具体情况,考虑删除理论频数太小的行或列,或者将理论频数太小的行或列与其他性质相似的邻行或邻列合并;③改用 $R \times C$ 表资料的 Fisher 确切概率法,在统计软件处理结果中有 Fisher 确切概率法的计算结果。

2. 多个样本率的比较,如果作出的推断结论为拒绝 $H_0$,接受 $H_1$ 时,只能说明各总体率之间总的来说是有差别的,但不能说明任两个总体率之间都有差别,要想进一步推断哪两个总体率之间有差别,需要做多个样本率的多重比较。

3. 对于有序分类变量的 $R \times C$ 表资料不宜使用 $\chi^2$ 检验,因为 $R \times C$ 表资料的 $\chi^2$ 检验与分类结果的排序无关。因此,在实际应用中对于 $R \times C$ 表资料要根据其分类类型和研究目的选用恰当的检验方法。对于 $R \times C$ 表单向有序资料组间的比较,可以选用后面第十章的秩和检验方法。

**知识拓展**

#### Fisher 确切概率法

当四格表资料中出现 $n<40$ 或 $T<1$ 的情况时,需使用四格表资料的 Fisher 确切概率法。该法是一种直接计算概率的假设检验方法,其理论依据是超几何分布(hypergeometric distribution)。四格表的确切概率法不属于 $\chi^2$ 检验的范畴,但常作为四格表资料假设检验的补充。

确切概率法计算的基本思想是在四格表周边合计数固定不变的条件下,利用确切概率法公式直接计算表内四格格子数据的各种组合的概率 $P_i$,然后计算单侧或双侧累计概率 $P$,并与检验水准 $\alpha$ 比较,作出是否拒绝 $H_0$ 的结论。确切概率法公式为:

$$P_i = \frac{(a+b)!\ (c+d)!\ (a+c)!\ (b+d)!}{a!\ b!\ c!\ d!\ n!}$$

式中:$a$、$b$、$c$、$d$ 为四格表的实际频数,$n$ 为总例数,即 $n = a+b+c+d$,$\sum P_i = 1$;"!"为阶乘符号,$0! = 1$。

**本章小结**

1. $\chi^2$ 检验的基本思想是用统计量度量实际频数和理论频数之间的偏离程度。$\chi^2$ 值越小,说明实际观察与理论假设越吻合。当根据样本计算出来的 $\chi^2$ 值大于理论上在 0.05 检验水准处的 $\chi^2$ 界值时,可以认为实际观察与理论假设不符。

2. 不同类型的资料,使用 $\chi^2$ 检验的公式也不同。独立四格表资料 $\chi^2$ 值计算公式有两种情况:

①当 $n \geq 40$ 且所有的 $T \geq 5$ 时,可以使用基本公式,也可以使用四格表资料专用公式;②当 $n \geq 40$ 但有 $1 \leq T < 5$ 时,需使用连续性校正公式。

配对四格表资料 $\chi^2$ 值计算公式有两种:①当 $(b+c) \geq 40$ 时,使用普通公式;②当 $(b+c) < 40$ 时,用其校正公式。

行×列表资料,$\chi^2$ 值计算公式可以使用 $\chi^2$ 检验的基本公式,也可使用行×列表的专用公式。

3. 在使用 $\chi^2$ 检验时,一定要注意理论频数 $T$ 不能太小,一般认为行×列表资料中各格子的理论频数不应小于 1,并且 $1 \leq T < 5$ 的格子数不应超过格子总数的 1/5。如果理论频数太小,最好的办法是适当增加样本含量,以增大理论频数;如果增加样本含量有困难,可以改用 $R \times C$ 表资料的 Fisher 确切概率法进行统计处理。

4. 对于多个样本率或构成比比较的 $\chi^2$ 检验,如果推断结论为拒绝 $H_0$ 的话,只能说明各总体率之间总的来说是有差别的,但不能说明任两个总体率之间都有差别。要想进一步推断哪两个总体率之间有差别,需要做多个样本率的多重比较。

（杜　光）

扫一扫,测一测

## 思考题

**一、简答题**

1. 简述 $\chi^2$ 检验的基本思想。

2. 对于独立四格表资料,如何正确选用 $\chi^2$ 值计算公式?

3. 行×列表资料的理论频数和自由度如何计算?

4. 简述行×列表资料的 $\chi^2$ 检验的注意事项。

**二、综合应用题**

1. 某康复医院用共鸣火花治疗瘾症患者 56 例,有效者 42 例;心理辅导法治疗瘾症患者 40 例,有效者 21 例。问两种疗法治疗瘾症的有效率有无差别?

2. 用某中药治疗慢性咽炎 34 例,有效者 31 例;用某西药治疗慢性咽炎患者 26 例,有效者 18 例。问两种药物治疗慢性咽炎的有效率有无差别?

3. 某医院用甲、乙两种方法检测 202 份痰标本中的抗酸杆菌,结果见表 9-7。问甲、乙两种方法的检出率有无差别?

表 9-7　两种方法检测痰标本中抗酸杆菌的结果

| 甲法 | 乙法 | | 合计 |
| --- | --- | --- | --- |
| | + | − | |
| + | 49 | 25 | 74 |
| − | 21 | 107 | 128 |
| 合计 | 70 | 132 | 202 |

4. 某医师欲研究腰椎间盘突出症治疗效果,将腰椎间盘突出症患者 294 例随机分成三组,分别用快速牵引法、物理疗法和骶裂孔药物注射法治疗,结果见表 9-8。问三种疗法治疗的有效率有无差别?

表 9-8　三种疗法治疗腰椎间盘突出症有效率的比较

| 疗法 | 有效 | 无效 | 合计 |
|---|---|---|---|
| 快速牵引法 | 120 | 25 | 145 |
| 物理疗法 | 60 | 27 | 87 |
| 骶裂孔药物注射法 | 40 | 22 | 62 |
| 合计 | 220 | 74 | 294 |

5. 某医师按照白血病患者的发病情况,将 308 例患者分成急性组和慢性组两组,并按 ABO 血型分类计数,结果见表 9-9。问两组患者血型总体构成有无差别?

表 9-9　308 例急、慢性白血病患者的血型分布

| 组别 | A | B | AB | O | 合计 |
|---|---|---|---|---|---|
| 急性组 | 60 | 47 | 21 | 61 | 189 |
| 慢性组 | 42 | 30 | 13 | 34 | 119 |
| 合计 | 102 | 77 | 34 | 95 | 308 |

# 第十章 秩和检验

学习目标

1. 掌握:配对设计差值的符号秩和检验;成组设计资料两样本比较的秩和检验;成组设计多样本比较的秩和检验步骤。
2. 熟悉:非参数统计基本概念和特点。
3. 了解:指标变量为有序分类变量假设检验应注意的问题。
4. 能说出秩和检验的适用范围。
5. 学会非参数统计假设检验方法。

## 第一节 非参数统计的概念

统计推断可分为参数估计(点估计、区间估计)和假设检验(参数检验和非参数检验)。前面介绍的 $z$ 检验、$t$ 检验和 $F$ 检验是以抽样总体为正态分布及方差为齐性,其统计推断的是两个或多个总体均数(总体参数)是否相等,这类统计方法称为参数统计(parametric statistics)。然而在实际工作中所获得的资料并非都服从正态分布,有的资料总体分布类型未知;有的资料已知总体分布类型,但不服从正态分布。此时参数统计的方法不适用,必须应用非参数统计的方法。

非参数统计对总体分布不做严格规定,不依赖总体分布类型,不对总体参数进行推断。它检验的是分布,而不是参数。不依赖于总体分布类型,不考虑总体参数,而对总体的分布或分布位置进行假设检验的方法称为非参数检验(nonparametric test),又称为"任意分布检验"。通常情况下非参数检验适用于以下类型的资料:

**1. 有序分类变量资料** 如疗效按治愈、显效、有效、无效分组的资料;临床化验结果按"−、±、+、++、+++、++++"分组的资料等。

**2. 偏态分布资料** 当观察值呈偏态分布,而又未经变量变换或虽经变换但仍未达到正态或近似正态分布。

**3. 分布不明的资料** 如新指标分布特征不明;小样本(如小于 50 例)但不趋向正态分布资料。

**4. 各组方差明显不齐,且不易变换达到齐性。**

**5. 组内个别观察值偏离过大的资料** 这里指随机的偏离,而不是"过失误差"。

**6. 开口分组资料** 数据分组某一端或两端无明确数值的资料,只给出一个下限或上限,而没有具体数值,如<0.01g、≥60 岁等。

非参数检验的主要优点是不受总体分布的限制,适用范围广。但对适宜用参数检验的资料,若用

笔记

非参数检验处理,常损失部分信息,降低检验效率,即出现第Ⅱ类错误的概率比参数检验大。因此,对于适合参数检验条件或经变量变换后适合于参数检验的资料,最好用参数检验。当资料不具备用参数检验的条件时,非参数检验便是很有效的分析方法。

非参数检验的方法很多,本章主要介绍基于秩次的非参数检验,也称秩和检验(rank sum test)。该方法是先将数值变量资料由小到大或登记资料由弱到强转换为秩次,然后利用秩次计算检验统计量,进而得出 $P$ 值下结论。秩和检验具有使用灵活、易于对各种设计类型的资料进行假设检验、检验效率较高等特点。

**知识拓展**

### 秩次与秩和

秩次(rank)是指全部观察值按照某种顺序排列的位序。例如,观测值 1、5、6、4、2,按从小到大排列其秩次分比为 1、4、5、3、2。秩和(rank sum)就是同组秩次之和。秩和检验以及其他的秩检验法都是建立在秩及秩统计量上的非参数方法。

## 第二节 配对设计资料的符号秩和检验

符号秩和检验(Wilcoxon signed-rank test)是 Wilcoxon 于 1945 年提出的,亦称为差数秩和检验,可用于推断总体中位数是否等于某个特定值,还可用于配对样本差值的总体中位数是否为 0。

**例 10-1** 某研究者欲研究保健食品对小鼠抗疲劳作用,将同种属的小鼠按性别和年龄相同、体重相近配成对子,共 10 对,并将每对中的两只小鼠随机分到保健食品两个不同的剂量组,到一定时期将小鼠杀死,测得其肝糖原含量(mg/100g),结果如表 10-1。问不同剂量组的小鼠肝糖原含量有无差别?

表 10-1 不同剂量组小鼠肝糖原含量

单位:mg/100g

| 小鼠对子号(1) | 中剂量组(2) | 高剂量组(3) | 差值(4)=(3)-(2) | 秩次(5) |
|---|---|---|---|---|
| 1 | 620 | 958 | 338 | 10 |
| 2 | 866 | 838 | −28 | −5 |
| 3 | 641 | 789 | 148 | 8 |
| 4 | 813 | 815 | 2 | 1.5 |
| 5 | 739 | 783 | 44 | 6 |
| 6 | 899 | 911 | 12 | 3 |
| 7 | 760 | 758 | −2 | −1.5 |
| 8 | 695 | 871 | 176 | 9 |
| 9 | 750 | 862 | 112 | 7 |
| 10 | 793 | 805 | 12 | 4 |
| 合计 | — | — | $T_+ = 48.5$ | $T_- = 6.5$ |

对表 10-1 中第(4)栏差值进行正态性检验,$W = 0.843$,$P = 0.048$。因此,不满足样本来自正态分布的条件,该资料宜用配对资料符号秩和检验。

检验步骤如下:

**1. 建立检验假设,确定检验水准**

$H_0$:差值的总体中位数 $M_d = 0$

$H_1$:差值的总体中位数 $M_d \neq 0$

$\alpha=0.05$

**2. 计算 $T$ 值**

（1）求差值：计算每对观察值的差值，见表 9-1 第（4）栏。

（2）编秩次：按差值的绝对值从小到大编秩次，即 $1、2、3、\cdots、n$，并按差值的正负标上正负号，如表 9-1 第（5）栏。编秩次时应注意：①遇差值为 0 时，弃去不计，对子数 $n$ 也随之减少；②遇有差值相等、符号相同时，按顺序编秩次并标上相应的正负号，如本例差值有两个 12，按顺序编为 3、4 即可；③遇有差值相同，但符号不同时，要取平均秩次并分别标上相应的正负号，如本例差值的绝对值有两个 2，它们的位次为 1 和 2，取平均秩次为 $(1+2)/2=1.5$。

（3）求秩和并确定检验统计量 $T$ 值：分别求出正负秩次之和，正秩和以 $T_+$ 表示，负秩和的绝对值以 $T_-$ 表示。$T_+$ 及 $T_-$ 之和等于 $n(n+1)/2$，即 $1+2+3+\cdots+n$ 之和。此式可验算 $T_+$ 和 $T_-$ 计算是否正确。本例 $T_+=48.5$，$T_-=6.5$，其和为 55，而 $10(10+1)/2=55$，可见 $T_+$、$T_-$ 计算无误。

取绝对值较小 $T$ 值为统计量 $T$，本例取 $T=T_-=6.5$。

**3. 确定 $P$ 值，作出推断结论**

（1）查表法：当 $n\leq50$ 时，查附表 9"$T$ 界值表"。查表时，自左侧找到 $n$，若检验统计量 $T$ 值在上、下界值范围内，其 $P$ 值大于表上方相应概率水平，差异无统计学意义；若 $T$ 值恰等于上、下界值或在界值的范围以外，则 $P$ 值等于或小于相应的概率水平，差异有统计学意义。本例 $n=10$，$T=6.5$，查附表 9"$T$ 界值表"，双侧 $T_{0.05,10}$ 为 $8\sim47$，故 $P<0.05$。按 $\alpha=0.05$ 的水准，拒绝 $H_0$，接受 $H_1$，差异有统计学意义。可认为该保健食品的不同剂量对小鼠肝糖原含量的作用不同，高剂量组较高。

（2）正态近似法：当 $n>50$ 超出了附表 9"$T$ 界值表"的范围，可按公式（10-1）计算 $z$ 值。

$$z=\frac{|T-n(n+1)/4|-0.5}{\sqrt{n(n+1)(2n+1)/24}}\tag{10-1}$$

因为当 $n$ 逐渐增大时，$T$ 值的分布将逐渐逼近均数为 $n(n+4)/4$、标准差为 $n(n+1)(2n+1)/24$ 的正态分布，故可按正态分布进行 $z$ 检验并作出结论。又因为 $T$ 值是不连续的，而 $z$ 分布是连续的，故公式（10-1）中用了连续性校正数 0.5，但一般影响甚微，常可省略。

当相同差数（不包括差数为 0 者）的个数较多时，用公式（10-1）求得的 $z$ 值偏小，宜改用（10-2）校正公式。

$$z_c=\frac{|T-n(n+1)/4|-0.5}{\sqrt{\dfrac{n(n+1)(2n+1)}{24}-\dfrac{\sum(t_j^3-t_j)}{48}}}\tag{10-2}$$

式中：$t_j$ 为第 $j(j=1,2,\cdots)$ 个相同差值的个数。假如差值中有 2 个 3，3 个 5，3 个 6，则 $\sum(t_j^3-t_j)=(2^3-2)+(3^3-3)+(3^3-3)=54$。

本法的基本思想是：若两组处理的效应相同，则每对变量差值的总体分布是以 0 对称的，即差数的总体中位数为 0。说明在 $H_0$ 成立的条件下，样本的 $T_+$ 和 $T_-$ 应相近，均接近于其均数 $n(n+1)/4$，则 $z$ 值较小；反之，若样本的 $T_+$ 和 $T_-$ 相差较大，则 $z$ 值较大，$H_0$ 成立的可能性较小，即由抽样误差所致的可能性较小，当 $P\leq\alpha$ 时，就拒绝 $H_0$。

## 第三节　两独立样本比较的秩和检验

两独立样本比较的秩和检验（Wilcoxon rank sum test）适用于完全随机设计两组数值变量资料和有序分类变量资料的比较，用于推断两样本分别代表的总体分布是否不同。

### 一、数值变量资料

例 10-2　某地职业病防治研究所欲比较使用二巯丁二钠与二巯基丙磺酸钠的驱汞效果，将 22 例汞中毒患者随机分配到两组，分别测定并计算两组驱汞的排汞比值，结果见表 10-2。问两药的驱汞效果有无差别？

表 10-2 两种药物驱汞药排汞效果比较

| 二巯丁二钠 | | 二巯基丙磺酸钠 | |
|---|---|---|---|
| 排汞比值 | 秩次 | 排汞比值 | 秩次 |
| 0.93 | 1.5 | 0.93 | 1.5 |
| 1.19 | 3 | 3.34 | 8 |
| 2.46 | 4 | 4.82 | 12 |
| 2.60 | 5 | 5.22 | 13 |
| 2.62 | 6 | 6.11 | 14 |
| 2.75 | 7 | 6.13 | 15 |
| 3.50 | 9 | 6.34 | 16 |
| 3.83 | 10 | 6.80 | 17 |
| 3.83 | 11 | 7.28 | 18 |
| 8.50 | 19 | 8.54 | 20 |
| | | 12.59 | 21 |
| | | 14.92 | 22 |
| $n_1 = 10$ | $T_1 = 75.5$ | $n_2 = 12$ | $T_2 = 177.5$ |

该资料为比值数据,不服从正态分布,所以不满足参数检验的条件,宜用 Wilcoxon 两样本秩和检验。

**1. 建立检验假设,确定检验水准**

$H_0$:两种药物排汞比值的总体分布位置相同

$H_1$:两种药物排汞比值的总体分布位置不同

$\alpha = 0.05$

**2. 计算 $T$ 值**

(1) 编秩次:将两组原始数据由小到大统一编秩次,编秩次时如遇同组相同数据按顺序编秩次,如本例二巯丁二钠组有 2 个 3.83,分别编秩次 10、11 即可;如遇不同组相同数据取原秩次的平均秩次,如本例两组各有一个 0.93,原秩次为 1 和 2,取平均秩次(1+2)/2=1.5。

(2) 求秩和并确定检验统计量 $T$ 值:可用公式(10-3)检验两样本秩和计算是否正确。

$$T_1 + T_2 = n(n+1)/2 \qquad (10\text{-}3)$$

式中:$n = n_1 + n_2$。

本例 $T_1 = 75.5$,$T_2 = 177.5$,$n = 10 + 12 = 22$,则 $75.5 + 177.5 = 22(22+1)/2 = 253$。

以 $n_1$ 和 $n_2$ 分别代表两样本含量,以样本含量小者为 $n_1$,其秩和 $T_1$ 为统计量 $T$;若 $n_1 = n_2$,可取任一组的秩和为 $T$。本例 $n_1 = 10$,$n_2 = 12$,检验统计量 $T = T_1 = 75.5$。

**3. 确定 $P$ 值,作出推断结论**

(1) 查表法:当 $n_1 \leqslant 10$、$n_2 - n_1 \leqslant 10$ 时,查附表 10"$T$ 界值表"。查表时,若统计量 $T$ 值在某一行的上界值、下界值范围内,其 $P$ 值大于表上方相应的概率水平,差异无统计学意义;若 $T$ 值恰等于上界值、下界值或在界值的范围以外,则 $P$ 值等于或小于相应的概率水平,差异有统计学意义。

本例 $T = 75.5$,以 $n_1 = 10$,$n_2 - n_1 = 2$,查附表 10"$T$ 界值表",双侧 $T_{0.05(10,2)}$ 为 84~146,现 $T$ 值在此范围以外,故 $P < 0.05$。按 $\alpha = 0.05$ 检验水准,拒绝 $H_0$,接受 $H_1$,差异有统计学意义。故可认为两种药物排汞比值效果有差别。

(2) 公式法:当 $n_1 > 10$ 或 $n_2 - n_1 > 10$ 时,超出附表 10 的范围,可按公式(10-4)求统计量 $z$ 值。

$$z = \frac{|T - n_1(N+1)/2| - 0.5}{\sqrt{n_1 n_2 (N+1)/12}} \qquad (10\text{-}4)$$

式中：$N = n_1 + n_2$。

当相同的秩次较多时（超过 25%），应按公式（10-5）对 $z$ 值进行校正，$z$ 值经校正后略大，$P$ 值相应减少。

$$z_c = \frac{z}{\sqrt{C}} \qquad (10\text{-}5)$$

式中：$C = 1 - \frac{\sum(t_j^3 - t_j)}{N^3 - N}$，$t_j$ 为第 $j$ 个相同秩次的个数。如果 $z$ 值已大于 $z_\alpha$，亦可不必校正。

本法的基本思想：若 $H_0$ 成立，则两样本来自分布类型相同的总体，两样本的平均秩应该相等或非常接近，且都与总平均秩相差很小，$n_1$ 样本的秩和 $T$ 应该接近平均秩和 $n_1(N+1)/2$（$N$ 为各处理组的总例数）。如果两者的偏离程度超出了给定范围，表示得到样本统计量 $T$ 的概率很小，当 $P < \alpha$ 时，则拒绝 $H_0$。

## 二、分类变量资料

例 10-3　某医生为评价某种中药治疗 1 型糖尿病和 2 型糖尿病的疗效，选取两种糖尿病患者 45 例，结果见表 10-3。问该中药对两型糖尿病患者的疗效有无差别？

表 10-3　某种中药治疗两型糖尿病的疗效比较

| 等级<br>（1） | Ⅰ型糖尿病<br>（2） | Ⅱ型糖尿病<br>（3） | 合计<br>（4） | 秩次范围<br>（5） | 平均秩次<br>（6） | 秩和 | |
| --- | --- | --- | --- | --- | --- | --- | --- |
| | | | | | | 1 型糖尿病<br>（7）=（2）×（6） | 2 型糖尿病（8）<br>=（3）×（6） |
| 无效 | 9 | 3 | 12 | 1~12 | 6.5 | 58.5 | 19.5 |
| 好转 | 8 | 9 | 17 | 13~29 | 21 | 168 | 189 |
| 显效 | 5 | 11 | 16 | 30~45 | 37.5 | 187.5 | 412.5 |
| 合计 | 22（$n_1$） | 23（$n_2$） | 45 | — | — | 414（$T_1$） | 621（$T_2$） |

由于本例资料属于有序分类变量资料的比较，宜用 Wilcoxon 两样本比较法。

**1. 建立检验假设，确定检验水准**

$H_0$：某种中药治疗两型糖尿病的疗效的总体分布位置相同

$H_1$：某种中药治疗两型糖尿病的疗效的总体分布位置不同

$\alpha = 0.05$

**2. 计算 $T$ 值**

（1）编秩次：本例为有序分类资料，先计算各等级的合计人数，见第（4）栏，再确定秩次范围。如无效者 12 例，其秩次范围 1~12，平均秩次为（1+12）/2=6.5，依此得第（6）栏。

（2）求两组的秩和：将第（6）栏分别乘以第（2）、（3）栏，相加即得两组各自的秩和，见第（7）、（8）栏合计。用公式（10-3）检查：$T_1 + T_2 = 414 + 621 = 1\,035$，$n(n+1)/2 = 45 \times (45+1)/2 = 1\,035$，可见计算无误。

（3）计算 $z$ 值：由于 $n_1 = 22$，超出了附表 10 的范围，故需用 $z$ 检验。本例 $n_1 = 22$，$T = T_1 = 414$，$N = 45$，代入公式（10-4）

$$z = \frac{|T - n_1(N+1)/2| - 0.5}{\sqrt{n_1 n_2 (N+1)/12}} = \frac{|414 - 22(45+1)/2| - 0.5}{\sqrt{22 \times 23(45+1)/12}} = 2.078$$

因为每个等级的人数表示相同秩次的个数 $t_j$，由于相同秩次过多，故需要按公式（10-5）计算 $z_c$ 值。

$$C = 1 - \frac{\sum (t_j^3 - t_j)}{N^3 - N} = 1 - \frac{(12^3 - 12) + (17^3 - 17) + (16^3 - 16)}{45^3 - 45} = 0.883$$

$$z_c = \frac{z}{\sqrt{C}} = \frac{2.078}{\sqrt{0.833}} = 2.211$$

**3. 确定 $P$ 值,作出推断结论**　查附表2"$t$ 界值表",$v = \infty$,$z_{0.05/2} = 1.96$,现 $z_c = 2.211 > 1.96$,故 $P <$ 0.05。按 $\alpha = 0.05$ 的水准,拒绝 $H_0$,接受 $H_1$,差异有统计学意义。可以认为该中药治疗两型糖尿病的疗效不同。

指标变量为有序分类变量假设检验应注意的问题:

1. 两组(或多组)指标变量为有序分类资料的比较,当 $P \leq \alpha$,差异有统计学意义时,可分别计算两组(或多组)的平均秩和($\overline{T}_i = T_i / n_i$),来说明两组(或多组)疗效的总的差别。例如,表10-3 按照从控制到无效顺序排列,疗效等级越好,平均秩次越小;疗效等级越差,平均秩次越大,所以平均秩和小的组疗效优于平均秩和大的组。反之,如果按照从无效到控制顺序排列,疗效等级越差,平均秩次越小;疗效等级越好,平均秩次越大,这时平均秩和大的组疗效优于平均秩和小的组。

2. 指标变量为有序分类资料的行×列表,不宜进行 $\chi^2$ 检验,因为行×列表在周边合计值不变的情况下,任意调换行或列的位置,$\chi^2$ 值都不会发生变化,但临床意义却发生了明显变化,秩和检验的检验统计量随之发生变化。

## 第四节　多个独立样本比较的秩和检验

完全随机设计多个样本比较的秩和检验(Kruskal-Wallis H test)主要适用于不宜用方差分析检验的多组数值变量资料以及有序分类资料的比较,该检验的目的是推断多组样本分别代表的总体分布是否不同。

### 一、数值变量资料

**例 10-4**　为研究精氨酸对小鼠截肢后淋巴细胞转化功能的影响,将 21 只昆明小鼠随机分成对照组 A、截肢组 B、截肢后用精氨酸治疗组 C 三组,实验观察脾淋巴细胞对 HPA 刺激的增殖反应,测量指标是 $^3$H 吸收量(cpm),数据见表 10-4。

表 10-4　脾淋巴细胞对 HPA 刺激增殖反应

| A | | B | | C | |
|---|---|---|---|---|---|
| $^3$H | 秩次 | $^3$H | 秩次 | $^3$H | 秩次 |
| 3 012 | 11 | 2 532 | 8 | 8 138 | 15 |
| 9 458 | 18 | 4 682 | 12 | 2 073 | 6 |
| 8 419 | 16 | 2 025 | 5 | 1 867 | 4 |
| 9 580 | 19 | 2 268 | 7 | 885 | 2 |
| 13 590 | 21 | 2 775 | 9 | 6 490 | 13 |
| 12 787 | 20 | 2 884 | 10 | 9 003 | 17 |
| 6 600 | 14 | 1 717 | 3 | 0 | 1 |
| 秩和 | 119 | — | 54 | — | 58 |
| 平均秩和 | 17.000 | — | 7.714 | — | 8.286 |
| 例数 | 7 | — | 7 | — | 7 |

**1. 建立检验假设,确定检验水准**

$H_0$:三组疗效相同

$H_1$：三组疗效不同或不全相同

$\alpha = 0.05$

### 2. 计算 H 值

（1）编秩：将各组资料的观测值从小到大排列起来混合编秩，相同数字在同一组时，顺序编秩；相同数字不在同一组时，取平均秩次。

（2）求秩和：分别计算各组的秩和 $R_i$，且 $\sum R_i = N(N+1)/2$。本例 $R_1 = 119$，$R_2 = 54$，$R_3 = 58$，且 $R_1 + R_2 + R_3 = 231$，总秩和 $= N(N+1)/2 = (21 \times 22)/2 = 231$，所以计算无误。

（3）计算 H 值：根据公式（10-6）计算检验统计量 H 值。

$$H = \frac{12}{N(N+1)} \sum \frac{R_i^2}{n_i} - 3(N+1) \tag{10-6}$$

式中：$n_i$ 为各样本含量，$N = \sum n_i$。

当各样本的相同秩次较多时（如超过 25%），如等级资料，由公式（10-6）计算得 H 值偏小，宜用公式（10-7）求校正 $H_c$ 值。

$$H_c = \frac{H}{C} \tag{10-7}$$

式中：$C = 1 - \dfrac{\sum(t_j^3 - t_j)}{(N^3 - N)}$，$t_j$ 为第 $j$ 个相同秩次的个数。

本例 $\qquad H = \dfrac{12}{21(21+1)}\left(\dfrac{119^2}{7} + \dfrac{54^2}{7} + \dfrac{58^2}{7}\right) - 3(21+1) = 9.848$

### 3. 确定 P 值，作出推断结论

（1）若组数 $k = 3$，每组例数 $n_i \le 5$ 时，可查附表 11"H 界值表"。若 $H < H_\alpha$，则 $P > \alpha$；反之，$H \ge H_\alpha$，$P \le \alpha$。

（2）若组数 $k > 3$ 或每组例数 $n_i > 5$ 时，H 分布近似服从 $v = k-1$ 的 $\chi^2$ 分布，可查附表 8"$\chi^2$ 界值表"，得 P 值。

本例 $n_i$ 均为 7，$v = k-1 = 3-1 = 2$，查附表 8"$\chi^2$ 界值表"得：$\chi^2_{0.01,2} = 9.21$，现 $H = 9.848 > \chi^2_{0.01,2} = 9.21$，故 $P < 0.01$。按 $\alpha = 0.05$ 的水准，拒绝 $H_0$，接受 $H_1$，差异有统计学意义。可认为三组小鼠脾细胞对 HPA 刺激的增殖反应不同或不全相同。

该方法的基本思想是：如果各组来自同一总体，即 $H_0$ 成立时，对各组观测值混合编秩后，各组的平均秩应近似相等；否则拒绝 $H_0$，可以推断数据的总体分布不同。

## 二、分类变量资料

**例 10-5** 四种疾病（A 支气管扩张、B 肺水肿、C 肺癌、D 病毒性呼吸道感染）患者痰液内嗜酸性粒细胞的检查结果见表 10-5 第（1）至（6）栏。问四种疾病患者痰液内嗜酸性粒细胞的等级分布有无差别？

表 10-5 四种疾病患者痰液内嗜酸性粒细胞的等级比较

| 等级 (1) | 例数 | | | | 合计 (6) | 秩次范围 (7) | 平均秩次 (8) | 秩和 | | | |
|---|---|---|---|---|---|---|---|---|---|---|---|
| | A (2) | B (3) | C (4) | D (5) | | | | A (9) | B (10) | C (11) | D (12) |
| − | 0 | 3 | 5 | 3 | 11 | 1~11 | 6 | 0 | 18 | 30 | 18 |
| + | 2 | 5 | 7 | 5 | 19 | 12~30 | 21 | 42 | 105 | 147 | 105 |
| ++ | 9 | 5 | 3 | 3 | 20 | 31~50 | 40.5 | 364.5 | 202.5 | 121.5 | 121.5 |
| +++ | 6 | 2 | 2 | 0 | 10 | 51~60 | 55.5 | 333 | 111 | 111 | 0 |
| 合计 | 17 | 15 | 17 | 11 | 60 | — | — | 739.5 | 436.5 | 409.5 | 244.5 |

**1. 建立检验假设,确定检验水准**

$H_0$:四种疾病患者痰液内嗜酸性粒细胞的总体分布相同

$H_1$:四种疾病患者痰液内嗜酸性粒细胞的总体分布不同或不全相同

$\alpha = 0.05$

**2. 计算 $H$ 值**

（1）编秩:先计算嗜酸性粒细胞各等级的合计,见表10-5第(6)栏,再确定秩次范围和计算平均秩次,如–级患者11例,其秩次范围1~11,平均秩次为(1+11)/2=6,依次得到表10-5中的第(7)栏和第(8)栏。

（2）求秩和:把表中的第(2)至第(5)栏分别乘第(8)栏,得到每组患者的秩和第(9)栏至第(12)栏。

$$总秩和 = N(N+1)/2 = 60 \times 61/2 = 1\,830$$

$R_1 + R_2 + R_3 + R_4 = 739.5 + 436.5 + 409.5 + 244.5 = 1\,830$,所以计算无误。

（3）计算 $H$ 值:按公式(10-6)计算得:

$$H = \frac{12}{N(N+1)} \sum \frac{R_i^2}{n_i} - 3(N+1)$$

$$= \frac{12}{60(60+1)} \left( \frac{739.5^2}{17} + \frac{436.5^2}{15} + \frac{409.5^2}{17} + \frac{244.5^2}{11} \right) - 3(60+1) = 14.28$$

由于本例每个等级的频数(即相同秩次的个数)较多,需按公式(10-7)计算校正 $H_c$ 值

$$C = 1 - \frac{\sum(t_j^3 - t_j)}{(N^3 - N)} = 1 - \frac{(11^3 - 11) + (19^3 - 19) + (20^3 - 20) + (10^3 - 10)}{(60^3 - 60)} = 0.92$$

$$H_c = \frac{H}{c} = \frac{14.28}{0.92} = 15.52$$

**3. 确定 $P$ 值,作出推断结论**　本例 $k = 4$,按 $v = 4-1 = 3$,查附表8"$\chi^2$ 界值表"得:$\chi^2_{0.005,3} = 12.84$,现 $H_c = 15.52 > 12.84$,故 $P < 0.005$。按 $\alpha = 0.05$ 的水准,拒绝 $H_0$,接受 $H_1$,差异有统计学意义。故可认为四种疾病患者痰液内嗜酸性粒细胞分布有差别。

## 本章小结

1. 非参数检验是不依赖总体分布类型,也不对总体参数进行推断的一类统计方法。它具有广泛的适应性和较好的稳定性;但若资料符合参数检验条件,用非参数检验会损失部分信息,降低检验效能。

2. 非参数检验方法较多,有秩和检验、符号检验、游程检验等。其中,秩和检验是比较系统和完整的一类非参数检验方法。

3. 非参数检验适用于:①有序分类变量资料;②总体分布类型不明的资料;③非正态分布的资料;④对比组间方差不齐的资料;⑤一端或两端观察值不确切的资料。

4. 秩和检验是将原数据转换为秩次,比较各组秩和的一类非参数检验方法。不同设计类型的秩和检验其编秩次、求秩和、计算统计量、确定 $P$ 值的方法有所不同。如配对资料编秩次绝对值相等符号相同,顺序编秩次;符号相反时,取平均秩次,正数的秩次为正数,负数的秩次为负数;两样本或多样本编秩次时,相同数据不在同一组时取平均秩次。两组平均秩次较多时可考虑统计量的校正。

5. 此外还需注意有序分类变量资料运用非参数检验可推断各等级强度的总体差别,而 $R \times C$ 列联表检验只是比较不同等级频数分布之间的构成比的差别。

（刘　凌）

扫一扫,测一测

## 思考题

### 一、简答题

1. 什么是非参数检验?

2. 秩和检验有哪些优缺点?

3. 两组或多组有序资料的比较,为什么宜用秩和检验而不用 $\chi^2$ 检验?

### 二、综合应用题

1. 某研究单位用减压蒸馏法和醋酸丁酯萃取法分离 10 种海产品中的无机砷和有机砷,然后测得 10 种海产品的有机砷含量见表 10-6。问就总体而言,两种分离方法的测定结果有无不同?

表 10-6　海产品中有机砷测定结果

单位:mg/kg

| 样品号 | 减压蒸馏法 | 醋酸丁酯萃取法 | 差值 | 秩次 |
|---|---|---|---|---|
| 1 | 25.80 | 23.80 | 2.00 | 9.5 |
| 2 | 68.80 | 69.91 | -1.11 | -8 |
| 3 | 21.45 | 23.45 | -2.00 | -9.5 |
| 4 | 9.20 | 8.92 | 0.28 | 5 |
| 5 | 15.22 | 14.71 | 0.51 | 7 |
| 6 | 1.52 | 1.68 | -0.16 | -2 |
| 7 | 11.75 | 11.24 | 0.51 | 6 |
| 8 | 4.93 | 4.68 | 0.25 | 3 |
| 9 | 1.82 | 1.56 | 0.26 | 4 |
| 10 | 0.31 | 0.29 | 0.02 | 1 |

2. 雌鼠两组分别给以高蛋白和低蛋白的饲料,实验时间自生后 28~84 天止,计 8 周,观察各鼠所增体重,结果如表 10-7。问两种饲料对雌鼠体重增加有无显著影响?

表 10-7　两种饲料雌鼠体重增加量

单位:g

| 高蛋白组 | 低蛋白组 | 高蛋白组 | 低蛋白组 |
|---|---|---|---|
| 83 | 65 | 123 | 101 |
| 97 | 70 | 124 | 107 |
| 104 | 70 | 129 | 122 |
| 107 | 78 | 134 | |
| 113 | 85 | 146 | |
| 119 | 94 | 161 | |

3. 甲地 8 眼井和乙地 10 眼井的水质氟化物含量测定结果见表 10-8。问就总体而言,两地井水氟化物含量有无差别?

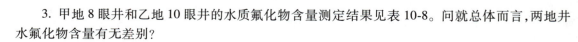

表 10-8　甲地 8 眼井和乙地 10 眼井的水质氟化物含量测定结果

单位：mg/L

| | | | | | | | | | |
|---|---|---|---|---|---|---|---|---|---|
| 甲地 | 0.000 | 0.001 | 0.002 | 0.002 | 0.008 | 0.008 | 0.009 | 0.01 | |
| 乙地 | 0.002 | 0.002 | 0.004 | 0.006 | 0.026 | 0.05 | 0.09 | 0.13 | 0.14 | 0.25 |

4. 对正常人、单纯性肥胖人及皮质醇增多症三组人群的血浆皮质醇含量进行测定，其结果见表 10-9。问三组人的血浆皮质醇含量的差异有无统计学意义？

表 10-9　三组人的血浆皮质醇测定值

单位：nmol/L

| | | | | | | | | | |
|---|---|---|---|---|---|---|---|---|---|
| 正常人 | 0.4 | 1.9 | 2.2 | 2.5 | 2.8 | 3.1 | 3.7 | 3.9 | 4.6 | 7.0 |
| 单纯性肥胖人 | 0.6 | 1.2 | 2.0 | 2.4 | 3.1 | 4.1 | 5.0 | 5.9 | 7.4 | 13.6 |
| 皮质醇增多症 | 9.8 | 10.2 | 10.6 | 13.0 | 14.0 | 14.8 | 15.6 | 15.6 | 21.6 | 24.0 |

# 第十一章 直线相关与回归

**学习目标**

1. 掌握:相关与回归的概念;相关系数与回归系数的意义和计算;相关系数与回归系数的假设检验。

2. 熟悉:相关与回归的区别与联系;相关分析与回归分析中应注意的问题;秩相关的应用条件。

3. 了解:最小二乘法原理;直线回归方程的应用。

4. 具有判断事物间有无因果关系的能力。

5. 对所给资料能进行直线相关与回归分析。

在前面章节的统计分析中所研究的资料仅涉及一个变量,主要是描述某个变量的统计特征或对某个变量进行统计分析。如求出某个变量的集中趋势和离散趋势指标,对某个变量进行参数估计或假设检验。然而自然界中的现象并非是孤立存在的,它们相互依赖、相互制约。在医学研究中也会涉及两个或两个以上的变量,如人的身高与体重、体温与脉搏、年龄与血压、体重与肺活量等,这些变量间存在着一定的关系。

一般来说,变量之间的关系分为确定性关系和非确定性关系两大类。确定性关系就是大家所熟知的函数关系,如圆的面积 $S$ 和半径 $r$ 的函数关系式为 $S=\pi r^2$。而非确定性关系就不是函数关系,如人的年龄与血压、体重与肺活量之间的关系。同年龄人的血压有高有低,体重相同的人肺活量有大有小,统计学上把这种非确定性关系称为相关关系(correlation)。研究具有相关关系变量间的数量关系式的统计方法称为回归分析(regression)。本章主要讨论变量间的直线相关与回归分析。

## 第一节 直 线 相 关

### 一、相关系数的意义

#### (一)散点图

在双变量的关系分析中,将其中一个变量称为自变量,用 $X$ 表示,另一变量称为因变量,用 $Y$ 表示。将 $X$、$Y$ 的数据点在直角坐标系中描绘出来,这种分布图称为散点图(scatter diagram)。从散点图上可以观察到因变量随自变量变化而变化的大致趋势,当两变量在散点图上的变化呈直线趋势时称为直线相关(linear correlation)或简单相关(simple correlation)。直线相关常用于分析双变量正态分布(bivariate normal distribution)资料。

　　下面来看几种常见的散点图（图 11-1）。在图 11-1 中,图（a）$X$ 增加,$Y$ 也在增加,称为正相关（positive correlation）;图（b）$X$ 增加,$Y$ 在减少,称为负相关（negative correlation）;图（e）$X$ 增加,$Y$ 也在增加,且散点完全分布在一条直线上,称为完全正相关（perfect positive correlation）;图（f）$X$ 增加,$Y$ 在减少,且散点完全分布在一条直线上,称为完全负相关（perfect negative correlation）;图（c）$X$ 与 $Y$ 的变化无任何规律,图（g）和图（h）散点虽然完全分布在一条直线上,但前者 $X$ 改变而 $Y$ 不变,后者 $Y$ 改变而 $X$ 不变,这几种情形称为零相关（zero correlation）;图（d）$X$ 与 $Y$ 分布在一条曲线上,称为非线性相关（nonlinear correlation）。

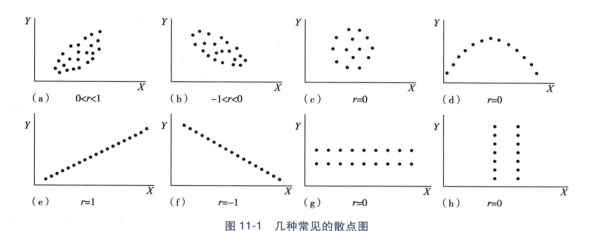

图 11-1　几种常见的散点图

### （二）相关系数的概念

　　用于描述两变量间相关密切程度和相关方向的统计指标称为相关系数（correlation coefficient）,又称为 Pearson 积矩相关系数（Pearson product moment correlation）。总体相关系数用符号 $\rho$ 表示,样本相关系数用符号 $r$ 表示。相关系数没有单位,其取值范围为 $-1 \leqslant r \leqslant 1$。$r>0$ 时称为正相关,$r<0$ 时称为负相关;$|r|$ 越接近 1,表示两变量的相关程度愈高;$|r|$ 愈接近 0,表示两变量相关程度越低;当 $|r|=0$ 时,表示两变量无直线相关关系。

　　一般来说,当样本含量较大的情况下（$n>100$）,大致可按下列标准估计两变量相关的程度:

$|r| \geqslant 0.7$ 高度相关;

$0.7>|r| \geqslant 0.4$ 中度相关;

$0.4>|r| \geqslant 0.2$ 低度相关。

## 二、相关系数的计算

　　样本相关系数 $r$ 的计算公式为

$$r = \frac{\sum (X-\overline{X})(Y-\overline{Y})}{\sqrt{\sum (X-\overline{X})^2}\sqrt{\sum (Y-\overline{Y})^2}} = \frac{l_{XY}}{\sqrt{l_{XX}l_{YY}}} \tag{11-1}$$

　　式中:$l_{XX}$ 与 $l_{YY}$ 分别为变量 $X$ 与 $Y$ 的离均差平方和,$l_{XY}$ 为两变量 $X$、$Y$ 的离均差积和。

$$l_{XX} = \sum X^2 - \frac{(\sum X)^2}{n} \tag{11-2}$$

$$l_{YY} = \sum Y^2 - \frac{(\sum Y)^2}{n} \tag{11-3}$$

$$l_{XY} = \sum XY - \frac{(\sum X)(\sum Y)}{n} \tag{11-4}$$

　　**例 11-1**　某医师随机抽取了 12 名 20 岁健康男大学生,并测量了他们的身高与前臂长,资料见表 11-1。试求身高与前臂长的相关系数。

表 11-1 12 名 20 岁健康男大学生身高与前臂长资料

| 编号 | 1 | 2 | 3 | 4 | 5 | 6 | 7 | 8 | 9 | 10 | 11 | 12 |
|------|-----|-----|-----|-----|-----|-----|-----|-----|-----|-----|-----|-----|
| 身高/cm | 165 | 180 | 178 | 170 | 160 | 173 | 183 | 166 | 155 | 188 | 190 | 171 |
| 前臂长/cm | 43 | 45 | 47 | 47 | 44 | 42 | 46 | 44 | 41 | 49 | 50 | 47 |

（1）绘制散点图：如图 11-2 所示。

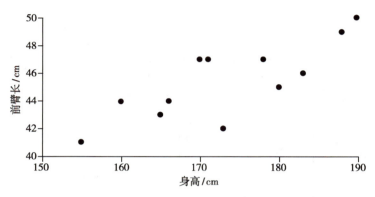

图 11-2 12 名 20 岁男大学生身高与前臂长散点图

（2）列相关系数计算表：从图 11-2 中可知,这些点近似分布在一条直线上,呈线性趋势。列出相关系数计算表,如表 11-2 所示。

表 11-2 例 11-1 相关系数计算表

| 编号 | 身高/cm $X$ | 前臂长/cm $Y$ | $X^2$ | $Y^2$ | $XY$ |
|------|-------|-------|---------|--------|--------|
| 1 | 165 | 43 | 27 225 | 1 849 | 7 095 |
| 2 | 180 | 45 | 32 400 | 2 025 | 8 100 |
| 3 | 178 | 47 | 31 684 | 2 209 | 8 366 |
| 4 | 170 | 47 | 28 900 | 2 209 | 7 990 |
| 5 | 160 | 44 | 25 600 | 1 936 | 7 040 |
| 6 | 173 | 42 | 29 929 | 1 764 | 7 266 |
| 7 | 183 | 46 | 33 489 | 2 116 | 8 418 |
| 8 | 166 | 44 | 27 556 | 1 936 | 7 304 |
| 9 | 155 | 41 | 24 025 | 1 681 | 6 355 |
| 10 | 188 | 49 | 35 344 | 2 401 | 9 212 |
| 11 | 190 | 50 | 36 100 | 2 500 | 9 500 |
| 12 | 171 | 47 | 29 241 | 2 209 | 8 037 |
| 合计 | 2 079 | 545 | 361 493 | 24 835 | 94 683 |

（3）计算相关系数 $r$：已知 $n = 12$,把表 11-2 的结果代入公式(11-2)、(11-3)、(11-4)、(11-1)得

$$l_{XX} = \sum X^2 - \frac{(\sum X)^2}{n} = 361\ 493 - \frac{2\ 079^2}{12} = 1\ 306.25$$

$$l_{YY} = \sum Y^2 - \frac{(\sum Y)^2}{n} = 24\ 835 - \frac{545^2}{12} = 82.92$$

$$l_{XY} = \sum XY - \frac{(\sum X)(\sum Y)}{n} = 94\ 683 - \frac{2\ 079 \times 545}{12} = 261.75$$

$$r = \frac{l_{XY}}{\sqrt{l_{XX} l_{YY}}} = \frac{261.75}{\sqrt{1\ 306.25 \times 82.92}} = 0.795\ 3$$

笔记

### 三、相关系数的假设检验

例 11-1 的相关系数虽然计算出来,但还不能认为该地健康男大学生的身高与前臂长存在直线相关关系,因为它只是一个样本相关系数,仅为总体相关系数 $\rho$ 的估计值。要判断 $r$ 是否来自总体相关系数 $\rho=0$ 的一个样本,还需对相关系数进行假设检验后才能判断 $X$ 与 $Y$ 是否存在直线相关关系。相关系数的假设检验常用 $t$ 检验法和查表法。

#### （一）$t$ 检验

$$t_r = \frac{|r-0|}{S_r} = \frac{|r|}{S_r}, \text{自由度 } \nu = n-2 \tag{11-5}$$

$$S_r = \sqrt{\frac{1-r^2}{n-2}} \tag{11-6}$$

式中:$S_r$ 为相关系数的标准误。

例 11-2　对例 11-1 资料所得 $r$ 值,检验 20 岁健康男大学生的身高与前臂长是否存在直线相关关系。

（1）建立检验假设,确定检验水准:

$H_0:\rho=0$,两变量间无直线相关关系

$H_1:\rho\neq0$,两变量间有直线相关关系

$\alpha=0.05$

（2）计算 $t_r$ 值:已知 $n=12$,$r=0.7953$,代入公式(11-5)、(11-6)得:

$$t_r = \frac{r}{\sqrt{\frac{1-r^2}{n-2}}} = \frac{0.7953}{\sqrt{\frac{1-0.7953^2}{12-2}}} = 4.149$$

（3）确定 $P$ 值,作出推断结论:按 $\nu=n-2=10$,查 $t$ 界值表,$t_{0.002/2,10}=4.144$,现 $t_r>4.144$,故 $P<0.002$。按 $\alpha=0.05$ 的检验水准,拒绝 $H_0$,接受 $H_1$,可认为该地 20 岁健康男大学生的身高与前臂长呈正相关关系。

#### （二）查表法

附表 12"$r$ 界值表"列出相关系数 $r$ 与 0 差别有无统计学意义的判断界值,按自由度 $\nu=n-2$ 查 $r$ 界值表,当 $r\geq r_{\alpha/2,(n-2)}$ 时,则 $P\leq\alpha$,可认为两变量间存在直线相关关系;反之,$r<r_{\alpha/2,(n-2)}$ 时,则 $P>\alpha$,则认为两变量间不存在直线相关关系。

例 11-3　对例 11-1 资料所得 $r$ 值,用查表法检验 20 岁健康男大学生的身高与前臂长是否存在直线相关关系。

本例 $r=0.7953$,按 $\nu=10$ 查附表 12,得 $r_{0.002/2,10}=0.795$,现 $r>r_{0.002/2,10}$,故 $P<0.002$,按 $\alpha=0.05$ 的检验水准,拒绝 $H_0$,接受 $H_1$,检验结果与 $t$ 检验相同。

## 第二节　直线回归

### 一、直线回归的基本概念

在描述两变量 $X$ 与 $Y$ 的关系时,如果散点图呈直线趋势或有直线相关关系,可以用一个直线方程来表示两个变量在数量上的依存关系,这个直线方程称为回归方程(regression equation)。用直线回归方程表示两个变量在数量上的依存关系的统计分析方法叫做回归分析。但这个回归方程与数学上的直线方程有所不同,因为这些变量的点并不是完全分布在一条直线上,故把回归方程表示为:

$$\hat{Y}=a+bX \tag{11-7}$$

式中：

$$b = \frac{\sum (X-\overline{X})(Y-\overline{Y})}{\sum (X-\overline{X})^2} = \frac{l_{XY}}{l_{XX}} \tag{11-8}$$

$$a = \overline{Y} - b\overline{X} \tag{11-9}$$

这里 $\hat{Y}$ 就是给定 $X$ 时 $Y$ 的估计值，$a$ 为回归直线 $Y$ 轴上的截距（intercept），称为回归方程的常数项，其意义是当 $X$ 等于 0 时，$Y$ 的平均估计值。$b$ 为回归方程的斜率，称为回归系数（regression coefficient），其统计学意义是当 $X$ 变化一个单位时 $Y$ 的平均改变的估计值。$b>0$ 时，$X$ 增加 $Y$ 也增加；$b<0$ 时，$X$ 增加 $Y$ 减少；$b=0$ 时，$X$ 与 $Y$ 无直线回归关系。方程 $\hat{Y}=a+bX$ 中的 $a$、$b$ 是两个待定参数，计算 $a$、$b$ 这两个值的数学原理是最小二乘法（least square method），即实测点 $Y$ 值到回归直线的纵向距离的平方和 $Q=\sum(y-\hat{y})^2$ 最小。

## 二、直线回归方程的计算

**例 11-4**　利用例 11-1 资料，已知 12 名 20 岁健康男大学生的身高与前臂长存在直线相关关系，求身高与前臂长的直线回归方程。

计算步骤：

（1）列回归系数计算表：同表 11-2，求出 $\sum X$、$\sum Y$、$\sum XY$、$\sum X^2$、$\sum Y^2$。

本例 $\sum X = 2\,079$，$\sum Y = 545$，$\sum XY = 94\,683$，$\sum X^2 = 361\,493$，$\sum Y^2 = 24\,835$。

（2）求 $\overline{X}$、$\overline{Y}$、$l_{XX}$、$l_{XY}$：

$$\overline{X} = \frac{\sum X}{n} = \frac{2\,079}{12} = 173.25$$

$$\overline{Y} = \frac{\sum Y}{n} = \frac{545}{12} = 45.42$$

前面已经计算出 $l_{XX} = 1\,306.25$，$l_{XY} = 261.75$

（3）求回归系数 $b$ 和截距 $a$：

$$b = \frac{l_{XY}}{l_{XX}} = \frac{261.75}{1\,306.25} = 0.200\,4$$

$$a = \overline{Y} - b\overline{X} = 45.42 - 0.200\,4 \times 173.25 = 10.70$$

（4）列出回归方程：将求出的 $a$ 和 $b$ 代入公式（11-7）得：

$$\hat{Y} = 10.70 + 0.200\,4X$$

（5）绘制回归直线：为了更直观的分析或实际需要，将求出的直线方程在方格坐标纸上作图。在自变量 $X$ 的实测值范围，任意指定相距较远且易读的两个数值，代入直线回归方程，求出相应的 $Y$ 的估计值，确定两点，用直线连接。如本例取 $X_1 = 155$，则 $\hat{Y}_1 = 41.77$；$X_2 = 190$，则 $\hat{Y}_2 = 48.78$。在图上确定 $(155, 41.77)$ 和 $(190, 48.78)$ 两个点，直线连接，即得出直线回归方程 $\hat{Y} = 10.70 + 0.200\,4X$ 的图形（图 11-3）。绘制的直线必然通过 $(\overline{X}, \overline{Y})$。另外，此直线为线段，只允许在 $X$ 的实测值范围内，不能随意延长。

## 三、回归系数的假设检验

虽然回归方程已经建立好，但还不能断定 $X$ 与 $Y$ 在数量上存在依存关系。这是因为 $b$ 只是一个样本回归系数，仅为总体回归系数 $\beta$ 的一个估计值，由于抽样误差是客观存在的，还需检验 $b$ 是否来自于总体回归系数 $\beta=0$ 的一个样本。值得一提的是，若 $\beta=0$，则 $\hat{Y}=a$，不论 $X$ 如何变化，$\hat{Y}$ 都不会发生改变，回归方程无意义。回归系数的假设检验有 $t$ 检验和方差分析，这里仅介绍 $t$ 检验，方差分析请查阅有关书籍。

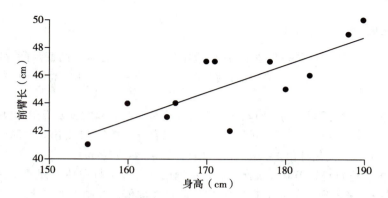

图 11-3　12 名 20 岁男大学生身高与前臂长回归直线

$$t_b = \frac{|b-0|}{S_b} = \frac{|b|}{S_b}, v = n-2 \tag{11-10}$$

$$S_b = \frac{S_{Y \cdot X}}{\sqrt{l_{XX}}} \tag{11-11}$$

$$S_{Y \cdot X} = \sqrt{\frac{\sum (Y-\hat{Y})^2}{n-2}} = \sqrt{\frac{l_{YY}-l_{XY}^2/l_{XX}}{n-2}} \tag{11-12}$$

式中：$S_b$ 是样本回归系数 $b$ 的标准误，表示样本回归系数的变异程度；$S_{Y \cdot X}$ 为剩余标准差（residual standard deviation），是指扣除 $X$ 对 $Y$ 的影响后 $Y$ 对回归直线的离散程度。

**例 11-5**　根据例 11-4 的结果，用 $t$ 检验法检验身高与前臂长有无直线回归关系。

（1）建立检验假设，确定检验水准：

$H_0: \beta = 0$，即身高与前臂长无直线回归关系

$H_1: \beta \neq 0$，即身高与前臂长有直线回归关系

$\alpha = 0.05$

（2）计算 $t_b$ 值：前已求出 $l_{XX} = 1\,306.25$，$l_{YY} = 82.92$，$l_{XY} = 261.75$，代入上述公式有：

$$S_{Y \cdot X} = \sqrt{\frac{l_{YY}-l_{XY}^2/l_{XX}}{n-2}} = \sqrt{\frac{82.92-261.75^2/1\,306.25}{12-2}} = 1.745\,6$$

$$S_b = \frac{S_{Y \cdot X}}{\sqrt{l_{XX}}} = \frac{1.745\,6}{\sqrt{1\,306.25}} = 0.048\,3$$

$$t_b = \frac{|b|}{S_b} = \frac{0.200\,4}{0.048\,3} = 4.149$$

（3）确定 $P$ 值，作出推断结论：按 $v = n-2 = 10$，查附表 2"$t$ 界值表"，$t_{0.002/2,10} = 4.144$，现 $t_b > 4.144$，故 $P < 0.002$。按 $\alpha = 0.05$ 的检验水准，拒绝 $H_0$，接受 $H_1$，可认为 20 岁健康男大学生的身高与前臂长存在直线回归关系。

### 四、总体回归系数的区间估计

样本回归系数 $b$ 只是总体回归系数 $\beta$ 的一个估计值。类似于总体均数的可信区间的估计，$\beta$ 的双侧（$1-\alpha$）可信区间可由公式（11-13）计算：

$$b \pm t_{\alpha/2,v} S_b \tag{11-13}$$

**例 11-6**　根据例 11-4 中所得的 $b = 0.200\,4$，估计其总体回归系数的双侧 95% 可信区间。

上述假设检验中已得出 $S_b = 0.048\,3$，自由度 $v = 10$，查 $t$ 界值表，得到 $t_{0.05/2,10} = 2.228$，按公式（11-13）计算出 $\beta$ 的 95%可信区间为（0.092\,8，0.308\,0）。得出 $\beta$ 的 95%的可信区间中未包含 0，这与前面假设检验结果一致。

## 五、直线回归方程的应用

**1. 描述两变量之间的依存关系**　通过回归系数的假设检验,若认为两变量间存在着直线回归关系,则可用直线回归来描述。例 11-4 算得的回归方程 $\hat{Y}=10.70+0.2004X$,就是 20 岁男青年身高对前臂长的表达式。

**2. 利用回归方程进行预测**　利用回归方程进行预测是回归方程的重要应用。也就是在已知自变量 $X$ 时,将 $X$ 代入直线回归方程,可得到因变量 $Y$ 的估计值 $\hat{Y}$。在例 11-4 建立的回归方程式中,当身高 $X=170(\mathrm{cm})$ 时,前臂长的估计值 $\hat{Y}=10.70+0.2004\times170=44.77(\mathrm{cm})$。

**3. 利用回归方程进行统计控制**　统计控制是利用回归方程进行逆估计,即要求因变量 $Y$ 值在一定范围内波动,进一步来得到自变量 $X$ 的取值,然后通过 $X$ 取值来控制 $Y$ 的变化。

# 第三节　进行直线相关与回归分析时应注意的问题

## 一、直线相关与回归分析的注意事项

1. 进行相关与回归分析要有实际意义,不要把两种毫无关联的现象拿来做相关与回归分析。

2. 在进行直线相关与回归分析之前,应先绘制散点图。当观测点的分布呈直线趋势时,方可进行相关与回归分析;如散点图呈曲线趋势,应进行曲线回归分析;当出现离群值时,慎用相关分析。两变量之间的关系除了从专业角度考虑,对现有数据来说,散点图是很重要的提示,否则相关分析有时易造成假象。

3. 相关关系不一定是因果关系,也可能是伴随关系。相关分析是用相关系数来说明两事物间关系的密切程度和方向,有相关关系并不能说明事物间确实存在因果联系。决不能因为相关系数的假设检验有统计学意义,就认为两者之间存在因果关系。要证明两事物间是否存在因果关系,必须凭借专业知识加以证明。

4. 回归方程一般只适用于自变量 $X$ 的原始数据范围内,不能任意外延。因为超出这个范围,$X$ 与 $Y$ 就不一定呈线性关系。

5. 建立回归方程的条件(时间、地点、方法、测量仪器等)一旦改变,原回归方程就不宜继续使用。

## 二、直线相关与回归的区别与联系

### (一)区别

**1. 资料要求不同**　相关分析要求两变量 $X$ 与 $Y$ 均为服从正态分布的随机变量,即两者都不能预先指定。回归分析要求 $Y$ 为随机变量且必须服从正态分布,若 $X$ 是一确定值,此时回归分析称为 I 型回归;若 $X$ 是服从正态分布的随机变量,此时回归分析称为 II 型回归。

**2. 统计意义不同**　相关反映两变量间的伴随关系,这种关系是相互的、对等的,不一定有因果关系。回归则反映两变量间数量上的依存关系,有自变量与因变量之分,一般将"因"或较易测定、变异较小者定为自变量。这种依存关系可能是因果关系或从属关系。

**3. 分析目的不同**　相关分析的目的是把两变量间直线关系的密切程度及方向用相关系数表示出来;回归分析的目的则是把自变量与因变量间的关系用函数公式定量表达出来。

### (二)联系

**1. 变量间关系的方向一致**　对于同一资料,$r$ 与 $b$ 的符号一致。

**2. 假设检验等价**　对于同一资料,$t_r=t_b$。如例 11-1,$t_r=t_b=4.149$。由于 $t_b$ 计算较复杂,在实际工作中常以 $r$ 的假设检验代替对 $b$ 的检验。

**3. $r$ 与 $b$ 值可相互换算**

$$r=b\sqrt{\frac{l_{XX}}{l_{YY}}} \tag{11-14}$$

$$b = r\sqrt{\frac{l_{YY}}{l_{XX}}} \tag{11-15}$$

### 决 定 系 数

$R$ 的平方称为决定系数,也称为拟合优度,即 $R^2 = r^2 = \frac{l_{XY}}{l_{XX}l_{YY}} = \frac{SS_{回归}}{SS_{总}}$。它说明了在 $SS_总$ 不变的情况下,回归平方和的大小决定的相关系数的大小。$R^2$ 反映出回归平方和在总平方和中所占的比重。$R^2$ 越接近 1,回归效果越好。应用决定系数还可以从回归对相关系数作进一步的解释。例如,$r = 0.5$,则 $R^2 = 0.25$,说明一个变量的变异仅有 25% 由另一个变量所引起。

## 第四节　秩相关分析

前面所研究的直线相关分析要求资料服从双变量的正态分布,对于那些资料分布类型不明、呈偏态分布和有序分类变量资料,就不能沿用前面的方法,要描述两事物间的相关关系,常采用秩相关(rank correlation)来分析两个变量相关方向与密切程度。秩相关也称等级相关,属于非参数统计方法,可用于有序分类变量或相对数表示的资料,具有适用范围广、方法简便、易于计算等优点。本节主要介绍常用的 Spearman 秩相关分析法。

### 一、秩相关系数的计算

Spearman 秩相关分析法(Spearman rank correlation)是将原始数据 $X$、$Y$ 按数值从小到大排序编秩,以秩次作为新的变量计算秩相关系数(rank correlation coefficient)系数 $r_s$,它用来表示 $X$ 与 $Y$ 间关系的密切程度和方向的统计指标。与直线相关系数 $r$ 一样,$r_s$ 相关系数的取值范围也在 $-1 \le r_s \le 1$ 之间,$r_s < 0$ 为负相关,$r_s > 0$ 为正相关。秩相关系数 $r_s$ 是总体相关系数 $\rho_s$ 的估计值。

Spearman 秩相关系数 $r_s$ 计算公式为:

$$r_s = \frac{l_{pq}}{\sqrt{l_{pp}l_{qq}}} \tag{11-16}$$

$$l_{pq} = \sum pq - \frac{\sum p \sum q}{n} \tag{11-17}$$

$$l_{pp} = \sum p^2 - \frac{(\sum p)^2}{n} \tag{11-18}$$

$$l_{qq} = \sum q^2 - \frac{(\sum q)^2}{n} \tag{11-19}$$

式中:$p$、$q$ 分别为变量 $X$、$Y$ 的秩次。

**例 11-7**　在肝癌病因研究中,某地调查了 10 个乡肝癌死亡率(1/10 万)与某种食物中黄曲霉毒素相对含量(以最高含量为 10),资料见表 11-3(2)、(4)两栏。试求黄曲霉毒素相对含量与肝癌死亡率的秩相关系数 $r_s$。

计算步骤如下:

1. 先将 $X$、$Y$ 分别由小到大编秩次,见表 11-3 中的第(3)栏和第(5)栏。在编秩过程中遇到数字相同时,求平均秩次。

2. 计算出 $p^2$、$q^2$ 和 $pq$ 见表中的第(6)、第(7)和第(8)栏。

3. 计算 Spearman 秩相关系数 $r_s$。

表 11-3 黄曲霉毒素相对含量与肝癌死亡率

| 乡编号<br>（1） | 黄曲霉毒素相对含量 | | 肝癌死亡率/1·10 万$^{-1}$ | | $p^2$<br>（6） | $q^2$<br>（7） | $pq$<br>（8） |
| --- | --- | --- | --- | --- | --- | --- | --- |
| | $X$<br>（2） | $p$（秩次）<br>（3） | $Y$<br>（4） | $q$（秩次）<br>（5） | | | |
| 1 | 0.7 | 1 | 21.5 | 3 | 1 | 9 | 3 |
| 2 | 1.0 | 2 | 18.9 | 2 | 4 | 4 | 4 |
| 3 | 1.7 | 3 | 14.4 | 1 | 9 | 1 | 3 |
| 4 | 3.7 | 4 | 46.5 | 7 | 16 | 49 | 28 |
| 5 | 4.0 | 5 | 27.3 | 4 | 25 | 16 | 20 |
| 6 | 5.1 | 6 | 64.6 | 9 | 36 | 81 | 54 |
| 7 | 5.6 | 7 | 46.3 | 6 | 49 | 36 | 42 |
| 8 | 5.7 | 8 | 34.2 | 5 | 64 | 25 | 40 |
| 9 | 5.9 | 9 | 77.6 | 10 | 81 | 100 | 90 |
| 10 | 10.0 | 10 | 55.1 | 8 | 100 | 64 | 80 |
| 合计 | — | 55 | — | 55 | 385 | 385 | 364 |

$$l_{pq} = \sum pq - \frac{\sum p \sum q}{n} = 364 - \frac{55 \times 55}{10} = 61.5$$

$$l_{pp} = \sum p^2 - \frac{(\sum p)^2}{n} = 385 - \frac{55^2}{10} = 82.5$$

$$l_{qq} = \sum q^2 - \frac{(\sum q)^2}{n} = 385 - \frac{55^2}{10} = 82.5$$

$$r_s = \frac{l_{pq}}{\sqrt{l_{pp} l_{qq}}} = \frac{61.5}{\sqrt{82.5 \times 82.5}} = 0.7455$$

## 二、秩相关系数的假设检验

$r_s$ 是由样本资料计算出来的相关系，它是总体相关系数 $\rho_s$ 的估计值，由于存在抽样误差，需要检验 $r_s$ 是否来自 $\rho_s = 0$ 的总体。

当 $n \leqslant 50$ 时，可根据 $n$ 的大小查附表 13"$r_s$ 界值表"。若 $r_s \geqslant r_{\alpha/2,n}$，则 $P \leqslant \alpha$，说明 $X$、$Y$ 之间存在相关关系；若 $r_s < r_{\alpha/2,n}$，则 $P > \alpha$，说明 $X$、$Y$ 之间不存在相关关系。当 $n > 50$ 时，可以进行 $t$ 检验。

**例 11-8** 现对 11-7 的资料检验黄曲霉毒素相对含量与肝癌死亡率有无相关关系。

（1）建立检验假设，确定检验水准：

$H_0: \rho_s = 0$，即两变量间无相关关系

$H_1: \rho_s \neq 0$，即两变量间有相关关系

$\alpha = 0.05$

（2）计算秩相关系数：本例 $r_s = 0.7455$。

（3）确定 $P$ 值，作出推断结论：查附表 13"$r_s$ 界值表"得 $r_{0.05/2,10} = 0.648$，现 $r_s > r_{0.05/2,10}$，故 $P < 0.05$。按 $\alpha = 0.05$ 的检验水准，拒绝 $H_0$，接受 $H_1$，可认为黄曲霉毒素相对含量与肝癌死亡率存在相关关系。

**本章小结**

1. 在进行相关与回归分析时，先绘制散点图，若散点图呈现直线趋势时，再作相关与回归分析。

2. 计算出相关与回归系数,还需对相关系数与回归系数进行假设检验,才能判别两变量是否存在相关与回归关系。

3. 在回归分析时,因变量是随机变量,自变量可以是随机变量,也可以是给定变量。当自变量是随机变量时,双变量必须服从正态分布;当自变量是给定变量时,则因变量 $Y$ 必须服从正态分布。如不符合上述要求,在进行回归分析前必须进行变量变换。

4. 回归方程的条件(时间、地点、方法、测量仪器等)一旦改变,原回归方程就不宜继续使用。

5. 对于资料分布类型不明、呈偏态分布和有序分类变量资料,要用秩相关来描述两事物间的相关关系。

(李新林)

扫一扫,测一测

## 思考题

### 一、简答题

1. 线性相关和线性回归分析的目的是什么?

2. 线性相关和线性回归分析对数据有什么要求?

3. 秩相关有何特点? 适合分析什么资料?

4. 在实际应用直线相关和回归时应注意些什么问题?

### 二、综合应用题

1. 某检验中心测定 10 名正常人的血样,经分离后血小板总量与其所含蛋白量之间的关系见表 11-4。计算其相关系数,并对其相关系数进行假设检验。

表 11-4　血小板总量与其所含蛋白量

| 编号 | 1 | 2 | 3 | 4 | 5 | 6 | 7 | 8 | 9 | 10 |
|---|---|---|---|---|---|---|---|---|---|---|
| 血小板/个·L⁻¹ | 4.95 | 7.06 | 2.00 | 7.94 | 1.37 | 7.82 | 4.48 | 3.00 | 3.14 | 2.17 |
| 蛋白量/mg·L⁻¹ | 500 | 660 | 214 | 537 | 192 | 688 | 451 | 375 | 240 | 214 |

2. 某医师研究某种代乳粉价值时,用大白鼠做实验,得大白鼠进食量和体重增加量的资料(表 11-5)。问大白鼠的进食量与体重的增加量之间有无关系? 能否用大白鼠的进食量来估计其体重的增加量?

表 11-5　大白鼠进食量和体重增加量的资料

| 动物编号 | 1 | 2 | 3 | 4 | 5 | 6 | 7 | 8 | 9 | 10 | 11 |
|---|---|---|---|---|---|---|---|---|---|---|---|
| 进食量/g | 820 | 780 | 720 | 867 | 690 | 787 | 934 | 679 | 639 | 820 | 780 |
| 增重量/g | 165 | 158 | 130 | 180 | 134 | 167 | 186 | 145 | 120 | 150 | 135 |

3. 某防治所作病因研究,对一些地区水质的平均碘含量( μg/L )与地方性甲状腺肿患病率进行了调查,结果见表 11-6。问甲状腺肿患病率与水质中碘的含量有无相关关系?

**表 11-6 局部地区水质的平均碘含量与地方性甲状腺肿患病率**

单位:μg/L

| 地区编号 | 1 | 2 | 3 | 4 | 5 | 6 | 7 | 8 | 9 | 10 | 11 | 12 | 13 | 14 |
|---|---|---|---|---|---|---|---|---|---|---|---|---|---|---|
| 患病率 | 40.5 | 37.7 | 39.0 | 20.0 | 22.5 | 37.4 | 31.5 | 15.6 | 21.0 | 6.3 | 7.7 | 9.0 | 4.0 | 5.4 |
| 碘含量 | 1.0 | 2.0 | 2.5 | 3.5 | 3.5 | 4.0 | 4.4 | 4.5 | 4.6 | 7.7 | 8.0 | 8.0 | 8.3 | 8.5 |

## 第十二章　实验设计

在进行医学科研工作之前,首先要进行实验设计(experiment design)。实验设计就是科学研究的具体内容、方法、计划的设想和安排。实验设计主要是依据研究目的,确定研究因素,选择效应指标,拟定研究对象的数量和实施方法,进而对数据进行收集、整理和分析,最后解释结果的过程。通过合理的、系统的安排,达到控制系统误差,以消耗最少的人力、物力和时间,获得可靠的信息和科学的结论。

### 第一节　实验设计的基本要素

实验设计有三个基本要素,即受试对象、处理因素和实验效应。例如,观察某降压药的效果,高血压患者为受试对象,某降压药就是处理因素,被测的血压值则是实验效应,这三部分内容就构成了完整的实验基本要素,缺一不可。因此,任何一项实验研究在进行设计时,首先应明确这三个要素,再根据它来制订详细的研究计划。

### 一、受试对象

受试对象(study subjects)是指根据研究目的确定的处理因素作用的客体,即处理因素作用的对象。受试对象可以选择动物或人,也可以选择组织或细胞等,其选择的正确与否会对实验结果产生极为重要的影响。在选择受试对象时应注意以下几点:

#### (一)受试对象应具有明确的纳入标准和排除标准

无论是动物实验或临床试验,对受试对象的选择一定要有严格的纳入标准和排除标准,以保证研究对象的同质性。在动物实验中要明确动物的种属、品系、性别、体重等,以保证其同质性,否则可影响实验结果的正确性。

临床试验的受试对象大多是患者,应选择诊断明确、依从性好的病例,并应注意其性别、民族、职业、病情和病程等的一致性。

其次,还应注意某些处理因素可能对一些特殊人群产生不利影响,这类对象应排除于试验之外。

例如,对妊娠有影响的药物临床试验应将孕妇排除;当试验需要使用某些特殊检查时,应将有相应禁忌证的患者排除。

### （二）受试对象应对处理因素敏感和反应稳定

受试对象对处理因素是否敏感、反应是否稳定直接影响到实验结果的正确性。例如,猫和鸽子对呕吐反应比较敏感,而豚鼠、家兔则缺乏此种反应。临床试验观察某药物对高血压的疗效,一般情况Ⅲ期高血压患者对药物不够敏感,而Ⅰ期患者本身血压波动较大,结果不稳定,所以宜选为Ⅱ期高血压患者为受试对象。

### （三）注意医学伦理学问题

临床试验一定要以不影响患者健康转归为准则,患者或其亲属要有知情权,并在知情同意书上签字并注明日期。当科研与治疗发生冲突时,要服从医疗上的需要,确实符合医学伦理学的要求。

## 二、处理因素

处理因素(treatment factor)又称研究因素(study factor),是根据研究目的而施加于受试对象的干预措施。

处理因素在实验中所处的状态称为因素的水平,亦称处理水平。如比较某降脂药三组不同剂量的降脂效果,该研究只有一个处理因素,共有 3 个不同的水平。另外,研究两种不同疾病病人体内某项理化指标,如研究营养不良儿童和正常儿童血清锌的含量,虽然没有施加干预措施,实际上两种不同健康状况的儿童即为处理因素,有 2 个处理水平。

处理因素在实验设计阶段也要认真考虑并仔细分析,尤其是处理因素的剂量及水平数应该通过预试验或根据以往经验有一定的了解和把握。处理因素剂量过小,受试对象不产生反应,达不到观察试验效应的目的;剂量过大,则可能导致受试对象的强烈反应乃至死亡。对动物进行毒理学研究时,处理因素的剂量变化范围较大,可以使动物不出现反应、刚出现反应到动物出现较大反应或死亡。对于临床试验,由于针对的是人体,控制处理因素的剂量范围是非常重要的。其注意点是,应在保证人体安全的前提下,将处理因素安全剂量范围内的不同剂量水平施加于人体,观察机体的反应及试验效应。

在实验过程中,除处理因素外也能使受试对象产生效应的因素称为非处理因素。每一项医学实验研究都可能受到非处理因素的影响,由于它可能干扰处理因素与实验效应间的关系,故称为混杂因素(confounding factor)。在进行实验之前,研究者必须经过周密思考,做出合理的实验设计,来控制这些非处理因素。

在确定处理因素时,需要注意以下两点:

### （一）明确处理因素和非处理因素

处理因素是根据研究目的而确定的,实验中的处理因素不宜过多,抓住实验的主要研究因素即可。实验前要明确该项研究的非处理因素,如观察某药物治疗慢性胃炎的疗效,病人的病情、年龄、饮食结构等都对疗效有一定的影响,故这些因素为实验的非处理因素。

控制非处理因素的有效方法是实验组和对照组各种非处理因素保持均衡一致,这样才能排除非处理因素造成的混杂与干扰作用。

处理因素和非处理因素是相对的,是根据研究目的而确定的。同样一种因素在不同的研究中可分别作为处理因素及非处理因素。例如,在细胞培养中,细胞的生长需要几个基本条件:①适当的温度;②适量浓度的培养液;③一定浓度的小牛血清。如观察不同温度下的细胞生长状况,则处理因素为培养细胞的温度,其他两个因素为非处理因素。如果观察不同浓度小牛血清对细胞生长的影响,则培养液中小牛血清的浓度为处理因素,其他两个因素为非处理因素。

### （二）处理因素要标准化

处理因素在整个实验过程中应始终保持不变。如新药临床试验中,试验药物要同厂家、同型号、同批号和生产日期;在评价手术疗效时,要求手术操作者的熟练程度自始至终保持相对恒定,否则会对试验结果产生影响。

## 三、实验效应

实验效应(experimental effect)是指处理因素作用于受试对象产生的反应和结果,通过具体的观察

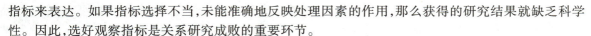

指标来表达。如果指标选择不当,未能准确地反映处理因素的作用,那么获得的研究结果就缺乏科学性。因此,选好观察指标是关系研究成败的重要环节。

### （一）选择观察指标的要求

**1. 关联性**　是指观察指标与研究目的有着本质而密切的联系,能够确切反映处理因素的试验效应。如观察苯对人体的作用,应检查白细胞数,因为苯可直接使白细胞数下降。指标的选择可以通过查阅文献或根据以往经验而获得。

**2. 客观性**　观察指标有主观指标与客观指标之分。主观指标是由病人回答或医生定性判断来描述观察结果。客观指标则是借助仪器进行测量来反映观察结果。特别是在临床试验中,主观指标易受研究者和受试对象心理因素的影响,如疼痛程度、咳喘程度等。因此,应尽量选用客观的、定量的指标。

**3. 稳定性**　是指观察指标变异度的大小。稳定性高,则变异度小,指标的代表性强。稳定性一般可以用该指标的变异系数来表示,如果变异系数不超过 15%~20%,则该指标的稳定性较好。

**4. 精确性**　包括准确度（accuracy）和精密度（precision）。准确度是指观察值与真值的接近程度,主要受系统误差的影响。精密度是指相同条件下对同一对象的同一指标进行重复测量时,测量值与其均数的接近程度,主要受随机测量误差的影响。观察指标应当既准确又精密,一般要将其控制在专业规定的范围内。

**5. 灵敏性与特异性**　灵敏性是指所选指标能够反映处理因素的效应程度,即反映指标检出真阳性的能力。灵敏性高的指标可以减少假阴性率,而灵敏性低的指标不能充分地反映处理因素的作用。如治疗慢性乙型肝炎选用谷丙转氨酶、谷草转氨酶作为疗效指标就不敏感,因为这些指标都是急性指标,并不是所有慢性乙型肝炎患者的这些指标都表现为异常。特异性表示该指标能鉴别真阴性的能力。特异性高的指标能较好地揭示处理因素的作用,不易受混杂因素的干扰,可减少实验结果的假阳性率。如血清甲胎蛋白对诊断原发性肝癌有较强的特异性。因此,所选指标最好同时具有较高的敏感性和特异性。

### （二）消除心理偏性的方法

心理偏性（psychological biased）是指研究人员及受试对象由于各自的心理偏见而在观察或描述试验效应时产生的误差。如医护人员容易认为自己使用的治疗方案要好于其他人的治疗方案。病人则容易受医院规模大小、医疗设备的先进程度、医院医疗水平的高低、权威医护人员或普通医护人员治疗等方面的心理影响。这些影响可以导致病人主观感觉的偏见。消除上述心理偏性的方法一般是使用盲法设计。盲法设计（design of blind method）是指使研究人员或病人都不知道具体的研究设计方案,从而避免双方由于心理偏见造成的试验效应的偏差。盲法设计一般分为单盲（single blind）及双盲（double blind）:

**1. 单盲**　受试对象不知道自己被施加何种处理因素,不知道该处理因素的预期结果或效应,而研究人员知道具体的设计方案。该法主要用于消除受试对象的心理偏见。

**2. 双盲**　试验执行者及受试对象均不知道具体的设计方案及处理因素的预期结果或效应。只有该试验设计的总负责人知道具体的设计方案。双盲可以避免和消除医护人员和病人双方的心理偏见。

盲法设计在临床试验中应用广泛,尤其是针对病人的单盲应用更为广泛。

## 第二节　实验设计的基本原则

实验设计包括三个基本原则,即随机化的原则、对照的原则和重复的原则。

## 一、随机化的原则

### （一）概念及用途

随机化（randomization）是指总体中的每一个个体都有均等的机会被抽取或被分配到实验组及对照组中去。随机化原则的核心是机会均等。

使用随机化方法,可以消除在抽样及分组过程中由于研究人员对受试对象主观意愿的选择而造成实验效应的误差。这种误差主要是因为受试对象被抽取的机会不均等而产生的。

随机化原则可用于由总体中随机抽取一个或若干个样本;也可用于将受试对象机会均等地分配到实验组和对照组中去,也包括对各种实验样品的抽样及分组的随机化。另外,随机化是所有统计方法的基础,非随机样本进行比较时得到的推断结果往往是不正确的。

### (二)随机化的方法

随机化的方法有多种,常用的有抽签法、抓阄法、随机数字法等,随机数字法一般有随机数字表。

普通函数型电子计算器也可以显示随机数字,随机数字表中出现数字 0~9 的机会或概率是均等的,具体应用见第三节。

## 二、对照的原则

对照(control)是指在实验研究中使受试对象的处理因素和非处理因素的实验效应的差异有一个科学的对比。主要目的是为了排除对照组和实验组中非处理因素对实验效应的影响或干扰作用,使得实验组和对照组具有较好的可比性。

采用处理因素之前,实验组与对照组之间要具有均衡性。均衡(balance)是指对照组除处理因素与实验组不同外,其他各种条件及因素应基本一致。这些条件及因素主要指非处理因素或称为背景因素。

在实验研究中,如不设置对照组而只设置一个实验组,则无法估计实验效应中处理因素和非处理因素的作用大小及差别。因为临床有很多疾病,如普通感冒、慢性支气管炎、关节酸痛和早期高血压等疾病不经药物治疗也会自愈或随季节的变化而缓解,所以必须设立对照组。但是对于有些很难治愈的疾病或病死率很高的疾病,可以不设对照组,如截瘫、狂犬病等。常用的对照方法有以下几种:

### (一)空白对照

空白对照(blank control)是指对照组不施加任何处理,完全在"空白"的情况下进行对照。常用于疾控系统疫苗接种效果的观察与研究。

例如,研究某疫苗预防某病发病的作用,随机抽取某城市的两个背景条件相同或相近的社区。A社区为实验组,对社区中所有人群中的个体接种某疫苗;B社区为对照组,对其所有人群中的个体不给予任何处理,则 B 社区人群即为空白对照组。经过一年时间,观察两个社区某病的发病情况。在动物实验研究中,可以使用空白对照,而在临床试验研究中一般不能使用空白对照。

### (二)标准对照

标准对照(standard control)是指以公认或习惯的标准方法、标准值或正常值作为对照。例如,在新药临床试验中,对照组患者采用目前公认的、疗效明确的某种药物治疗,试验组患者采用某种新药治疗,这种对照形式即为标准对照。

### (三)实验对照

实验对照(experimental control)是指对照组虽未施加处理因素,但却施加了某种与处理因素有关的实验因素。

例如,研究赖氨酸对促进儿童的生长发育作用,实验组儿童的课间餐为加赖氨酸的面包,对照组课间餐为不加赖氨酸的面包,两组儿童面包的数量是一致的。这里,面包是与处理因素有关的实验因素。两组儿童除是否添加赖氨酸外,其他条件一致,这样才能显示和分析赖氨酸的作用。

### (四)自身对照

自身对照(self-control)是指对照和实验在同一个受试对象身上进行,可以是身体的不同位置或治疗前后的比较。

例如,在动物的对称皮肤部位观察不同实验品的致敏反应。又如,研究某药的降压效果,以服用降压药前的血压值为对照。但严格来说,后一种设计使用的不是同期对照,若实验前后某些环境因素或自身因素发生改变并可能影响实验结果,这样的对照是不合适的。因此,在实验中常常需要另外设立一个平行的对照组,用实验组与对照组处理前后效应的差值来进行比较。

### （五）相互对照

相互对照（mutual control）是指不专门设置对照组，而以各实验组之间互为对照。例如，比较几种不同的药物或同一种药物不同剂量对某种疾病的疗效，其目的仅是比较其疗效的差别。

### （六）安慰剂对照

安慰剂对照（placebo control）是指对照组使用一种不含药物有效成分"伪药物"，即安慰剂（placebo）。安慰剂可用生理盐水、葡萄糖注射液、淀粉等制成，与治疗药物在外观、气味、剂型等方面均与试验药物相同。安慰剂对照是一种特殊的空白对照，其目的主要是排除病人或研究人员的心理偏见而导致的试验误差。例如，在同一个病房住有 8 个患有相同失眠的病人。其中 4 人给予安眠药作为处理因素，另 4 人给予安慰剂，8 个病人每人都认为服用了相同的安眠药。需要注意的是，安慰剂中不含有药物的有效成分，相当于对病人未采取有效的治疗，这可能存在医学伦理问题，须持慎重态度。

## 三、重复的原则

重复（replication）是指实验组和对照组的受试对象应具有一定的数量。重复是消除非处理因素的又一重要方法，表现为样本含量的大小和重复次数的多少。

在实验研究和临床试验中，研究人员往往采用抽样研究，即随机抽取一定数量的样本，根据样本的观察指标，按照抽样误差的大小来推断总体的指标。按照抽样误差变化的规律，在抽样中随着样本含量的增大，抽样误差将逐渐减小，统计推断结论将更准确。但是样本量太大，工作量也大，增大了人力和物力的消耗，难于控制实验条件，影响研究的质量。

实验研究中确定样本含量的基本要求是，在保证样本的实验结果具有较好的准确性和可靠性的前提下，确定使用最少的样本例数，以节约人力、物力、财力和时间，减小实验难度和负担。确定样本含量的方法一般根据以下 4 点进行考虑和计算，具体计算方法参阅相关统计书籍。

1. **总体参数间差值的大小**　如两总体均数间的差值，两总体率间的差异。值越小，所需样本含量越大。

2. **总体标准差的大小**　总体标准差越大，所需样本含量越大。由于总体标准差往往未知或不易获得，一般可用预试验的样本标准差 $S$ 来估计或代替。

3. **假设检验Ⅰ类错误的概率的大小**　Ⅰ类错误的概率要求越小，所需样本例数越多。

4. **假设检验Ⅱ类错误的概率或检验效能的大小**　一般检验效能不宜低于 0.80，Ⅱ类错误的概率越小，所需样本含量越大。

## 第三节　常用实验设计方法

### 一、完全随机设计

完全随机设计（completely randomized design）也称为单因素设计，是最为常见的一种研究单因素两水平或多水平效应的实验设计方法。它是采用完全随机分组的方法，将同质的受试对象分配到各处理组，观察其实验效应。图 12-1 为随机分为两组示意图。可用抽签法、抓阄法或随机数字法等将受试对象随机分配到各实验组及对照组中。

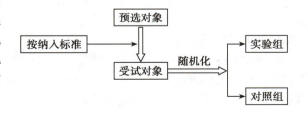

图 12-1　完全随机设计方案示意图

该设计的特点是简单方便，应用广泛，容易进行统计分析；但只能分析一个因素的作用，效率相对较低。如果只有两个分组时，可用 $t$ 检验或单因素方差分析处理资料；如果组数大于等于 3 时，可用单因素方差分析处理资料。

该设计如果用于临床试验，也可称为临床试验设计中的随机对照试验（randomized control trial）；如果其中采用了盲法设计,则又称为随机盲法对照试验(randomized blind control trial)。应注意的是,在受试对象分组前应使其非处理因素尽量达到均衡,然后再采用随机方法对受试对象进行分组,这样才能使得各组的可比性高、均衡性强。各样本含量相等时,称为平衡设计(balanced design);样本含量不等时,称为非平衡设计(unbalanced design)。平衡设计统计效率高于非平衡设计。

**例12-1** 试将15只体重相近、性别相同小白鼠随机分为A、B、C三组,每组5只。分组方法及步骤如下:

1. 将15只小白鼠任意编号为1~15号。

2. 查附表14"随机数字表",可以从表中任意一行或一列、任意一个方向查抄随机数字。本例由该表的第11行第1列沿水平方向查抄15个两位随机数字,按随机数字从小到大的顺序编序号,如果随机数相同,则先出现的为小。

事先设定规则:序号1~5对应的小白鼠分为A组,序号6~10对应的小白鼠分为B组,序号11~15对应的小白鼠分为C组,分组结果见表12-1。

**表 12-1 用随机数字法将15只动物分为等量三组**

| 动物编号 | 1 | 2 | 3 | 4 | 5 | 6 | 7 | 8 | 9 | 10 | 11 | 12 | 13 | 14 | 15 |
|---|---|---|---|---|---|---|---|---|---|---|---|---|---|---|---|
| 随机数字 | 57 | 35 | 27 | 33 | 72 | 24 | 53 | 63 | 94 | 09 | 41 | 10 | 76 | 47 | 91 |
| 序号 | 10 | 6 | 4 | 5 | 12 | 3 | 9 | 11 | 15 | 1 | 7 | 2 | 13 | 8 | 14 |
| 分组 | B | B | A | A | C | A | B | C | C | A | B | A | C | B | C |

3. 最后分组结果为,3、4、6、10、12号小白鼠分到A组;1、2、7、11、14号小白鼠分到B组;5、8、9、13、15号小白鼠分到C组。

## 二、配对设计

配对设计(paired design)是将受试对象按一定条件配成对子,分别给予每对中的两个受试对象以不同的处理。

配对的条件是影响实验效应的主要非处理因素。在这些非处理因素中,动物主要有种属、性别、体重、窝别等因素;人群主要有种族、性别、年龄、体重、文化教育背景、生活背景、居住条件、劳动条件等。其中病人还应考虑疾病类型、病情严重程度、诊断标准等方面。

配对设计的目的是降低、减弱或消除两个比较组的非处理因素的作用。该设计的特点是可以节约样本含量,增强组间均衡性,提高试验效率,减轻人力、物力和财力负担。在临床试验中配对设计应用广泛,图12-2为配对设计示意图。

医学科研中常见的配对设计有下列几种类型:

**1. 异体配对** 将两个条件相近的受试对象按1:1配成对子,然后对每对中的个体随机分组,再施加处理因素观察效应。

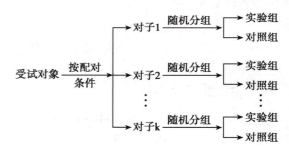

**图 12-2 配对设计方案示意图**

**2. 自身前后配对** 临床上常见情况是把病人治疗前与治疗后的检测指标值作为一对数据,若干个病人的检测值作为若干对数据。应注意的是,自身前后配对设计常常难以做到非处理因素(如饮食、心理状态等)相同,不提倡单独使用。实际研究工作中在应用自身前后配对的同时,常常需要设立一个平行的对照组。

**3. 同一标本用两种方法检测** 采集的同一份标本或样品如果用两种方法进行检测,则得到一对数据,检测一批样品则得到若干对数据。

数值变量资料的配对数据可用配对 $t$ 检验处理资料。注意:此类配对数值变量资料一般不能用两样本比较的 $t$ 检验做统计分析。

**例 12-2**　试将 10 对受试者随机分入甲、乙两处理组,分组方法及步骤如下:

1. 先将受试者编号,如第一对第 1 受试者编为 1.1,第 2 受试者编为 1.2,其余仿照此编号。

2. 从附表 14"随机数字表"中任意一行,如第 16 行最左端开始横向连续取 20 个两位数。事先规定,每对中随机数较小者序号为 1,对应 A 组;随机数较大者序号为 2,对应 B 组。如果随机数相同,则先出现的为小,分配结果见表 12-2。

表 12-2　按配对设计的要求将 10 对病人进行分组

| 受试者号 | 1.1 | 2.1 | 3.1 | 4.1 | 5.1 | 6.1 | 7.1 | 8.1 | 9.1 | 10.1 |
|---|---|---|---|---|---|---|---|---|---|---|
| | 1.2 | 2.2 | 3.2 | 4.2 | 5.2 | 6.2 | 7.2 | 8.2 | 9.2 | 10.2 |
| 随机数字 | 88 | 53 | 59 | 35 | 67 | 77 | 55 | 70 | 18 | 38 |
| | 56 | 27 | 33 | 72 | 47 | 34 | 45 | 08 | 27 | 90 |
| 序号 | 2 | 2 | 2 | 1 | 2 | 2 | 2 | 2 | 1 | 1 |
| | 1 | 1 | 1 | 2 | 1 | 1 | 1 | 1 | 2 | 2 |
| 组别 | B | B | B | A | B | B | B | B | A | A |
| | A | A | A | B | A | A | A | A | B | B |

## 三、随机区组设计

随机区组设计(randomized block design)也称为配伍组设计或双因素设计,是配对设计的扩展。该设计是将受试对象按配对条件先划分成若干个区组或配伍组,再将每一区组中的各受试对象随机分配到各个处理组中去。

设计应遵循"区组内差别越小越好,区组间差别越大越好"的原则。其特点是:①进一步提高了处理组的均衡性及可比性;②可控制一般设计中的混杂性偏倚;③节约样本含量,增强实验效率;④可同时分析区组间和处理因素间的作用,且两因素应相互独立、无交互作用;⑤每一区组中受试对象的个数即为处理组数,每一处理组中受试对象的个数即为区组数;⑥可用双因素方差分析方法处理数据;⑦应特别注意设计中受试对象的区组分组方法和处理组分组方法,否则将影响到设计的均衡性及试验效率。图 12-3 为 4 个处理组随机区组设计示意图。

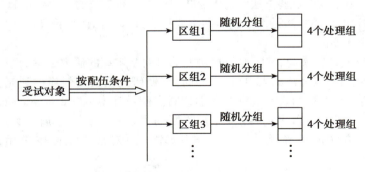

图 12-3　随机区组设计示意图

**例 12-3**　研究人员在进行科研时,要观察 2 个因素的作用,欲用 16 只动物分为四个区组和四个处理组。试进行设计及分组。

设计及分组方法和步骤如下:

1. 该设计可采用随机区组设计方案。分析的两个因素的作用可分别列为区组因素和处理组因素。两因素服从正态分布、方差齐性且相互独立。

2. 取同一品系的动物 16 只。其中每一区组取同一窝出生的动物 4 只。四个区组即为四个不同窝别的动物。

3. 将每一区组的 4 只动物分别顺序编号为 1~4 号,5~8 号,9~12 号,13~16 号,接受 A、B、C、D 四种处理方式。

4. 查附表 14"随机数字表",任意指定一行,如第 36 行最左端开始横向连续取 16 个两位数字。再将每一区组内的四个随机数字由小到大排序。事先规定:序号 1、2、3、4 分别对应 A、B、C、D 四个处理组(表 12-3)。

表 12-3  按随机区组设计要求对 16 只动物进行分组

| 区组编号 | 一 | | | | 二 | | | | 三 | | | | 四 | | | |
|---|---|---|---|---|---|---|---|---|---|---|---|---|---|---|---|---|
| 动物编号 | 1 | 2 | 3 | 4 | 5 | 6 | 7 | 8 | 9 | 10 | 11 | 12 | 13 | 14 | 15 | 16 |
| 随机数 | 04 | 31 | 17 | 21 | 56 | 33 | 73 | 99 | 19 | 87 | 26 | 72 | 39 | 27 | 67 | 53 |
| 序号 | 1 | 4 | 2 | 3 | 2 | 1 | 3 | 4 | 1 | 4 | 2 | 3 | 2 | 1 | 4 | 3 |
| 组别 | A | D | B | C | B | A | C | D | A | D | B | C | B | A | D | C |

最后分组结果见表 12-4。

表 12-4  16 只动物的分组结果

| 区组 | 处理组 | | | |
|---|---|---|---|---|
| | A | B | C | D |
| 一 | 1 | 3 | 4 | 2 |
| 二 | 6 | 5 | 7 | 8 |
| 三 | 9 | 10 | 11 | 12 |
| 四 | 14 | 13 | 16 | 15 |

# 第四节  诊断试验研究设计

临床诊断包括各种实验室诊断、影像学诊断和医疗仪器诊断等。各种方法的诊断价值如何,必须通过诊断试验确定。好的诊断试验方法对临床诊断的正确性和疾病的治疗效果起到重要的作用。因此,不断发展和改进诊断试验方法是医学进步的重要标志;同时,如何评价新的诊断试验方法的正确性和可靠性也是一个重要的问题。

无论是临床研究或动物实验,都需要根据研究的目的制定总的研究方案,也称为研究设计。一个周密的研究设计能用比较经济的人力、物力和时间,使研究因素的效应得到充分体现,获得准确和客观的结论,达到研究的目的。本节将对医学诊断实验设计(medical experimental design)研究作一个较概括的介绍。另外,随着早期诊断、无创诊断的需求提高,大量新的诊断仪器及新的诊断方法的出现,对诊断方法的正确评价也日益迫切,本节也对诊断试验中常用的评价指标进行介绍。

## 一、诊断试验研究设计及评价方法

评价诊断试验的优劣必须以金标准(gold standard)作为参照。所谓诊断试验的金标准,是指当前临床医学界所公认的诊断某病最为可靠的方法。亦即利用金标准能正确地区分某人是"有病"还是"无病"。临床诊断中常用的金标准包括病理学诊断(组织活检和尸检)、外科手术发现、特殊的影像学诊断(如用冠状动脉造影术诊断冠心病等)以及目前尚无特异诊断方法而采用的国际公认的综合诊断标准(如诊断风湿热的 Jones 标准等)。有时用长期临床随访所获得的肯定诊断也可作为金标准。用于诊断试验评价的研究对象应包括病例组和对照组。病例组应是按金标准确诊的病人;对照组则应是按金标准证实无该病的其他患者或正常人群。病例组的选择应包括各种类型的病例,即典型和不典型,早、中、晚各期,病情轻、中、重,有、无并发症等,这样试验的结果才具有普遍意义。而对照组则可选用金标准证实无该病的其他患者或正常人,特别应当包括确实无该病但易与该病相混淆的其他病例,这样选择的对照才具有临床意义,尤其具有鉴别诊断的价值。

诊断试验的评价应采用盲法,尤其是试验的操作者和报告者应处于盲态,避免主观因素对结果的干扰。诊断试验评价方法如下:

### (一)诊断试验评价方法的金标准

诊断试验评价(evaluating diagnostic tests)临床上常用的金标准有:①病理学检查(细胞学检查、组织活检或尸体解剖);②外科学中的手术确诊;③影像学诊断中使用的标准片或标准模具。

### (二)新的诊断试验方法

主要包括以下几个方面:①新的医学检验检测方法;②新的DNA检测指标;③新的影像学检测方法;④新的医学检测仪器的检测指标;⑤根据多种指标提出的新的数学模型、判别准则。

### (三)诊断试验评价的四格表

根据"金标准"诊断结果,把受试对象分为实际患病组(阳性)和未患病组(阴性),用待评价的诊断试验方法对这些受试对象进行评价,得出阳性和阴性的结果,于是可得四格表(表12-5)。

表 12-5　新的诊断试验方法与金标准比较的四格表

| 金标准诊断结果 | 诊断试验结果 | |
| --- | --- | --- |
| | 阳性 | 阴性 |
| 阳性 | 真阳性($a$) | 假阴性($b$) |
| 阴性 | 假阳性($c$) | 真阴性($d$) |

## 二、诊断试验中常用的评价指标

1. **敏感度(sensitivity)**　又称真阳性率,记为$S_e$,表示实际患病,按诊断实验方法正确判为有病的概率,反映了诊断方法检出患者的能力。该指标越大越好。其计算公式为:

$$S_e = \frac{a}{a+b}$$ （12-1）

2. **特异度(specificity)**　又称真阴性率,记为$S_p$,表示实际未患病,按诊断实验方法正确判为没病的概率,反映正确排除某病的能力。该指标越大越好。其计算公式为:

$$S_p = \frac{d}{c+d}$$ （12-2）

3. **总符合率(total consistent rate)**　又称总正确率,记为$\pi$,表示诊断方法与金标准诊断的符合程度,反映了正确诊断患者和非患者的能力。其计算公式为:

$$\pi = \frac{a+d}{a+b+c+d}$$ （12-3）

4. **误诊率(mistake diagnostic rate)**　又称为假阳性率,记为$\alpha$,表示实际未患病,按诊断实验方法错误判为有病的概率。该指标越小越好。其计算公式为:

$$\alpha = 1 - S_p = \frac{c}{c+d}$$ （12-4）

5. **漏诊率(omission diagnostic rate)**　又称假阴性率,记为$\beta$,表示实际患病,按诊断实验方法错误判为没病的概率。该指标越小越好。其计算公式为:

$$\beta = 1 - S_e = \frac{b}{a+b}$$ （12-5）

6. **约登指数(Youden index)**　记为$YI$,表示扣除了误诊率、漏诊率之后的率,反映了诊断试验方法的综合能力。该指标越大越好。其计算公式为：

$$YI = 1 - \alpha - \beta = S_e + S_p - 1 \tag{12-6}$$

**7. 比数积（odds product）**　记为 $OP$，是把敏感度和特异度综合考虑的统计指标。该指标越大越好。它适用于大样本并且 $a$、$b$、$c$、$d$ 中没有为零的情况。其计算公式为：

$$OP = \frac{S_e}{1 - S_e} \times \frac{S_p}{1 - S_p} = \frac{ad}{bc} \tag{12-7}$$

**8. 阳性预测值（positive predictive value）**　记为 $PV_+$，表示诊断试验结果为阳性者实际患病的概率。该指标越大越好。其计算公式为：

$$PV_+ = \frac{a}{a+c} \tag{12-8}$$

**9. 阴性预测值（negative predictive value）**　记为 $PV_-$，表示诊断试验结果为阴性者实际未患病的概率。该指标越大越好。其计算公式为：

$$PV_- = \frac{b}{b+d} \tag{12-9}$$

需要注意的是，采用公式（12-8）和公式（12-9）计算 $PV_+$ 和 $PV_-$ 两个指标时，只有在受试者中患者的比例与实际监测人群的患者比率相差不大的情况下计算的结果才是合理的。

**例 12-4**　现欲评价一种牙髓电活力测试仪诊断牙髓组织是否坏死的准确性，选择知情同意的 251 名牙患病人作为受试对象，以病理检查作为诊断的"金标准"，结果见表 12-6。试计算各种诊断试验评价指标。

表 12-6　牙髓电活力测试仪和病理学检测结果

| 病理检查诊断 | 电活力测试仪诊断 | | 合计 |
| --- | --- | --- | --- |
| | 坏死 | 未坏死 | |
| 坏死 | 45 | 10 | 55 |
| 未坏死 | 16 | 180 | 196 |
| 合计 | 61 | 190 | 251 |

本例：$S_e = \dfrac{45}{55} = 0.818$

$S_p = \dfrac{180}{196} = 0.918$

$\alpha = \dfrac{6}{196} = 0.082$

$\beta = \dfrac{10}{55} = 0.182$

$\pi = \dfrac{45+180}{251} = 0.896$

$YI = 0.818 + 0.918 - 1 = 0.736$

$OP = \dfrac{45 \times 180}{10 \times 16} = 50.625$

$PV_+ = \dfrac{45}{45+16} = 0.738$

$PV_- = \dfrac{80}{10+180} = 0.947$

## 本章小结

　　实验设计的三个基本要素,即处理因素、受试对象和实验效应,在实验设计中是缺一不可的。在实验设计中一定要明确实验组和对照组非处理因素有哪些,尽量控制非处理因素对实验结果的影响;选择受试对象时应注意的问题以及效应指标的选择要求。

　　实验设计的基本原则是对照、随机化和重复。设立对照组是保证组间的均衡性、排除混杂因素的主要手段。随机化使每个受试对象分到实验组和对照组的机会相等,是保证组间的均衡性的重要措施。重复是指在相同实验条件下进行多次观察,以提高实验结果的可靠性,提高统计检验效率。

　　对于常用的三种实验设计方法,重点介绍了随机分组的方法、各自的特点和要求以及统计分析的步骤方法。

　　诊断试验评价指标非常重要,重点讲述了各种诊断性评价指标的计算方法和具体含义。

（施　泓）

扫一扫,测一测

## 思考题

**一、简答题**

1. 实验设计的基本要素有哪些? 各自的要求是什么?
2. 实验设计的基本原则是什么? 其意义是什么?
3. 什么是随机化? 随机化的作用是什么? 在整个实验设计和实施过程中如何体现随机化?
4. 设置对照组的目的是什么? 常用的对照有哪些? 各自的特点是什么?

**二、综合应用题**

1. 应用随机数字表把 12 只小白鼠随机分成 3 组,每组 4 只。
2. 有 8 只动物要先后接受处理,请随机决定实验对象接受处理的顺序。
3. 现有性别、年龄相同,体重相近 16 只大白兔,试用实验设计的方法把它们配成 8 对,并将这 8 对兔子随机分入实验组、对照组之中。
4. 现有来自 5 个不同窝别的雄性小鼠各 4 只,共 20 只。请选择适当的实验设计方法,将 20 只小鼠随机分配到 A、B、C、D 4 个处理组中去,且每个处理组 5 只小鼠要来自不同的窝别。

## 实训 SPSS 统计软件的应用

实训PPT

SPSS(Statistical Product and Service Solution)是世界上著名的统计分析软件之一,是一种集成化的计算机数据统计应用软件。1968 年美国斯坦福大学的三位学生开发了最早的 SPSS 统计软件,并于 1975 年在芝加哥成立 SPSS 公司,原名为社会科学统计软件包(Statistical Package for Social Science),随着应用领域的不断扩大,更名为 Statistical Product and Service Solution,即统计产品与服务解决方案。经过 40 多年的发展历史,SPSS 已经广泛地应用于商业、金融、卫生健康、市场研究、体育、农林业、科研、教育等多个行业,应用范围遍及了自然科学、技术科学以及社会科学的各个领域。

本书实训操作以中文版 SPSS 24.0 为蓝本,通过实训项目的操作,详细讲解 SPSS 在医学统计学中的应用,做到理论指导与实践操作相结合,从而避免了统计学理论与实际运算脱节的困扰,并且每个实训项目都配备相应的微课视频,便于学生自学。实训项目包括描述性统计、$t$ 检验、方差分析、$\chi^2$ 检验、秩和检验、线性相关与线性回归分析。

## 实训一 描述性统计

### 【实训目的】

运用 SPSS"分析"菜单中"描述统计"选项,将调查或试验搜集来的原始资料进行整理,编制频数表,检验其分布类型,绘制直方图,揭示资料的分布特征,计算统计指标。

### 【实训内容】

见第二章例 2-3,利用 SPSS,根据表 2-1 资料绘制直方图,对该资料进行正态性检验,计算集中趋势和离散趋势指标,并计算该地 8 岁女孩身高均值 95% 的医学参考值范围和置信区间。

### 【实训步骤】

1. 启动 SPSS。

2. 单击 SPSS 界面左下角的"变量视图"标签,定义变量,变量名为"身高"、数值型、宽度为 2、小数位数为 1(实训图 1)。

3. 单击左下角的"数据视图"标签,在"身高"变量内录入数据。

4. **操作步骤** 单击"分析"→"描述统计"→"探索"弹出对话框。

5. 在探索分析主对话框中,左边变量名列表框的"身高"变量移到右边因变量列表框中(实训图 2)。

6. 单击"图"按钮,弹出图形设置对话框,选择箱图中的"无"选项;勾选描述图中的"直方图"选项,即输出数据频数分布图;勾选"含检验的正态图",单击"继续"按钮。在"统计"对话框中勾选"描述"选项,并设置置信区间百分比为 95%,单击"继续"按钮。单击"确定"按钮,得到分析结果。

笔记

实训图 1　描述统计数据文件

实训图 2　探索性分析对话框

【实训结果】

实训表 1　描述性结果

| | | | 统计量 | 标准误差 |
|---|---|---|---|---|
| 身高 | 平均值 | | 122.991 | 0.438 4 |
| | 平均值的 95% 置信区间 | 下限 | 122.123 | |
| | | 上限 | 123.859 | |
| | 5% 剔除后平均值 | | 122.969 | |
| | 中位数 | | 122.700 | |
| | 方差 | | 23.068 | |
| | 标准差 | | 4.802 9 | |
| | 最小值 | | 112.2 | |
| | 最大值 | | 134.4 | |
| | 全距 | | 22.2 | |
| | 四分位数间距 | | 6.9 | |

实训表 2 正态性检验

| | 柯尔莫哥洛夫-斯莱诺夫 | | | 夏皮洛-威尔克 | | |
|---|---|---|---|---|---|---|
| | 统计量 | 自由度 | 显著性 | 统计量 | 自由度 | 显著性 |
| 身高 | 0.004 | 120 | 0.200* | 0.992 | 120 | 0.696 |

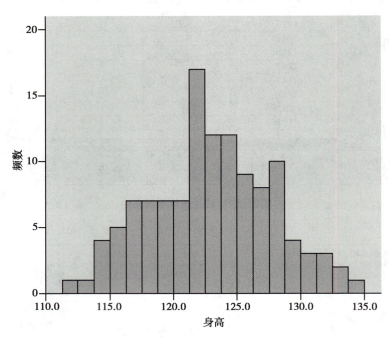

实训图 3 数据分布的直方图

【结果解释】

实训表 1 显示了身高变量的各项描述性指标。在选择合适指标对数据进行统计描述时,应考察数据的分布情况,根据分布情况选择合适指标。本例中,对数据进行正态性检验,由于样本量较大(如 $n>30$),读取"柯尔莫哥洛夫-斯莱诺夫"检验结果。实训表 2 结果显示 $P>0.10$,说明该数据服从正态分布。此外,通过实训图 3 的直方图也显示了数据呈近似正态分布。因此,对该数据的描述时采用均数和标准差,均数为 122.991,标准差为 4.803,95% 的置信区间为 122.123~123.859。95% 的医学参考值范围可以利用均数和标准差计算得到,也可以利用百分位数求得。若数据不满足正态分布或对称分布的条件,可以采用中位数和四分位数范围(或四分位数间距)描述。

描述性统计

# 实训二 t 检验

## 一、单样本 t 检验

【实训目的】

运用 SPSS"分析"菜单中"比较均值"选项,进行单个样本 t 检验,检验某样本所代表的总体均数和已知总体的均数有无差异,正确解释 SPSS 输出的结果。

【实训内容】

见第四章例 4-1,据大量调查得知,健康成年男子脉搏的均数为 72 次/min,某医生在山区随机调查了 25 名健康成年男子,测得脉搏均数为 74.2 次/min,标准差为 6.5 次/min,能否认为该山区成年男子的脉搏与一般健康成年男子的脉搏数不同?原始脉搏数据如下:

60、61、82、80、84、74、68、77、73、80、78、74、76、81、77、76、79、71、75、71、70、60、76、73、79

【实训步骤】

1. 启动 SPSS。

2. 单击 SPSS 界面左下角的"变量视图"标签,定义变量,变量名为"脉搏"、数值型、宽度为 2、小数位数为 0(实训图 4)。

3. 单击左下角的"数据视图"标签,在"脉搏"变量内录入数据。

4. **操作步骤**  单击"分析"→"比较均值"→"单样本 T 检验"弹出对话框。

5. 在单样本 T 检验主对话框中,左边变量名列表框的"脉搏"变量移到右边检验变量框中,在检验值框里输入总体均值 72(实训图 5)。

6. 其他选项为默认,单击"确定"按钮,得到分析结果。

实训图 4　单样本 T 检验数据文件

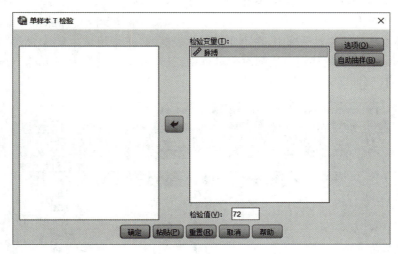

实训图 5　单样本 T 检验对话框

【实训结果】

实训表 3　单样本统计

| | 个案数 | 平均值 | 标准差 | 标准误差平均值 |
|---|---|---|---|---|
| 脉搏 | 25 | 74.20 | 6.50 | 1.30 |

实训表 4　单个样本 T 检验

| | | | | | 差值 95% 置信区间 | |
|---|---|---|---|---|---|---|
| | t | 自由度 | 显著性（双尾） | 平均值差值 | 下限 | 上限 |
| 脉搏 | 1.692 | 24 | 0.104 | 2.200 | −0.48 | 4.88 |

单样本 t 检验

**【结果解释】**

实训表 3 显示了本例中样本均数为 74.20，标准差为 6.50。实训表 4 显示了检验结果，$t = 1.692$，$P = 0.104$，可知 $P > 0.05$，差异无统计学意义。还不能认为该山区成年男子的脉搏与一般健康成年男子的脉搏数不同。

## 二、配对样本 *t* 检验

**【实训目的】**

运用 SPSS"分析"菜单中的"比较均值"选项，检验配对设计资料差值的总体均数与 0 是否有差别，正确解释 SPSS 输出的结果。

**【实训内容】**

见第四章例 4-3，某医生研究饮食中维生素 E 缺乏与肝脏中维生素 A 含量的关系，将 20 只同种属的大白鼠，按性别相同，年龄、体重相近配成 10 对，并将每对中的两只大白鼠随机分到正常饲料组和维生素 E 缺乏组，2 周后将大白鼠处死，测得各大白鼠肝脏中维生素 A 的含量。问两组大白鼠肝脏中维生素 A 含量是否有差别？

**【实训步骤】**

1. 启动 SPSS。

2. 单击 SPSS 界面左下角的"变量视图"标签，建立 3 个变量，变量名分别为"大鼠对号""正常饲料组维生素 A 含量""维生素 E 缺乏组维生素 A 含量"。以上变量均为数值型，宽度和小数位数根据数据进行相应设置（实训图 6）。

3. 单击左下角的"数据视图"标签，分别对 3 个变量录入数据。

4. **操作步骤**　单击"分析"→"比较均值"→"成对样本 T 检验"弹出对话框。

5. 在成对样本 T 检验主对话框中，左边变量名列表框的"正常组维生素 A 含量"变量和"维生素 E 缺乏组维生素 A 含量"变量移到右边配对变量框中，且这两个变量作为一个对子，分别移入变量 1 和变量 2 单元格内（实训图 7）。

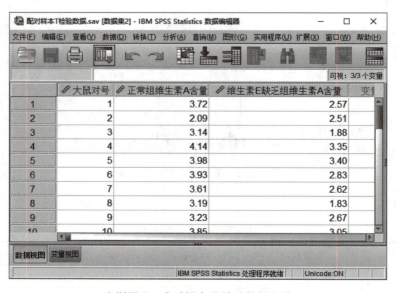

实训图 6　成对样本 T 检验数据文件

笔记

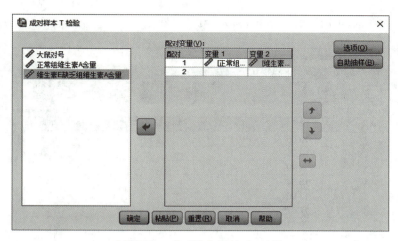

实训图 7　成对样本 T 检验对话框

【实训结果】

实训表 5　配对样本统计

| | 平均值 | 个案数 | 标准差 | 标准误差平均值 |
| --- | --- | --- | --- | --- |
| 正常组维生素 A 含量 | 3.488 | 10 | 0.605 | 0.191 |
| 维生素 E 缺乏组维生素 A 含量 | 2.671 | 10 | 0.531 | 0.168 |

实训表 6　配对样本 T 检验

| | 平均值 | 标准差 | 配对差值标准误差平均值 | 差值 95% 置信区间 | | $t$ | 自由度 | 显著性（双尾） |
| --- | --- | --- | --- | --- | --- | --- | --- | --- |
| | | | | 下限 | 上限 | | | |
| 正常组维生素 A 含量-维生素 E 缺乏组维生素 A 含量 | 0.817 | 0.513 | 0.162 | 0.450 | 1.184 | 5.040 | 9 | 0.001 |

【结果解释】

实训表 5 显示了配对设计中两组的均值、例数、标准差等信息。实训表 6 显示了检验结果，$t=5.040$，$P=0.001$，可知 $P<0.05$，差异有统计学意义。由于维生素 E 缺乏组的维生素 A 含量均值较低，可认为维生素 E 缺乏能造成大白鼠肝脏中维生素 A 含量的降低。

### 三、两独立样本 $t$ 检验

【实训目的】

运用 SPSS"分析"菜单中的"比较均值"选项，检验两样本均数各代表的未知总体均数是否有差别，正确解释 SPSS 输出的结果。

【实训内容】

见第四章例 4-4，随机抽取 14 名慢性支气管炎病人与 11 名健康人并测得各自尿中 17-酮类固醇（μmol/24h）排出量。试比较两组人的尿中 17-酮类固醇的排出量有无不同。

【实训步骤】

1. 启动 SPSS。

2. 单击 SPSS 界面左下角的"变量视图"标签，建立两个变量，变量名分别为"类固醇""分组"。以上变量均为数值型，宽度和小数位数根据数据进行相应设置（实训图 8）。

3. 单击左下角的"数据视图"标签，分别对两个变量录入数据。

4. **操作步骤**　单击"分析"→"比较均值"→"独立样本 T 检验"弹出对话框。

5. 在独立样本 T 检验主对话框中，左边变量名列表框的"类固醇"变量移到右边检验变量框中；"分组"变量移到分组变量框内，单击"定义组"，输入 1 和 2（实训图 9）。

配对样本 $t$ 检验

**6.** 其他选项为默认，单击"确定"按钮，得到分析结果。

实训图 8　独立样本 T 检验数据文件

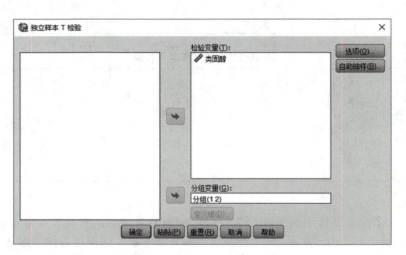

实训图 9　独立样本 T 检验对话框

【实训结果】

实训表 7　分组统计

| 分组 | 个案数 | 平均值 | 标准差 | 标准误差平均值 |
| --- | --- | --- | --- | --- |
| 病人 | 14 | 15.168 | 5.025 | 1.343 |
| 健康人 | 11 | 19.155 | 6.015 | 1.814 |

实训表 8　独立样本 T 检验

| | Levene 方差等同性检验 | | $t$ 检验 | | | | | 差值 95% 置信区间 | |
| --- | --- | --- | --- | --- | --- | --- | --- | --- | --- |
| | $F$ | 显著性 | $t$ | 自由度 | 显著性（双尾） | 平均值差值 | 差值标准误差 | 下限 | 上限 |
| 假定等方差 | 0.439 | 0.514 | −1.807 | 23 | 0.084 | −3.987 | 2.207 | −8.552 | 0.578 |
| 不假定等方差 | | | −1.767 | 19.470 | 0.093 | −3.987 | 2.257 | −8.702 | 0.729 |

138

【结果解释】

实训表 7 显示了两组的基本信息。实训表 8 显示了两个样本的检验结果,结果显示两组数据满足方差齐性条件,读取假定等方差结果,得 $t = -1.807$,$P = 0.084$,可知 $P < 0.05$,差异无统计学意义。尚不能认为慢性支气管炎病人与健康人的尿中 17 酮类固醇的排出量不同。

【实训提示】

两样本 $t$ 检验要求两总体方差相等。本例两组总体方差相等,选第一行的统计量;若方差不等,则选第二行的统计量。

两独立样本
$t$ 检验

# 实训三　方　差　分　析

## 一、完全随机设计的方差分析

【实训目的】

运用 SPSS“分析”菜单中的“一般线性模型”选项,检验多个样本所代表的总体均数是否相等,正确解释 SPSS 输出的结果。

【实训内容】

见第五章例 5-1,某研究者为研究一种降脂新药物的临床疗效,按统一纳入标准选择了某地年龄相同、体重接近的 36 例高脂血症患者,随机分为 3 组,每组 12 例,分别为对照组、低剂量降脂药物组和高剂量降脂药物组,服用 1 个月后,测定血清总胆固醇(mmol/L),结果见表 5-1。试分析 3 组患者的血清总胆固醇有无差别?

【实训步骤】

1. 启动 SPSS。

2. 单击 SPSS 界面左下角的“变量视图”标签,建立两个变量,变量名分别为“血清总胆固醇”“分组”。以上变量均为数值型,宽度和小数位数根据数据进行相应设置(实训图 10)。

**实训图 10　完全随机设计方差分析数据文件**

3. 单击左下角的“数据视图”标签,分别对两个变量录入数据。录入数据时应注意“分组”与“血清胆固醇”变量值的对应。

4. **操作步骤**　单击“分析”→“一般线性模型”→“单变量”菜单,弹出对话框。

5. 在单变量分析主对话框中,左边变量名列表框的“血清总胆固醇”变量移到右边因变量框中;“分组”变量移到固定因子变量框内(实训图 11)。

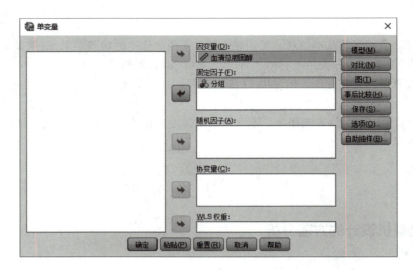

实训图 11　完全随机设计方差分析对话框

6. 单击"事后比较"按钮,弹出多重比较对话框,设置多重比较的方法,将左边因子框中的"分组"变量移到右边事后检验变量框,同时在下方选择比较的方法,在假定等方差下的方法中选择"S-N-K",单击"继续";单击"选项"按钮,弹出选项对话框,设置结果输出的内容,将左边因子与因子交互列表框中的"分组"变量移到右边平均值框中,并勾选"描述统计"和"齐性检验"选项,单击"继续";其他选项为默认,单击"确定"按钮,得到分析结果。

【实训结果】

方差分析的结果内容较多,本例只列出主要结果。

实训表 9　描述统计

因变量:血清总胆固醇

| 分组 | 平均值 | 标准偏差 | 个案数 |
|---|---|---|---|
| 对照组 | 6.794 2 | 0.655 74 | 12 |
| 低剂量药物组 | 6.675 8 | 0.825 88 | 12 |
| 高剂量药物组 | 5.410 8 | 0.620 09 | 12 |
| 总计 | 6.293 6 | 0.934 63 | 36 |

实训表 10　误差方差的莱文等同性检验

因变量:血清总胆固醇

| $F$ | 自由度 1 | 自由度 2 | 显著性 |
|---|---|---|---|
| 0.789 | 2 | 33 | 0.463 |

实训表 11　主体间效应检验

因变量:血清总胆固醇

| 源 | Ⅲ类平方和 | 自由度 | 均方 | $F$ | 显著性 |
|---|---|---|---|---|---|
| 修正模型 | 14.111[a] | 2 | 7.056 | 14.144 | 0.000 |
| 截距 | 1 425.943 | 1 | 1 425.943 | 2 858.388 | 0.000 |
| 分组 | 14.111 | 2 | 7.056 | 14.144 | 0.000 |
| 误差 | 16.462 | 33 | 0.499 | | |
| 总计 | 1 456.517 | 36 | | | |
| 修正后总计 | 30.574 | 35 | | | |

**实训表 12　血清总胆固醇的事后检验**

| 分组 | 个案数 | 子集 | |
|---|---|---|---|
| | | 1 | 2 |
| 高剂量药物组 | 12 | 5.410 8 | |
| 低剂量药物组 | 12 | | 6.675 8 |
| 对照组 | 12 | | 6.794 2 |
| 显著性 | | 1.000 | 0.684 |

【结果解释】

本例在进行方差分析前,经检验满足正态分布和方差齐性条件。实训表 9 显示了各组及总的均值、标准差和例数。实训表 10 显示了 Levene 方差齐性检验结果,可知 $P>0.10$,各组总体方差相同。实训表 11 显示了模型的结果,处理组的变异为 14.111,误差项的变异为 16.462,它们的总变异为 30.574,进一步可知 $F=14.144$,$P<0.001$,差异有统计学意义。可认为 3 组患者血清总胆固醇水平不同或不完全相同。实训表 12 显示了 3 组患者血清总胆固醇水平的多重比较结果,可知高剂量药物组的血清总胆固醇水平低于其他两组,而低剂量药物组和对照组的血清总胆固醇水平无差异。

完全随机设计的方差分析

## 二、随机区组设计的方差分析

【实训目的】

运用 SPSS"分析"菜单中的"一般线性模型"选项,检验处理因素、区组因素各水平间的总体均数是否存在差异,正确解释 SPSS 输出的结果。

【实训内容】

见第五章例 5-3,为了解不同饲料对肝脏的影响,将 24 只大白鼠按窝别、体重分成 8 个配伍组,每个配伍组的 3 只大白鼠随机分配到 3 个处理组,分别用 3 种不同的饲料喂养 60 天后,测定其肝重占体重的比值(%),结果见表 5-5。试比较 3 种不同饲料喂养后肝重占体重的比值有无差异?

【实训步骤】

1. 启动 SPSS。

2. 单击 SPSS 界面左下角的"变量视图"标签,建立三个变量,变量名分别为"肝重比值""处理组""区组"。以上变量均为数值型,宽度和小数位数根据数据进行相应设置(实训图 12)。

**实训图 12　随机区组设计方差分析数据文件**

3. 单击左下角的"数据视图"标签,分别对三个变量录入数据。录入数据时应注意"处理组""区组"与"肝重比值"变量值的对应。

**4. 操作步骤** 单击"分析"→"一般线性模型"→"单变量"菜单,弹出对话框。

5. 在单变量分析主对话框中,左边变量名列表框的"肝重比值"变量移到右边因变量框中;"处理组""区组"两个变量移到固定因子变量框内(实训图13)。

6. 单击"模型"按钮,弹出模型对话框,选择"定制"选项,将左边因子与协变量列表框中的"处理组"与"区组"变量分别移到右边模型框中,构建项选择主效应,单击"继续";单击"事后比较"按钮,弹出多重比较对话框,设置多重比较的方法,将左边因子框中的"处理组"变量移到右边事后检验变量框,同时在下方选择比较的方法,在假定等方差下的方法中选择"S-N-K",单击"继续";其他选项为默认,单击"确定"按钮,得到分析结果。

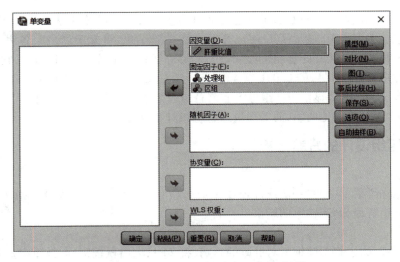

实训图 13　随机区组设计方差分析对话框

【实训结果】

实训表 13　主体间效应检验

因变量:肝重比值

| 源 | III类平方和 | 自由度 | 均方 | $F$ | 显著性 |
|---|---|---|---|---|---|
| 修正模型 | 4.067[a] | 9 | 0.452 | 11.455 | 0.000 |
| 截距 | 190.576 | 1 | 190.576 | 4 831.181 | 0.000 |
| 处理组 | 3.590 | 2 | 1.795 | 45.502 | 0.000 |
| 区组 | 0.477 | 7 | 0.068 | 1.728 | 0.182 |
| 误差 | 0.552 | 14 | 0.039 | | |
| 总计 | 195.195 | 24 | | | |
| 修正后总计 | 4.619 | 23 | | | |

实训表 14　估算值

因变量:肝重比值

| 处理组 | 平均值 | 标准误差 | 95%置信区间 | |
|---|---|---|---|---|
| | | | 下限 | 上限 |
| 饲料 A | 2.405 | 0.070 | 2.254 | 2.556 |
| 饲料 B | 2.714 | 0.070 | 2.563 | 2.864 |
| 饲料 C | 3.335 | 0.070 | 3.184 | 3.486 |

**实训表 15　肝重比值的事后检验**

S-N-K[a,b]

| 处理组 | 个案数 | 子集 | | |
| --- | --- | --- | --- | --- |
| | | 1 | 2 | 3 |
| 饲料 A | 8 | 2.405 | | |
| 饲料 B | 8 | | 2.714 | |
| 饲料 C | 8 | | | 3.335 |
| 显著性 | | 1.000 | 1.000 | 1.000 |

[a.] 使用调和平均值样本量=8。

[b.] 显著性水平=.05。

**【结果解释】**

本例在进行方差分析前,经检验两变量满足正态分布。实训表 13 显示了模型的结果,处理组的变异为 3.590,区组变异为 0.477,误差项的变异 0.552,它们的总变异为 4.619。进一步可知,处理组检验 $F=45.502$, $P<0.001$,差异有统计学意义。可认为三种饲料的平均肝重比值不等或不全相等。区组检验 $F=1.728$, $P=0.182$, $P>0.05$,说明不同区组的肝重比值无差异。实训表 14 显示了不同处理组的基本信息。实训表 15 显示了不同处理组肝重比值的多重比较结果,可知三种饲料的肝重比值均有差异,且饲料 C>饲料 B>饲料 A。

随机区组设计的方差分析

# 实训四　$\chi^2$ 检验

## 一、独立四格表 $\chi^2$ 检验

**【实训目的】**

运用 SPSS "分析" 菜单中的 "描述统计" 选项,检验两总体率或构成比是否有差别,正确解释 SPSS 输出的结果。

**【实训内容】**

见第九章例 9-2,某医学院抽样调查大学一年级和二年级学生近视眼患病情况,问该大学一年级和二年级学生的近视眼患病率是否不同?

**【实训步骤】**

1. 启动 SPSS。

2. 单击 SPSS 界面左下角的 "变量视图" 标签,建立三个变量,变量名分别为 "年级" "是否近视" "例数"。以上变量均为数值型,宽度和小数位数根据数据进行相应设置(实训图 14)。

3. 单击左下角的 "数据视图" 标签,分别对三个变量录入数据。"年级" 变量值录入 1 和 2,分别代表一年级和二年级;"是否近视" 变量值分别录入 0 和 1,分别代表非近视和近视;"例数" 变量值分别录入 "年级" 和 "是否近视" 各种组合情况的频数。

4. **操作步骤**　在分析前需要对汇总频数进行加权,选择 "数据" → "个案加权" 菜单,弹出加权对话框,选择 "个案加权系数" 选项,并将 "例数" 变量移到频数变量框中。注意:如果数据为个体数据格式,则不加权。进行 $\chi^2$ 检验选择 "分析" → "描述统计" → "交叉表" 菜单,弹出对话框。

5. 在交叉表分析的主对话框中,左边变量名列表框的 "年级" 变量和 "是否近视" 变量分别移到右边行、列变量框中,形成了交叉表(实训图 15)。

6. 单击 "统计" 按钮,对所采用的分析方法进行选择,勾选 "卡方" 选项,此功能为 $\chi^2$ 检验,单击 "继续" 按钮。单击 "单元格" 按钮,勾选百分比选项中的 "行" 和 "列" 选项,在交叉表中将输出相应单元格例数在行或列合计中的比例;此外,"期望" 选项为每个单元格的理论频数,单击 "继续" 按钮。其他选项为默认,单击 "确定" 按钮,得到分析结果。

实训图 14　独立四格表 $\chi^2$ 检验数据文件

实训图 15　独立四格表 $\chi^2$ 检验对话框

【实训结果】

实训表 16　卡方检验

|  | 值 | 自由度 | 渐进显著性（双侧） | 精确显著性（双侧） | 精确显著性（单侧） |
|---|---|---|---|---|---|
| 皮尔逊卡方 | 4.059[a] | 1 | 0.044 | | |
| 连续性修正[b] | 2.746 | 1 | 0.098 | | |
| 似然比 | 4.210 | 1 | 0.040 | | |
| 费希尔精确检验 | | | | 0.072 | 0.048 |
| 线性关联 | 4.002 | 1 | 0.045 | | |
| 有效个案数 | 71 | | | | |

[a]. 2 个单元格（50%）的期望计数小于 5。最小期望计数为 4.18。
[b]. 仅针对 2×2 表进行计算。

 笔记

【结果解释】

实训表 16 示检验结果:$\chi^2 = 2.746$,$P = 0.098$,按照 0.05 的水准,不拒绝 $H_0$。还不能认为两年级的近视率存在差异。

【实训提示】

选择统计量要看卡方检验表及其下方 $a$ 这行的信息:当 $n > 40$,且所有 $T \geq 5$ 时,选皮尔逊卡方检验;当 $n > 40$,且任意 $1 \leq T < 5$ 时,选连续性校正卡方检验;当 $n \leq 40$ 或任意 $T < 1$ 时,选 Fisher 精确检验法。本例 $n > 40$,但最小理论值 $T = 4.18 < 5$。因此,选连续性校正卡方检验,$\chi^2 = 2.746$,$P = 0.098$。

独立四格表 $\chi^2$ 检验

## 二、配对四格表 $\chi^2$ 检验

【实训目的】

运用 SPSS"分析"菜单中的"描述统计"选项,检验配对设计的两总体率是否有差别,正确解释 SPSS 软件输出的结果。

【实训内容】

见第九章例 9-3,某实验室分别用乳胶凝集法和免疫荧光法对 58 名可疑系统性红斑狼疮患者血清中的抗核抗体进行检测,结果见表 9-4。问两种方法的检测结果有无差别?

【实训步骤】

1. 启动 SPSS。

2. 单击 SPSS 界面左下角的"变量视图"标签,建立三个变量,变量名分别为"免疫荧光法""乳胶凝集法""例数"。以上变量均为数值型,宽度根据数据进行相应设置,小数位数均取 0(实训图 16)。

3. 单击左下角的"数据视图"标签,分别对三个变量录入数据。"免疫荧光法"变量值和"乳胶凝集法"变量值录入 1 和 0,分别代表阳性和阴性;"例数"变量值为以上两种方法各种组合情况的频数。

4. **操作步骤** 在分析前需要对汇总频数进行加权,选择"数据"→"个案加权"菜单,弹出加权对话框,选择"个案加权系数"选项,并将"例数"变量移到频数变量框中。注意:如果数据为个体数据格式,则不加权。进行卡方检验选择"分析"→"描述统计"→"交叉表"菜单,弹出对话框。

5. 在交叉表分析的主对话框中,左边变量名列表框中的"免疫荧光法"变量和"乳胶凝集法"变量分别移到右边行、列变量框中,形成了交叉表(实训图 17)。

6. 单击"统计"按钮,对分析所采用的方法进行选择,勾选"麦克尼马尔"选项(即 McNemar 检验,此功能为配对卡方检验),单击"继续"按钮。其他选项为默认,单击"确定"按钮,得到分析结果。

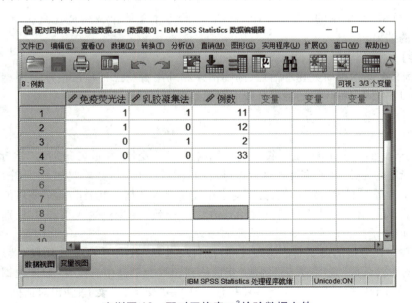

实训图 16 配对四格表 $\chi^2$ 检验数据文件

实训图 17　配对四格表 $\chi^2$ 检验对话框

【实训结果】

实训表 17　卡方检验

| | 值 | 精确显著性（双侧） |
| --- | --- | --- |
| 麦克尼马尔检验 | | 0.013[a] |
| 有效个案数 | 58 | |

[a]. 使用了二项分布。

【结果解释】

实训表 17 中采用麦克尼马尔检验（McNemar）的方法，检验结果：$P = 0.013$，按照 0.05 的水准，拒绝 $H_0$，接收 $H_1$。还不能认为两种方法的检测结果相同。

配对四格表
$\chi^2$ 检验

## 三、行 × 列表 $\chi^2$ 检验

【实训目的】

运用 SPSS "分析" 菜单中的 "描述统计" 选项，检验多个总体率或构成比是否有差别，正确解释 SPSS 软件输出的结果。

【实训内容】

见第九章例 9-4，某医师研究物理治疗、药物治疗和外用膏药三种疗法治疗周围型面神经麻痹的疗效，结果见表 9-5。问三种疗法的治疗有效率有无差别？

【实训步骤】

1. 启动 SPSS。

2. 单击 SPSS 界面左下角的 "变量视图" 标签，建立三个变量，变量名分别为 "治疗方法" "疗效" "例数"。以上变量均为数值型，宽度根据数据进行相应设置，小数位数均取 0（实训图 18）。

3. 单击左下角的 "数据视图" 标签，分别对三个变量录入数据。"治疗方法" 变量值录入 1、2、3，分别代表物理治疗、药物治疗和外用膏药三种治疗方法；"疗效" 变量值录入 1 和 0，分别代表有效和无效；"例数" 变量值为治疗方法和疗效组合情况的频数。

4. **操作步骤**　在分析前需要对汇总频数进行加权，选择 "数据" → "个案加权" 菜单，弹出加权对话框，选择 "个案加权系数" 选项，并将 "例数" 变量移到频数变量框中。注意：如果数据为个体数据格式，则不加权。进行卡方检验选择 "分析" → "描述统计" → "交叉表" 菜单，弹出对话框。

5. 在交叉表分析的主对话框中，左边变量名列表框中的 "治疗方法" 变量和 "疗效" 变量分别移到右边行、列变量框中，形成了交叉表（实训图 19）。

6. 单击"统计"按钮,对分析所采用的方法进行选择,勾选"卡方"选项,此功能为独立卡方检验,单击"继续"按钮。单击"单元格"按钮,勾选百分比选项中的"行"选项,在交叉表中将输出相应单元格例数在行合计中的比例,即为三种治疗方法的有效率。其他选项为默认,单击"确定"按钮,得到分析结果。

实训图 18　行×列表 $\chi^2$ 检验数据文件

实训图 19　行×列表 $\chi^2$ 检验对话框

【实训结果】

实训表 18　卡方检验

| | 值 | 自由度 | 渐进显著性(双侧) |
| --- | --- | --- | --- |
| 皮尔逊卡方 | 21.038ª | 2 | 0.000 |
| 似然比 | 21.559 | 2 | 0.000 |
| 线性关联 | 20.903 | 1 | 0.000 |
| 有效个案数 | 532 | | |

ª. 0 个单元格(0.0%)的期望计数小于 5。最小期望计数为 13.80。

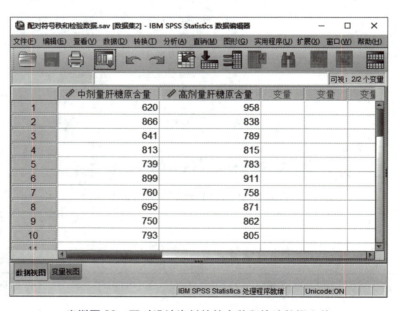

【结果解释】

实训表 18 示检验结果：$\chi^2 = 21.038$，$P < 0.001$，按照 0.05 的水准，拒绝 $H_0$，接收 $H_1$。还不能认为三种疗法的治疗有效率完全相同。

【实训提示】

行×列资料的 $\chi^2$ 检验与四格表 $\chi^2$ 检验结果不同，在行×列资料的 $\chi^2$ 检验的结果中没有校正和确切概率检验结果。需要考虑以下条件：当期望数 $T < 5$ 的单元格数量超过 25% 或任一格子期望数 $T < 1$ 时，应进行相应的处理。如果需要进行多重比较时，则每两种方法组合形成新的四格表资料，再利用四格表卡方检验进行比较，而检验标准采用分割办法，如比较三次，则每次的检验标准为 $0.05/3 = 0.017$。

# 实训五　秩 和 检 验

## 一、配对设计资料的符号秩和检验

【实训目的】

运用 SPSS"分析"菜单中的"非参数检验"选项，检验配对设计资料的差值是否来自中位数为 0 的总体，正确解释 SPSS 软件输出的结果。

【实训内容】

见第十章例 10-1，某研究者欲研究保健食品对小鼠抗疲劳作用，将同种属的小鼠按性别和年龄相同、体重相近配成对子，共 10 对，并将每对中的两只小鼠随机分到保健食品两个不同的剂量组，到一定时期将小鼠杀死，测得其肝糖原含量（mg/100g），结果如表 10-1。问不同剂量组的小鼠肝糖原含量有无差别？

【实训步骤】

1. 启动 SPSS。

2. 单击 SPSS 界面左下角的"变量视图"标签，建立两个变量，变量名分别为"中剂量肝糖原含量""高剂量肝糖原含量"。以上变量均为数值型，宽度根据数据进行相应设置，小数位数均取 0（实训图 20）。

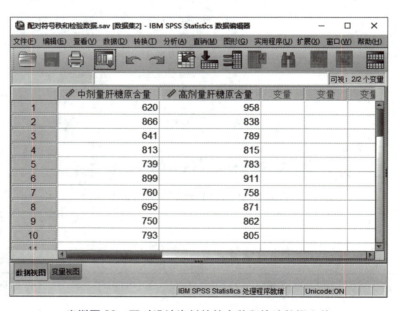

**实训图 20　配对设计资料的符合秩和检验数据文件**

3. 单击左下角的"数据视图"标签，分别对两个变量录入数据，录入数据应注意每一条记录的两个变量值一一对应。

4. **操作步骤**　选择"分析"→"非参数检验"→"旧对话框"→"2 个相关样本"菜单，弹出对话框。

5. 在主对话框中，左边变量名列表框中的"中剂量肝糖原含量"变量和"高剂量肝糖原含量"变量分别移到检验对变量框中,形成了两个变量的对应关系(实训图 21)。

6. 检验类型勾选"威尔科克森"选项(即 Wilcoxon 配对符合秩和检验),单击"确定"按钮,得到分析结果。

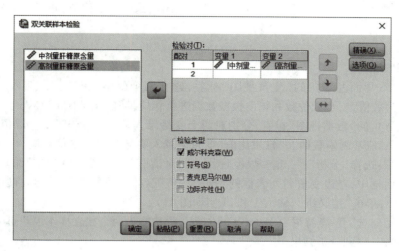

**实训图 21　配对设计资料的符合秩和检验对话框**

## 【实训结果】

**实训表 19　秩次**

| | | 个案数 | 秩平均值 | 秩的总和 |
|---|---|---|---|---|
| 高剂量肝糖原含量-中剂量肝糖原含量 | 负秩 | 2[a] | 3.25 | 6.50 |
| | 正秩 | 8[b] | 6.06 | 48.50 |
| | 绑定值 | 0[c] | | |
| | 总计 | 10 | | |

[a]. 高剂量肝糖原含量<中剂量肝糖原含量。
[b]. 高剂量肝糖原含量>中剂量肝糖原含量。
[c]. 高剂量肝糖原含量=中剂量肝糖原含量。

**实训表 20　检验统计[a]**

| | 高剂量肝糖原含量-中剂量肝糖原含量 |
|---|---|
| $z$ | $-2.143$[b] |
| 渐进显著性(双尾) | 0.032 |

[a]. 威尔科克森符号秩检验。
[b]. 基于负秩。

## 【结果解释】

实训表 19 显示了对配对数据的差值进行编秩次,差值分别为 0、正值、负值时的秩次和秩和情况。高剂量结果小于中剂量的有 2 例,平均秩次为 3.25,秩次之和为 6.50;高剂量结果大于中剂量的有 8 例,平均秩次为 6.06,秩次之和为 48.50;两组相同结果的有 0 例。

实训表 20 的结果为 Wilcoxon 符号秩和检验,检验结果:$z=-2.143$,$P=0.032$($P<0.05$),差异有统计学意义,可认为两剂量组的肝糖原含量有差异。

## 二、两独立样本比较的秩和检验

### 1. 数值变量资料

### 【实训目的】

运用 SPSS"分析"菜单中的"非参数检验"选项,检验两个独立样本代表的总体分布位置是否有差

配对设计资料的符号秩和检验

异,正确解释 SPSS 软件输出的结果。

【实训内容】

见第十章例 10-2,某地职业病防治研究所欲比较使用二巯丁二钠与二巯基丙磺酸钠的驱汞效果,将 22 例汞中毒患者随机分配到两组,分别测定并计算两组驱汞的排汞比值,并将结果列于表 10-2。试问两药的驱汞效果有无差别?

【实训步骤】

（1）启动 SPSS。

（2）单击 SPSS 界面左下角的"变量视图"标签,建立两个变量,变量名分别为"排汞比值""分组",以上变量均为数值型,小数位数和宽度根据数据进行相应设置（实训图 22）。

（3）单击左下角的"数据视图"标签,分别对两个变量录入数据,"分组"变量取值为 1 和 2,分别代表二巯丁二钠、二巯基丙磺酸钠。"排汞比值"变量值录入要与"分组"取值对应。

（4）操作步骤:选择"分析"→"非参数检验"→"旧对话框"→"2 个独立样本"菜单,弹出对话框。

（5）在主对话框中,左边变量名列表框的"排汞比值"变量移到检验变量列表框中;"分组"变量移到分组变量框中,单击"定义组",输入 1 和 2（实训图 23）。

（6）检验类型勾选"曼-惠特尼"（Mann-Whitney U,此功能为两个独立样本 Wilcoxon 秩和检验）选项,单击"确定"按钮,得到分析结果。

实训图 22　两独立样本数值变量资料比较的秩和检验数据文件

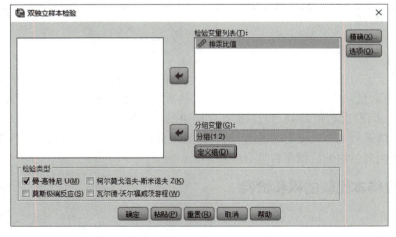

实训图 23　两独立样本数值变量资料比较的秩和检验对话框

**【实训结果】**

**实训表 21　秩次**

|  | 分组 | 个案数 | 秩平均值 | 秩的总和 |
|---|---|---|---|---|
| 排汞比值 | 二巯丁二钠 | 10 | 7.55 | 75.50 |
|  | 二巯基丙磺酸钠 | 12 | 14.79 | 177.50 |
|  | 总计 | 22 |  |  |

**实训表 22　检验统计[a]**

|  | 排汞比值 |
|---|---|
| 曼-惠特尼 $U$ | 20.500 |
| 威尔科克森 $W$ | 75.500 |
| $z$ | −2.606 |
| 渐进显著性（双尾） | 0.009 |
| 精确显著性[2*（单尾显著性）] | 0.007[b] |

a. 分组变量:分组。
b. 未针对绑定值进行修正。

**【结果解释】**

实训表 21 为秩次结果,对两组排汞比值进行编制,显示了两组的平均秩次和秩和情况。

实训表 22 为秩和检验结果,$z = -2.606$,$P = 0.009$（采用了渐进概率结果,$P < 0.05$）,差异有统计学意义,可认为两组排汞比值的总体分布有差异,二巯基丙磺酸钠的排汞比值更高。

2. 分类变量资料

**【实训目的】**

运用 SPSS 统计"分析"菜单中的"非参数检验"选项,检验两个独立样本代表的总体分布位置是否有差异,正确解释 SPSS 软件输出的结果。

**【实训内容】**

见第十章 10-3,某医生为评价某种中药治疗 1 型糖尿病和 2 型糖尿病的疗效,选取两种糖尿病患者 45 例,结果见表 10-3。问该中药对两型糖尿病患者的疗效有无差别?

**【实训步骤】**

（1）启动 SPSS。

（2）单击 SPSS 界面左下角的"变量视图"标签,建立三个变量,变量名分别为"糖尿病类型""疗效""例数"。以上变量均为数值型,小数位数和宽度根据数据进行相应设置(实训图 24)。

（3）单击左下角的"数据视图"标签,分别对三个变量录入数据,"糖尿病类型"变量取值为 1 和 2,分别代表 1 型糖尿病和 2 型糖尿病。"疗效"变量的取值为 1、2 和 3,分别代表无效、好转和显效。"例数"变量值为不同疾病类型与疗效组合的频数。

（4）操作步骤:在分析前需要对汇总频数进行加权,本例为"例数"变量,选择"数据"→"个案加权"菜单,弹出加权对话框,选择"个案加权系数"选项,并将"例数"变量移到频数变量框中。选择"分析"→"非参数检验"→"旧对话框"→"2 个独立样本"菜单,弹出对话框。

（5）在主对话框中,左边变量名列表框的"疗效"变量移到检验变量列表框中;"糖尿病类型"变量移到分组变量框中,单击"定义组",录入 1 和 2(实训图 25)。

（6）检验类型勾选"曼-惠特尼"(Mann-Whitney U,此功能为两个独立样本 Wilcoxon 秩和检验)选项,单击"确定"按钮,得到分析结果。

两独立样本数值变量资料比较的秩和检验

实训图 24　两独立样本分类变量资料比较的秩和检验数据文件

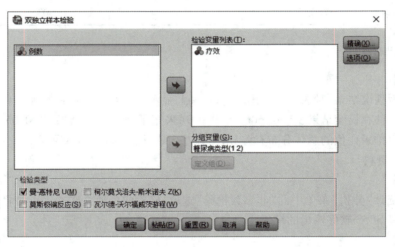

实训图 25　两独立样本分类变量资料比较的秩和检验对话框

【实训结果】

实训表 23　秩次

|  | 糖尿病类型 | 个案数 | 秩平均值 | 秩的总和 |
|---|---|---|---|---|
| 疗效 | 1 型糖尿病 | 22 | 18.82 | 414.00 |
|  | 2 型糖尿病 | 23 | 27.00 | 621.00 |
|  | 总计 | 45 |  |  |

实训表 24　检验统计[a]

|  | 疗效 |
|---|---|
| 曼-惠特尼 $U$ | 161.000 |
| 威尔科克森 $W$ | 414.000 |
| $z$ | −2.224 |
| 渐进显著性（双尾） | 0.026 |

[a].　分组变量:糖尿病类型。

**【结果解释】**

实训表23为秩次表,对两组疗效等级进行编制,在该表中显示了两组的平均秩次和秩和情况。

实训表24为秩和检验结果,$z = -2.224$,$P = 0.026$(采用了渐进概率结果,$P < 0.05$),差异有统计学意义,可认为两组疗效等级的总体分布有差异,说明该中药治疗对两型糖尿病的疗效不同,从目前信息看,对于2型糖尿病的疗效更佳。

两独立样本分类变量资料比较的秩和检验

## 三、多个独立样本比较的秩和检验

### 1. 数值变量资料

**【实训目的】**

运用SPSS"分析"菜单中的"非参数检验"选项,检验多个独立样本代表的总体分布位置是否有差异,正确解释SPSS软件输出的结果。

**【实训内容】**

见第十章例10-4,为研究精氨酸对小鼠截肢后淋巴细胞转化功能的影响,将21只昆明小鼠随机分成3组:对照组A、截肢组B、截肢后用精氨酸治疗组C、实验观察脾淋巴细胞对HPA刺激的增殖反应,测量指标是$^3H$吸收量,数据见表10-4。试分析不同处理方法对$^3H$吸收量的影响有无差别?

**【实训步骤】**

(1)启动SPSS。

(2)单击SPSS界面左下角的"变量视图"标签,建立两个变量,变量名分别为"H3吸收量""分组"。以上变量均为数值型,小数位数和宽度根据数据进行相应设置(实训图26)。

(3)单击左下角的"数据视图"标签,分别对两个变量录入数据,"分组"变量取值为1、2和3,分别代表对照组、截肢组和截肢治疗组。"H3吸收量"变量的数据录入要与"分组"变量取值对应。

(4)操作步骤:选择"分析"→"非参数检验"→"旧对话框"→"K个独立样本"菜单,弹出对话框。

(5)在主对话框中,左边变量名列表框的"H3吸收量"变量移到检验变量列表框中;"分组"变量移到分组变量框中,单击"定义组",输入1、2和3(实训图27)。

(6)检验类型勾选"克鲁斯卡尔-沃利斯"(Kruskal-Wallis H,此功能为多个独立样本秩和检验)选项,单击"确定"按钮,得到分析结果。

| | 分组 | H3吸收量 | 变量 | 变量 | 变量 | 变量 | 变量 |
|---|---|---|---|---|---|---|---|
| 1 | 1 | 3012 | | | | | |
| 2 | 1 | 9458 | | | | | |
| 3 | 1 | 8419 | | | | | |
| 4 | 1 | 9580 | | | | | |
| 5 | 1 | 13590 | | | | | |
| 6 | 1 | 12787 | | | | | |
| 7 | 1 | 6600 | | | | | |
| 8 | 2 | 2532 | | | | | |
| 9 | 2 | 4682 | | | | | |
| 10 | 2 | 2025 | | | | | |

**实训图26 多个独立样本数值变量资料比较的秩和检验数据文件**

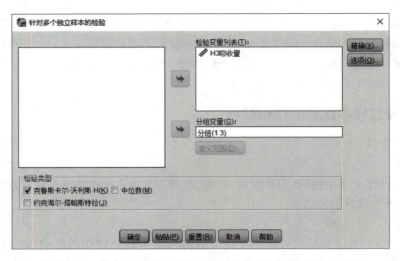

**实训图27　多个独立样本数值变量资料比较的秩和检验对话框**

【实训结果】

**实训表25　秩次**

| | 分组 | 个案数 | 秩平均值 |
|---|---|---|---|
| H3 吸收量 | 对照组 | 7 | 17.00 |
| | 截肢组 | 7 | 7.71 |
| | 截肢治疗组 | 7 | 8.29 |
| | 总计 | 21 | |

**实训表26　检验统计[a,b]**

| | H3 吸收量 |
|---|---|
| 卡方 | 9.848 |
| 自由度 | 2 |
| 渐进显著性 | 0.007 |

a. 克鲁斯卡尔-沃利斯检验。

b. 分组变量：分组。

多个独立样本数值变量资料比较的秩和检验

【结果解释】

实训表25为秩次表，对三组的$^3$H吸收量进行编制，在表中显示了三组的平均秩次。

实训表26为检验统计表，即克鲁斯卡尔-沃利斯秩和检验，检验结果：$\chi^2=9.848$，$P=0.007$（$H$统计量服从卡方分布，$P<0.05$），差异有统计学意义，三组$^3$H吸收量的总体分布不全相同，说明三组小鼠脾细胞对HPA刺激的增殖反应存在差异。

**2. 分类变量资料**

【实训目的】

运用SPSS"分析"菜单中的"非参数检验"选项，检验多个独立样本代表的总体分布位置是否有差异，正确解释SPSS软件输出的结果。

【实训内容】

见第十章例10-5，四种疾病患者痰液内嗜酸性粒细胞的检查结果见表10-5。问四种疾病患者痰液内嗜酸性粒细胞的等级分布有无差别？

【实训步骤】

（1）启动SPSS。

（2）单击 SPSS 界面左下角的"变量视图"标签,建立三个变量,变量名分别为"疾病类型""白细胞巴氏分级""例数"。以上变量均为数值型,小数位数和宽度根据数据进行相应设置(实训图28)。

（3）单击左下角的"数据视图"标签,分别对三个变量录入数据,"疾病类型"变量取值为1、2、3和4,分别代表支气管扩张、肺水肿、肺癌和病毒性呼吸道感染;"白细胞巴氏分级"变量取值为1、2、3和4,分别代表-、+、++、+++;"例数"变量值为疾病类型与白细胞巴氏分级各组组合的频数。

（4）操作步骤:在分析前需要对汇总频数进行加权,选择"数据"→"个案加权"菜单,弹出加权对话框,选择"个案加权系数"选项,并将"例数"变量移到频数变量框中。选择"分析"→"非参数检验"→"旧对话框"→"K 个独立样本"菜单,弹出对话框。

（5）在主对话框中,左边变量名列表框的"白细胞巴氏分级"变量移到检验变量列表框中;"疾病类型"变量移到分组变量框中,单击"定义范围",输入 1 和 4(实训图 29)。

（6）检验类型勾选"克鲁斯卡尔-沃利斯"(Kruskal-Wallis H)选项,单击"确定"按钮,得到分析结果。

**实训图 28　多个独立样本分类变量资料比较的秩和检验数据文件**

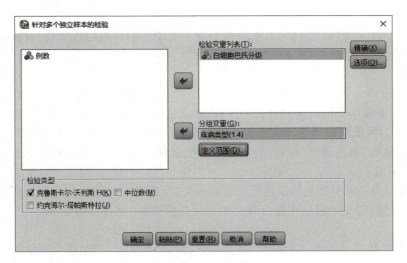

**实训图 29　多个独立样本分类变量资料比较的秩和检验对话框**

**【实训结果】**

**实训表 27　秩次**

| | 疾病类型 | 个案数 | 秩平均值 |
|---|---|---|---|
| 白细胞巴氏分级 | 支气管扩张 | 17 | 43.50 |
| | 肺水肿 | 15 | 29.10 |
| | 肺癌 | 17 | 24.09 |
| | 病毒性呼吸道感染 | 11 | 22.23 |
| | 总计 | 60 | |

**实训表 28　检验统计[a,b]**

| | 白细胞巴氏分级 |
|---|---|
| 卡方 | 15.506 |
| 自由度 | 3 |
| 渐进显著性 | 0.001 |

[a.] 克鲁斯卡尔-沃利斯检验。
[b.] 分组变量:疾病类型。

多个独立样本分类变量资料比较的秩和检验

**【结果解释】**

实训表 27 为秩次表,对四种疾病的白细胞巴氏分级进行编制,显示了四组的平均秩次。

实训表 28 为秩和检验统计表,即克鲁斯卡尔-沃利斯秩和检验,检验结果:$\chi^2 = 15.506$,$P = 0.001$($P < 0.05$),差异有统计学意义,故可认为四种疾病患者痰液内嗜酸性粒细胞总体分布有差别。

# 实训六　直线相关与回归分析

## 一、直线相关分析

**【实训目的】**

运用 SPSS"分析"菜单中的"相关"选项,计算相关系数,并检验两变量总体相关系数是否为 0,正确解释 SPSS 的输出结果。

**【实训内容】**

见第十一章例 11-1,某医师测量 12 名 20 岁健康男大学生的身高与前臂长,资料见表 11-1。试求身高与前臂长的相关系数。

**【实训步骤】**

1. 启动 SPSS。

2. 单击 SPSS 界面左下角的"变量视图"标签,建立三个变量,变量名分别为"编号""身高""前臂长"。以上变量均为数值型,宽度根据数据进行相应设置,小数位数均取 0(实训图 30)。

3. 单击左下角的"数据视图"标签,分别对三个变量录入数据,录入数据应注意每一条记录的三个变量值一一对应。

4. **操作步骤**　首先对分析的变量进行正态分布检验,选择"分析"→"描述统计"→"探索"菜单,考察"身高"和"前臂长"是否服从正态分布。相关性分析选择"分析"→"相关"→"双变量"菜单,弹出对话框。

5. 在主对话框中,左边变量名列表框的"身高"变量和"前臂长"变量移到变量框中(实训图 31)。

6. 若两个变量服从正态分布,则相关系数估计方法勾选"皮尔逊"选项;否则,相关系数估计方法选择"斯皮尔曼"。本例两个分析变量均服从正态分布,勾选"皮尔逊"选项单击"确定"按钮,得到分析结果。

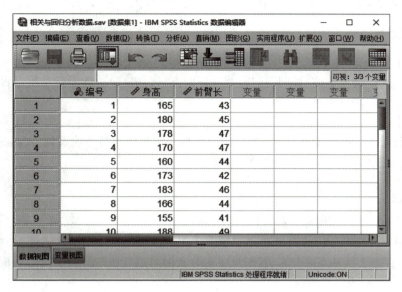

**实训图 30　相关分析数据文件**

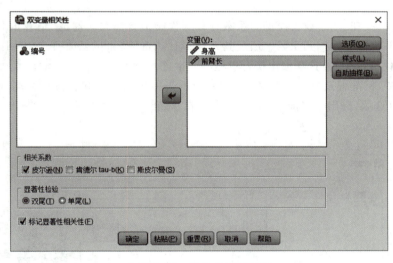

**实训图 31　相关分析对话框**

【实训结果】

**实训表 29　相关性**

| | | 身高 | 前臂长 |
|---|---|---|---|
| 身高 | 皮尔逊相关性 | 1 | 0.795** |
| | 显著性（双尾） | | 0.002 |
| | 个案数 | 12 | 12 |
| 前臂长 | 皮尔逊相关性 | 0.795** | 1 |
| | 显著性（双尾） | 0.002 | |
| | 个案数 | 12 | 12 |

** . 在 0.01 标准（双尾），相关性显著。

【结果解释】

实训表 29 相关分析结果显示，身高与前臂长两个变量的相关系数为 0.795。经检验，$P = 0.002$（$P$

<0.05)，有统计学意义，可认为身高与前臂长之间存在线性相关关系，且为正相关。

## 二、回归分析

【实训目的】

运用 SPSS"分析"菜单中的"回归"选项，建立回归方程，并检验总体回归系数是否为 0，正确解释 SPSS 的输出结果。

【实训内容】

见第十一章例 11-1，某医师测量 12 名 20 岁健康男大学生的身高与前臂长，资料见表 10-1。试求身高与前臂长的直线回归方程，并检验有无直线回归关系。

【实训步骤】

1. 启动 SPSS。

2. 建立变量和录入数据同相关分析（实训图 30）。

3. 操作步骤　首先对分析的变量进行正态性检验，选择"分析"→"描述统计"→"探索"菜单，考察因变量"前臂长"是否服从正态分布，若服从正态分布即可进行回归分析。回归分析选择"分析"→"回归"→"线性"菜单，弹出对话框。

4. 在主对话框中，左边变量名列表框的"身高"变量作为自变量，移到自变量框中；"前臂长"变量作为因变量，移到因变量框中（实训图 32）。

5. 单击"统计"按钮，用于设置模型的系数计算和模型拟合情况。勾选"估算值"复选项，将输出回归系数、标准误、标准化的回归系数、$t$ 值及其 $P$ 值；勾选"置信区间"复选项，输出回归系数的 95% 的可信区间；勾选"模型拟合"复选项输出拟合过程的变量进入、退出的信息表，输出复相关系数 $R$、决定系数 $R^2$、调整的 $R^2$、标准误及方差分析表，在方差分析表中显示平方和、自由度、均方、$F$ 统计量及 $P$ 值；勾选"描述"复选项，输出一些描述统计量，如均数、标准差及样本例数，同时输出了自变量的相关矩阵。

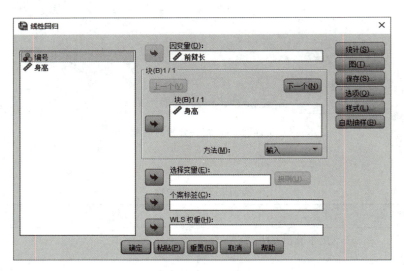

实训图 32　回归分析对话框

【实训结果】

输出结果只展示模型摘要、方差分析信息和回归系数内容。

实训表 30　模型摘要

| 模型 | $R$ | $R$ 方 | 调整后 $R$ 方 | 标准估算的误差 |
| --- | --- | --- | --- | --- |
| 1 | 0.795 | 0.633 | 0.596 | 1.745 |

笔记

实训表 31　ANOVA<sup>a</sup>

| 模型 | | 平方和 | 自由度 | 均方 | F | 显著性 |
|------|------|--------|--------|------|------|--------|
| 1 | 回归 | 52.450 | 1 | 52.450 | 17.216 | 0.002[b] |
| | 残差 | 30.466 | 10 | 3.047 | | |
| | 总计 | 82.917 | 11 | | | |

a. 因变量:前臂长。
b. 预测变量:常量,身高。

实训表 32　回归系数<sup>a</sup>

| 模型 | | 未标准化系数 | | 标准化系数 | t | 显著性 | B 的 95.0%置信区间 | |
|------|------|------|----------|------------|------|--------|------|------|
| | | B | 标准误差 | Beta | | | 下限 | 上限 |
| 1 | 常量 | 10.700 | 8.382 | | 1.277 | 0.231 | −7.976 | 29.377 |
| | 身高 | 0.200 | 0.048 | 0.795 | 4.149 | 0.002 | 0.093 | 0.308 |

a. 因变量:前臂长。

**【结果解释】**

实训表 30 为模型摘要表,显示了模型的拟合优度情况,相关系数为 0.795,决定系数为 0.633,校正决定系数为 0.596。

实训表 31 为回归方程的方差分析表,显示了变异分解情况,$F = 17.216$,$P < 0.01$,建立的模型具有统计学意义。

实训表 32 为回归系数表,给出了回归系数的估计及检验,回归方程的常数项为 10.700,身高的回归系数为 0.200。经回归系数 $t$ 检验,$t = 4.149$,$P < 0.01$,说明身高与前臂长之间存在线性回归关系,回归方程:$\hat{Y} = 10.7 + 0.2X$。

直线相关与
回归分析

## 本章小结

1. SPSS 统计软件具有操作简便、易学易用、分析结果清晰直观的特点,是被权威机构认可的工具,所以应用越来越广泛,是医学统计工作的首选。IBM SPSS 24.0 增加了新的功能和方法,数据接口具有了更强的兼容性。

2. SPSS 统计软件有独立的数据整理与转换菜单。数据整理过程有识别重复数据过程、排序、转置、合并数据文件、重建数据结构、拆分文件、选择记录、加权等,尤其是数据结构的变换过程大大减少了数据整理的工作量。SPSS 提供了一系列产生新变量的过程,如计算新变量、重新编码、编秩、生成时间序列数据、填补缺失值等。

3. SPSS 软件分析过程中包括了统计描述和统计推断的大多数方法。本章仅介绍了 SPSS 窗口结构和菜单功能、变量属性的定义、数据录入和读取等入门知识,并讲解了描述性统计量、$t$ 检验、方差分析、$\chi^2$ 检验、相关与回归等统计分析方法的软件操作步骤和结果的读取。如果更深入地了解和掌握 SPSS 软件,需要参考 SPSS 软件说明和有关参考书籍,并在实践中不断应用。

(张星光)

## 思考题

1. 见本教材第二章的例 2-5,数据见表 2-4,计算胃癌患者血清某抗体的平均滴度和变异情况。请采用 SPSS 软件实现。

2. 见本教材第五章思考题，为研究某药物的抑癌作用，使一批小白鼠致癌后，按完全随机设计的方法随机分为四组，A、B、C 三个试验组和一个对照组，A、B、C 三个试验组分别注射 0.5ml、1.0ml 和 1.5ml 的 30% 注射液，对照组不用药。经一定时间后，测定四组小白鼠的肿瘤重量，测定结果见表 5-10。问不同剂量药物注射液的抑癌作用有无差别？请采用 SPSS 软件实现。

3. 见本教材第九章例 9-5，某研究人员收集了亚洲、欧洲和非洲人的 A、B、AB、O 血型资料，结果见表 9-6。问亚洲、欧洲和非洲地区人群的血型分布（构成比）是否不同？请采用 SPSS 软件实现。

4. 见本教材第十章思考题，某研究机构用减压蒸馏法和醋酸丁酯萃取法分离 10 种海产品中的无机砷和有机砷，然后测得 10 种海产品的有机砷含量见表 10-6，试问就总体而言，两种分离方法的测定结果有无不同？请采用 SPSS 软件实现。

5. 见本教材第十一章例 11-7，在肝癌病因研究中，某地调查了 10 个乡肝癌死亡率与某种食物中黄曲霉毒素相对含量（以最高含量为 10），资料见表 11-3。试求黄曲霉毒素相对含量与肝癌死亡率的秩相关系数。请采用 SPSS 软件实现。

思路解析

笔记

# 附录 统计用表

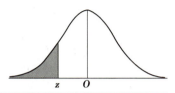

附表 1　标准正态分布曲线下的面积

| z | 0.00 | 0.01 | 0.02 | 0.03 | 0.04 | 0.05 | 0.06 | 0.07 | 0.08 | 0.09 |
|---|------|------|------|------|------|------|------|------|------|------|
| -3.0 | 0.001 3 | 0.001 3 | 0.001 3 | 0.001 2 | 0.001 2 | 0.001 1 | 0.001 1 | 0.001 1 | 0.001 0 | 0.001 0 |
| -2.9 | 0.001 9 | 0.001 8 | 0.001 8 | 0.001 7 | 0.001 6 | 0.001 6 | 0.001 5 | 0.001 5 | 0.001 4 | 0.001 4 |
| -2.8 | 0.002 6 | 0.002 5 | 0.002 4 | 0.002 3 | 0.002 3 | 0.002 2 | 0.002 1 | 0.002 1 | 0.002 0 | 0.001 9 |
| -2.7 | 0.003 5 | 0.003 4 | 0.003 3 | 0.003 2 | 0.003 1 | 0.003 0 | 0.002 9 | 0.002 8 | 0.002 7 | 0.002 6 |
| -2.6 | 0.004 7 | 0.004 5 | 0.004 4 | 0.004 3 | 0.004 1 | 0.004 0 | 0.003 9 | 0.003 8 | 0.003 7 | 0.003 6 |
| -2.5 | 0.006 2 | 0.006 0 | 0.005 9 | 0.005 7 | 0.005 5 | 0.005 4 | 0.005 2 | 0.005 1 | 0.004 9 | 0.004 8 |
| -2.4 | 0.008 2 | 0.008 0 | 0.007 8 | 0.007 5 | 0.007 3 | 0.007 1 | 0.006 9 | 0.006 8 | 0.006 6 | 0.006 4 |
| -2.3 | 0.010 7 | 0.010 4 | 0.010 2 | 0.009 9 | 0.009 6 | 0.009 4 | 0.009 1 | 0.008 9 | 0.008 7 | 0.008 4 |
| -2.2 | 0.013 9 | 0.013 6 | 0.013 2 | 0.012 9 | 0.012 5 | 0.012 2 | 0.011 9 | 0.011 6 | 0.011 3 | 0.011 0 |
| -2.1 | 0.017 9 | 0.017 4 | 0.017 0 | 0.016 6 | 0.016 2 | 0.015 8 | 0.015 4 | 0.015 0 | 0.014 6 | 0.014 3 |
| -2.0 | 0.022 8 | 0.022 2 | 0.021 7 | 0.021 2 | 0.020 7 | 0.020 2 | 0.019 7 | 0.019 2 | 0.018 8 | 0.018 3 |
| -1.9 | 0.028 7 | 0.028 1 | 0.027 4 | 0.026 8 | 0.026 2 | 0.025 6 | 0.025 0 | 0.024 4 | 0.023 9 | 0.023 3 |
| -1.8 | 0.035 9 | 0.035 1 | 0.034 4 | 0.033 6 | 0.032 9 | 0.032 2 | 0.031 4 | 0.030 7 | 0.030 1 | 0.029 4 |
| -1.7 | 0.044 6 | 0.043 6 | 0.042 7 | 0.041 8 | 0.040 9 | 0.040 1 | 0.039 2 | 0.038 4 | 0.037 5 | 0.036 7 |
| -1.6 | 0.054 8 | 0.053 7 | 0.052 6 | 0.051 6 | 0.050 5 | 0.049 5 | 0.048 5 | 0.047 5 | 0.046 5 | 0.045 5 |
| -1.5 | 0.066 8 | 0.065 5 | 0.064 3 | 0.063 0 | 0.061 8 | 0.060 6 | 0.059 4 | 0.058 2 | 0.057 1 | 0.055 9 |
| -1.4 | 0.080 8 | 0.079 3 | 0.077 8 | 0.076 4 | 0.074 9 | 0.073 5 | 0.072 1 | 0.070 8 | 0.069 4 | 0.068 1 |
| -1.3 | 0.096 8 | 0.095 1 | 0.093 4 | 0.091 8 | 0.090 1 | 0.088 5 | 0.086 9 | 0.085 3 | 0.083 8 | 0.082 3 |
| -1.2 | 0.115 1 | 0.113 1 | 0.111 2 | 0.109 3 | 0.107 5 | 0.105 6 | 0.103 8 | 0.102 0 | 0.100 3 | 0.098 5 |
| -1.1 | 0.135 7 | 0.133 5 | 0.131 4 | 0.129 2 | 0.127 1 | 0.125 1 | 0.123 0 | 0.121 0 | 0.119 0 | 0.117 0 |
| -1.0 | 0.158 7 | 0.156 2 | 0.153 9 | 0.151 5 | 0.149 2 | 0.146 9 | 0.144 6 | 0.142 3 | 0.140 1 | 0.137 9 |
| -0.9 | 0.184 1 | 0.181 4 | 0.178 8 | 0.176 2 | 0.173 6 | 0.171 1 | 0.168 5 | 0.166 0 | 0.163 5 | 0.161 1 |
| -0.8 | 0.211 9 | 0.209 0 | 0.206 1 | 0.203 3 | 0.200 5 | 0.197 7 | 0.194 9 | 0.192 2 | 0.189 4 | 0.186 7 |
| -0.7 | 0.242 0 | 0.238 9 | 0.235 8 | 0.232 7 | 0.229 6 | 0.226 6 | 0.223 6 | 0.220 6 | 0.217 7 | 0.214 8 |
| -0.6 | 0.274 3 | 0.270 9 | 0.267 6 | 0.264 3 | 0.261 1 | 0.257 8 | 0.254 6 | 0.251 4 | 0.248 3 | 0.245 1 |
| -0.5 | 0.308 5 | 0.305 0 | 0.301 5 | 0.298 1 | 0.294 6 | 0.291 2 | 0.287 7 | 0.284 3 | 0.281 0 | 0.277 6 |
| -0.4 | 0.344 6 | 0.340 9 | 0.337 2 | 0.333 6 | 0.330 0 | 0.326 4 | 0.322 8 | 0.319 2 | 0.315 6 | 0.312 1 |
| -0.3 | 0.382 1 | 0.378 3 | 0.374 5 | 0.370 7 | 0.366 9 | 0.363 2 | 0.359 4 | 0.355 7 | 0.352 0 | 0.348 3 |
| -0.2 | 0.420 7 | 0.416 8 | 0.412 9 | 0.409 0 | 0.405 2 | 0.401 3 | 0.397 4 | 0.393 6 | 0.389 7 | 0.385 9 |
| -0.1 | 0.460 2 | 0.456 2 | 0.452 2 | 0.448 3 | 0.444 3 | 0.440 4 | 0.436 4 | 0.432 5 | 0.428 6 | 0.424 7 |
| -0.0 | 0.500 0 | 0.496 0 | 0.492 0 | 0.488 0 | 0.484 0 | 0.480 1 | 0.476 1 | 0.472 1 | 0.468 1 | 0.464 1 |

附表 2　t 分布界值表

| 自由度 $\nu$ | 概　率, P | | | | | | | | | |
|---|---|---|---|---|---|---|---|---|---|---|
| | 单侧： 0.25 | 0.20 | 0.10 | 0.05 | 0.025 | 0.01 | 0.005 | 0.002 5 | 0.001 | 0.000 5 |
| | 双侧： 0.50 | 0.40 | 0.20 | 0.10 | 0.05 | 0.02 | 0.01 | 0.005 | 0.002 | 0.001 |
| 1 | 1.000 | 1.376 | 3.078 | 6.314 | 12.706 | 31.821 | 63.657 | 127.321 | 318.309 | 636.619 |
| 2 | 0.816 | 1.061 | 1.886 | 2.920 | 4.303 | 6.965 | 9.925 | 14.089 | 22.327 | 31.599 |
| 3 | 0.765 | 0.978 | 1.638 | 2.353 | 3.182 | 4.541 | 5.841 | 7.543 | 10.215 | 12.924 |
| 4 | 0.741 | 0.941 | 1.533 | 2.132 | 2.776 | 3.747 | 4.604 | 5.598 | 7.173 | 8.610 |
| 5 | 0.727 | 0.920 | 1.476 | 2.015 | 2.571 | 3.365 | 4.032 | 4.773 | 5.893 | 6.869 |
| 6 | 0.718 | 0.906 | 1.440 | 1.943 | 2.447 | 3.143 | 3.707 | 4.317 | 5.208 | 5.959 |
| 7 | 0.711 | 0.896 | 1.415 | 1.895 | 2.365 | 2.998 | 3.499 | 4.029 | 4.785 | 5.408 |
| 8 | 0.706 | 0.889 | 1.397 | 1.860 | 2.306 | 2.896 | 2.355 | 3.833 | 4.501 | 5.041 |
| 9 | 0.703 | 0.883 | 1.383 | 1.833 | 2.262 | 2.821 | 3.250 | 3.690 | 4.297 | 4.781 |
| 10 | 0.700 | 0.879 | 1.372 | 1.812 | 2.228 | 2.764 | 3.169 | 3.581 | 4.144 | 4.587 |
| 11 | 0.697 | 0.876 | 1.363 | 1.796 | 2.201 | 2.718 | 3.106 | 3.497 | 4.025 | 4.437 |
| 12 | 0.695 | 0.873 | 1.356 | 1.782 | 2.179 | 2.681 | 3.055 | 3.428 | 3.930 | 4.318 |
| 13 | 0.694 | 0.870 | 1.350 | 1.771 | 2.160 | 2.650 | 3.012 | 3.372 | 3.852 | 4.221 |
| 14 | 0.692 | 0.868 | 1.345 | 1.761 | 2.145 | 2.624 | 2.977 | 3.325 | 3.787 | 4.140 |
| 15 | 0.691 | 0.866 | 1.341 | 1.753 | 2.131 | 2.602 | 2.947 | 3.286 | 3.733 | 4.073 |
| 16 | 0.690 | 0.865 | 1.337 | 1.746 | 2.120 | 2.583 | 2.921 | 3.252 | 3.686 | 4.015 |
| 17 | 0.689 | 0.863 | 1.333 | 1.740 | 2.110 | 2.567 | 2.898 | 3.222 | 3.646 | 3.965 |
| 18 | 0.688 | 0.862 | 1.330 | 1.734 | 2.101 | 2.552 | 2.878 | 3.197 | 3.610 | 3.922 |
| 19 | 0.688 | 0.861 | 1.328 | 1.729 | 2.093 | 2.539 | 2.861 | 3.174 | 3.579 | 3.883 |
| 20 | 0.687 | 0.860 | 1.325 | 1.725 | 2.086 | 2.528 | 2.845 | 3.153 | 3.552 | 3.850 |
| 21 | 0.686 | 0.859 | 1.323 | 1.721 | 2.080 | 2.518 | 2.831 | 3.135 | 3.527 | 3.819 |
| 22 | 0.686 | 0.858 | 1.321 | 1.717 | 2.074 | 2.508 | 2.819 | 3.119 | 3.505 | 3.792 |
| 23 | 0.685 | 0.858 | 1.319 | 1.714 | 2.069 | 2.500 | 2.807 | 3.104 | 3.485 | 3.768 |
| 24 | 0.685 | 0.857 | 1.318 | 1.711 | 2.064 | 2.492 | 2.797 | 3.091 | 3.467 | 3.745 |
| 25 | 0.684 | 0.856 | 1.316 | 1.708 | 2.060 | 2.485 | 2.787 | 3.078 | 3.450 | 3.725 |
| 26 | 0.684 | 0.856 | 1.315 | 1.706 | 2.056 | 2.479 | 2.779 | 3.067 | 3.435 | 3.707 |
| 27 | 0.684 | 0.855 | 1.314 | 1.703 | 2.052 | 2.473 | 2.771 | 3.057 | 3.421 | 3.690 |
| 28 | 0.683 | 0.855 | 1.313 | 1.701 | 2.048 | 2.467 | 2.763 | 3.047 | 3.408 | 3.674 |
| 29 | 0.683 | 0.854 | 1.311 | 1.699 | 2.045 | 2.462 | 2.756 | 3.038 | 3.396 | 3.659 |
| 30 | 0.683 | 0.854 | 1.310 | 1.697 | 2.042 | 2.457 | 2.750 | 3.030 | 3.385 | 3.646 |
| 31 | 0.682 | 0.853 | 1.309 | 1.696 | 2.040 | 2.453 | 2.744 | 3.022 | 3.375 | 3.633 |
| 32 | 0.682 | 0.853 | 1.309 | 1.694 | 2.037 | 2.449 | 2.738 | 3.015 | 3.365 | 3.622 |
| 33 | 0.682 | 0.853 | 1.308 | 1.692 | 2.035 | 2.445 | 2.733 | 3.008 | 3.356 | 3.611 |
| 34 | 0.682 | 0.852 | 1.307 | 1.691 | 2.032 | 2.441 | 2.728 | 3.002 | 3.348 | 3.601 |
| 35 | 0.682 | 0.852 | 1.306 | 1.690 | 2.030 | 2.438 | 2.724 | 2.996 | 3.340 | 3.591 |
| 36 | 0.681 | 0.852 | 1.306 | 1.688 | 2.028 | 2.434 | 2.719 | 2.990 | 3.333 | 3.582 |
| 37 | 0.681 | 0.851 | 1.305 | 1.687 | 2.026 | 2.431 | 2.715 | 2.985 | 3.326 | 3.574 |
| 38 | 0.681 | 0.851 | 1.304 | 1.686 | 2.024 | 2.429 | 2.712 | 2.980 | 3.319 | 3.566 |
| 39 | 0.681 | 0.851 | 1.304 | 1.685 | 2.023 | 2.426 | 2.708 | 2.976 | 3.313 | 3.558 |
| 40 | 0.681 | 0.851 | 1.303 | 1.684 | 2.021 | 2.423 | 2.704 | 2.971 | 3.307 | 3.551 |
| 50 | 0.679 | 0.849 | 1.299 | 1.676 | 2.009 | 2.403 | 2.678 | 2.937 | 3.261 | 3.496 |
| 60 | 0.679 | 0.848 | 1.296 | 1.671 | 2.000 | 2.390 | 2.660 | 2.915 | 3.232 | 3.460 |
| 70 | 0.678 | 0.847 | 1.294 | 1.667 | 1.994 | 2.381 | 2.648 | 2.899 | 3.211 | 3.435 |
| 80 | 0.678 | 0.846 | 1.292 | 1.664 | 1.990 | 2.374 | 2.639 | 2.887 | 3.195 | 3.416 |
| 90 | 0.677 | 0.846 | 1.291 | 1.662 | 1.987 | 2.368 | 2.632 | 2.878 | 3.183 | 3.402 |
| 100 | 0.677 | 0.845 | 1.290 | 1.660 | 1.984 | 2.364 | 2.626 | 2.871 | 3.174 | 3.390 |
| 200 | 0.676 | 0.843 | 1.286 | 1.653 | 1.972 | 2.345 | 2.601 | 2.839 | 3.131 | 3.340 |
| 500 | 0.675 | 0.842 | 1.283 | 1.648 | 1.965 | 2.334 | 2.586 | 2.820 | 3.137 | 3.310 |
| 1 000 | 0.675 | 0.842 | 1.282 | 1.646 | 1.962 | 2.330 | 2.581 | 2.813 | 3.098 | 3.300 |
| ∞ | 0.674 5 | 0.841 6 | 1.281 6 | 1.644 9 | 1.960 0 | 2.326 3 | 2.575 8 | 2.807 0 | 3.090 2 | 3.290 5 |

附表 3　$F$ 分布界值表(方差齐性检验用,$P$=0.05)

| 分母的自由度 $v_2$ | 分子的自由度 $v_1$ | | | | | | | | | | | | | | | |
|---|---|---|---|---|---|---|---|---|---|---|---|---|---|---|---|---|
| | 1 | 2 | 3 | 4 | 5 | 6 | 7 | 8 | 9 | 10 | 12 | 15 | 20 | 30 | 60 | ∞ |
| 1 | 647.79 | 799.50 | 864.16 | 899.58 | 921.85 | 937.11 | 948.22 | 956.66 | 963.29 | 968.63 | 976.71 | 984.87 | 993.10 | 1 001.41 | 1 009.80 | 1 018.26 |
| 2 | 38.51 | 39.00 | 39.17 | 39.25 | 39.30 | 39.33 | 39.36 | 39.37 | 39.39 | 39.40 | 39.41 | 39.43 | 39.45 | 39.46 | 39.48 | 39.50 |
| 3 | 17.44 | 16.04 | 15.44 | 15.10 | 14.88 | 14.73 | 14.62 | 14.54 | 14.47 | 14.42 | 14.34 | 14.25 | 14.17 | 14.08 | 13.99 | 13.90 |
| 4 | 12.22 | 10.05 | 9.98 | 9.60 | 9.36 | 9.20 | 9.07 | 8.98 | 8.90 | 8.84 | 8.75 | 8.66 | 8.56 | 8.46 | 8.36 | 8.26 |
| 5 | 10.01 | 8.43 | 7.76 | 7.39 | 7.15 | 6.98 | 6.85 | 6.76 | 6.68 | 6.62 | 6.52 | 6.43 | 6.33 | 6.23 | 6.12 | 6.02 |
| 6 | 8.81 | 7.26 | 6.60 | 6.23 | 5.99 | 5.82 | 5.70 | 5.60 | 5.52 | 5.46 | 5.37 | 5.27 | 5.17 | 5.07 | 4.96 | 4.85 |
| 7 | 8.07 | 6.54 | 5.89 | 5.52 | 5.29 | 5.12 | 4.99 | 4.90 | 4.82 | 4.76 | 4.67 | 4.57 | 4.47 | 4.36 | 4.25 | 4.14 |
| 8 | 7.57 | 6.06 | 5.42 | 5.05 | 4.82 | 4.65 | 4.53 | 4.43 | 4.36 | 4.30 | 4.20 | 4.10 | 4.00 | 3.89 | 3.78 | 3.67 |
| 9 | 7.21 | 5.71 | 5.08 | 4.72 | 4.48 | 4.32 | 4.20 | 4.10 | 4.03 | 3.96 | 3.87 | 3.77 | 3.67 | 3.56 | 3.45 | 3.33 |
| 10 | 6.94 | 5.46 | 4.83 | 4.47 | 4.24 | 4.07 | 3.95 | 3.85 | 3.78 | 3.72 | 3.62 | 3.52 | 3.42 | 3.31 | 3.20 | 3.08 |
| 11 | 6.72 | 5.26 | 4.63 | 4.28 | 4.04 | 3.88 | 3.76 | 3.66 | 3.59 | 3.53 | 3.43 | 3.33 | 3.23 | 3.12 | 3.00 | 2.88 |
| 12 | 6.55 | 5.10 | 4.47 | 4.12 | 3.89 | 3.73 | 3.61 | 3.51 | 3.44 | 3.37 | 3.28 | 3.18 | 3.07 | 2.96 | 2.85 | 2.72 |
| 13 | 6.41 | 4.97 | 4.35 | 4.00 | 3.77 | 3.60 | 3.48 | 3.39 | 3.31 | 3.25 | 3.15 | 3.05 | 2.95 | 2.84 | 2.72 | 2.60 |
| 14 | 6.30 | 4.86 | 4.24 | 3.89 | 3.66 | 3.50 | 3.38 | 3.29 | 3.21 | 3.15 | 3.05 | 2.95 | 2.84 | 2.73 | 2.61 | 2.49 |
| 15 | 6.20 | 4.77 | 4.15 | 3.80 | 3.58 | 3.41 | 3.29 | 3.20 | 3.12 | 3.06 | 2.96 | 2.86 | 2.76 | 2.64 | 2.52 | 2.40 |
| 16 | 6.12 | 4.69 | 4.08 | 3.73 | 3.50 | 3.34 | 3.22 | 3.12 | 3.05 | 2.99 | 2.89 | 2.79 | 2.68 | 2.57 | 2.45 | 2.32 |
| 17 | 6.04 | 4.62 | 4.01 | 3.66 | 3.44 | 3.28 | 3.16 | 3.06 | 2.98 | 2.92 | 2.82 | 2.72 | 2.62 | 2.50 | 2.38 | 2.25 |
| 18 | 5.98 | 4.56 | 3.95 | 3.61 | 3.38 | 3.22 | 3.10 | 3.01 | 2.93 | 2.87 | 2.77 | 2.67 | 2.56 | 2.44 | 2.32 | 2.19 |
| 19 | 5.92 | 4.51 | 3.90 | 3.56 | 3.33 | 3.17 | 3.05 | 2.96 | 2.88 | 2.82 | 2.72 | 2.62 | 2.51 | 2.39 | 2.27 | 2.13 |
| 20 | 5.87 | 4.46 | 3.86 | 3.51 | 3.29 | 3.13 | 3.01 | 2.91 | 2.84 | 2.77 | 2.68 | 2.57 | 2.46 | 2.35 | 2.22 | 2.09 |
| 21 | 5.83 | 4.42 | 3.82 | 3.48 | 3.25 | 3.09 | 2.97 | 2.87 | 2.80 | 2.73 | 2.64 | 2.53 | 2.42 | 2.31 | 2.18 | 2.04 |
| 22 | 5.79 | 4.38 | 3.75 | 3.44 | 3.22 | 3.05 | 2.93 | 2.84 | 2.76 | 2.70 | 2.60 | 2.50 | 2.39 | 2.27 | 2.14 | 2.00 |
| 23 | 5.75 | 4.35 | 3.72 | 3.41 | 3.18 | 3.02 | 2.90 | 2.81 | 2.73 | 2.67 | 2.57 | 2.47 | 2.36 | 2.24 | 2.11 | 1.97 |
| 24 | 5.72 | 4.32 | 3.69 | 3.38 | 3.15 | 2.99 | 2.87 | 2.78 | 2.70 | 2.64 | 2.54 | 2.44 | 2.33 | 2.21 | 2.08 | 1.94 |
| 25 | 5.69 | 4.29 | 3.67 | 3.35 | 3.13 | 2.97 | 2.85 | 2.75 | 2.68 | 2.61 | 2.51 | 2.41 | 2.30 | 2.18 | 2.05 | 1.91 |
| 26 | 5.66 | 4.27 | 3.65 | 3.33 | 3.10 | 2.94 | 2.82 | 2.73 | 2.65 | 2.59 | 2.49 | 2.39 | 2.28 | 2.16 | 2.03 | 1.88 |
| 27 | 5.63 | 4.24 | 3.63 | 3.31 | 3.08 | 2.92 | 2.80 | 2.71 | 2.63 | 2.57 | 2.47 | 2.36 | 2.25 | 2.13 | 2.00 | 1.85 |
| 28 | 5.61 | 4.22 | 3.61 | 3.29 | 3.06 | 2.90 | 2.78 | 2.69 | 2.61 | 2.55 | 2.45 | 2.34 | 2.23 | 2.11 | 1.98 | 1.83 |
| 29 | 5.59 | 4.20 | 3.59 | 3.27 | 3.04 | 2.88 | 2.76 | 2.67 | 2.59 | 2.53 | 2.43 | 2.32 | 2.21 | 2.09 | 1.96 | 1.81 |
| 30 | 5.57 | 4.18 | 3.46 | 3.25 | 3.03 | 2.87 | 2.75 | 2.65 | 2.57 | 2.51 | 2.41 | 2.31 | 2.20 | 2.07 | 1.94 | 1.79 |
| 40 | 5.42 | 4.05 | 3.34 | 3.13 | 2.90 | 2.74 | 2.62 | 2.53 | 2.45 | 2.39 | 2.29 | 2.18 | 2.07 | 1.94 | 1.80 | 1.64 |
| 60 | 5.29 | 3.93 | 3.31 | 3.01 | 2.79 | 2.63 | 2.51 | 2.41 | 2.33 | 2.27 | 2.17 | 2.06 | 1.94 | 1.82 | 1.67 | 1.48 |
| 120 | 5.15 | 3.80 | 3.23 | 2.89 | 2.67 | 2.52 | 2.39 | 2.30 | 2.22 | 2.16 | 2.05 | 1.94 | 1.82 | 1.69 | 1.53 | 1.31 |
| ∞ | 5.02 | 3.69 | 3.12 | 2.79 | 2.57 | 2.41 | 2.29 | 2.19 | 2.11 | 2.05 | 1.94 | 1.83 | 1.71 | 1.57 | 1.39 | 1.00 |

附表4 F界值表(方差分析用,上行 P=0.05,下行 P=0.01)

| 分母的自由度 $v_2$ | 分子的自由度 $v_1$ | | | | | | | | | | | |
|---|---|---|---|---|---|---|---|---|---|---|---|---|
| | 1 | 2 | 3 | 4 | 5 | 6 | 7 | 8 | 9 | 10 | 11 | 12 |
| 1 | 161 | 200 | 216 | 225 | 230 | 234 | 237 | 239 | 241 | 242 | 243 | 224 |
| | 4 052 | 4 999 | 5 403 | 5 625 | 5 764 | 5 859 | 5 928 | 5 981 | 6 022 | 6 056 | 6 082 | 6 106 |
| 2 | 18. 51 | 19. 00 | 19. 16 | 19. 25 | 19. 30 | 19. 33 | 19. 36 | 19. 37 | 19. 38 | 19. 39 | 19. 40 | 19. 41 |
| | 98. 49 | 99. 00 | 99. 17 | 99. 25 | 99. 30 | 99. 33 | 99. 34 | 99. 36 | 99. 38 | 99. 40 | 99. 41 | 99. 42 |
| 3 | 10. 13 | 9. 55 | 9. 28 | 9. 12 | 9. 01 | 8. 94 | 8. 88 | 8. 84 | 8. 81 | 8. 78 | 8. 76 | 8. 74 |
| | 34. 12 | 30. 82 | 29. 46 | 28. 71 | 28. 24 | 27. 91 | 27. 67 | 27. 49 | 27. 34 | 27. 23 | 27. 31 | 27. 05 |
| 4 | 7. 71 | 6. 94 | 6. 59 | 6. 39 | 6. 26 | 6. 16 | 6. 09 | 6. 04 | 6. 00 | 5. 96 | 5. 93 | 5. 91 |
| | 21. 20 | 18. 00 | 16. 59 | 15. 98 | 15. 52 | 15. 21 | 14. 98 | 14. 80 | 14. 66 | 14. 54 | 14. 45 | 14. 37 |
| 5 | 6. 61 | 5. 79 | 5. 41 | 5. 19 | 5. 05 | 4. 05 | 4. 88 | 4. 82 | 4. 78 | 4. 74 | 4. 70 | 4. 68 |
| | 16. 26 | 17. 27 | 12. 06 | 11. 39 | 10. 97 | 10. 67 | 10. 45 | 10. 27 | 10. 15 | 10. 05 | 9. 96 | 9. 89 |
| 6 | 5. 99 | 5. 15 | 4. 76 | 4. 53 | 4. 39 | 4. 28 | 4. 21 | 4. 15 | 4. 10 | 4. 06 | 4. 03 | 4. 00 |
| | 13. 74 | 10. 92 | 9. 78 | 9. 15 | 8. 75 | 8. 47 | 8. 26 | 8. 10 | 7. 98 | 7. 87 | 7. 79 | 7. 72 |
| 7 | 5. 59 | 4. 74 | 4. 35 | 4. 12 | 3. 97 | 3. 87 | 3. 79 | 3. 73 | 3. 68 | 3. 63 | 3. 60 | 3. 57 |
| | 12. 25 | 9. 55 | 8. 45 | 7. 85 | 7. 46 | 7. 19 | 7. 00 | 6. 84 | 6. 71 | 6. 62 | 6. 54 | 6. 47 |
| 8 | 5. 32 | 4. 46 | 4. 07 | 3. 84 | 3. 69 | 3. 58 | 3. 50 | 3. 44 | 3. 39 | 3. 34 | 3. 31 | 3. 28 |
| | 11. 26 | 8. 65 | 7. 59 | 7. 01 | 6. 63 | 6. 37 | 6. 19 | 6. 03 | 5. 91 | 5. 82 | 5. 74 | 5. 67 |
| 9 | 5. 12 | 4. 26 | 3. 86 | 3. 63 | 3. 48 | 3. 37 | 3. 29 | 3. 23 | 3. 18 | 3. 13 | 3. 10 | 3. 07 |
| | 10. 56 | 8. 02 | 6. 99 | 6. 42 | 6. 06 | 5. 80 | 5. 62 | 5. 47 | 5. 35 | 5. 26 | 5. 18 | 5. 11 |
| 10 | 4. 69 | 4. 10 | 3. 71 | 3. 48 | 3. 33 | 3. 22 | 3. 14 | 3. 07 | 3. 02 | 2. 97 | 2. 94 | 2. 91 |
| | 10. 04 | 7. 56 | 6. 55 | 5. 09 | 5. 64 | 5. 39 | 5. 21 | 5. 06 | 4. 95 | 4. 85 | 4. 78 | 4. 71 |
| 11 | 4. 84 | 3. 98 | 3. 59 | 3. 36 | 3. 20 | 3. 09 | 3. 01 | 2. 95 | 2. 90 | 2. 86 | 2. 82 | 2. 79 |
| | 9. 65 | 7. 20 | 6. 22 | 5. 67 | 5. 32 | 5. 07 | 4. 88 | 4. 74 | 4. 63 | 4. 54 | 4. 46 | 4. 40 |
| 12 | 4. 75 | 3. 88 | 3. 49 | 3. 26 | 3. 11 | 3. 00 | 2. 62 | 2. 85 | 2. 80 | 2. 76 | 2. 72 | 2. 69 |
| | 9. 33 | 6. 93 | 5. 59 | 5. 41 | 5. 06 | 4. 82 | 4. 65 | 4. 50 | 4. 39 | 4. 30 | 4. 22 | 4. 16 |
| 13 | 4. 67 | 3. 80 | 3. 41 | 3. 18 | 3. 02 | 2. 92 | 2. 84 | 2. 77 | 2. 72 | 2. 67 | 2. 63 | 2. 60 |
| | 9. 07 | 6. 70 | 5. 74 | 5. 20 | 4. 85 | 4. 62 | 4. 44 | 4. 30 | 4. 19 | 4. 10 | 4. 02 | 3. 96 |
| 14 | 4. 60 | 3. 74 | 3. 34 | 3. 11 | 2. 96 | 2. 85 | 2. 77 | 2. 70 | 2. 65 | 2. 60 | 2. 56 | 2. 53 |
| | 8. 86 | 6. 51 | 5. 56 | 5. 03 | 4. 69 | 4. 46 | 4. 28 | 4. 14 | 4. 03 | 3. 94 | 3. 86 | 3. 80 |
| 15 | 4. 54 | 3. 68 | 3. 29 | 3. 06 | 2. 90 | 2. 79 | 2. 76 | 2. 64 | 2. 59 | 2. 55 | 2. 51 | 2. 48 |
| | 8. 68 | 6. 36 | 5. 42 | 4. 89 | 4. 56 | 4. 32 | 4. 14 | 4. 00 | 3. 89 | 3. 80 | 3. 73 | 3. 67 |
| 16 | 4. 49 | 3. 63 | 3. 24 | 3. 01 | 2. 85 | 2. 74 | 2. 66 | 2. 59 | 2. 54 | 2. 49 | 2. 45 | 2. 42 |
| | 8. 53 | 6. 23 | 5. 29 | 4. 77 | 4. 44 | 4. 20 | 4. 03 | 3. 89 | 3. 78 | 3. 69 | 3. 61 | 3. 55 |
| 17 | 4. 45 | 3. 59 | 3. 20 | 2. 96 | 2. 81 | 2. 70 | 2. 62 | 2. 55 | 2. 50 | 2. 45 | 2. 41 | 2. 38 |
| | 8. 40 | 6. 11 | 5. 18 | 4. 67 | 4. 34 | 4. 10 | 3. 93 | 3. 79 | 3. 68 | 3. 59 | 3. 52 | 3. 45 |
| 18 | 4. 41 | 3. 55 | 3. 16 | 2. 93 | 2. 77 | 2. 66 | 2. 58 | 2. 51 | 2. 46 | 2. 41 | 2. 37 | 2. 34 |
| | 8. 28 | 6. 01 | 5. 09 | 4. 58 | 4. 55 | 4. 01 | 3. 85 | 3. 71 | 3. 60 | 3. 51 | 3. 44 | 3. 37 |
| 19 | 4. 38 | 3. 52 | 3. 13 | 2. 90 | 2. 74 | 2. 63 | 2. 55 | 2. 48 | 2. 43 | 2. 38 | 2. 34 | 2. 31 |
| | 8. 18 | 5. 93 | 5. 01 | 4. 50 | 4. 17 | 3. 94 | 3. 77 | 3. 63 | 3. 52 | 3. 43 | 3. 36 | 3. 30 |
| 20 | 4. 35 | 3. 49 | 3. 10 | 2. 87 | 2. 71 | 2. 60 | 2. 52 | 2. 45 | 2. 40 | 2. 35 | 2. 31 | 2. 28 |
| | 8. 10 | 5. 85 | 4. 94 | 4. 43 | 4. 10 | 3. 87 | 3. 71 | 3. 56 | 3. 45 | 3. 37 | 3. 30 | 3. 23 |
| 21 | 4. 32 | 3. 47 | 3. 07 | 2. 84 | 2. 68 | 2. 57 | 2. 49 | 2. 42 | 2. 37 | 2. 32 | 2. 28 | 2. 25 |
| | 8. 02 | 5. 78 | 4. 87 | 4. 37 | 4. 04 | 3. 81 | 3. 65 | 3. 51 | 3. 40 | 3. 31 | 3. 24 | 3. 17 |
| 22 | 4. 30 | 3. 44 | 3. 05 | 2. 82 | 2. 66 | 2. 55 | 2. 47 | 2. 40 | 2. 35 | 2. 30 | 2. 26 | 2. 23 |
| | 7. 94 | 5. 72 | 4. 82 | 4. 31 | 3. 99 | 3. 76 | 3. 59 | 3. 45 | 3. 35 | 3. 26 | 3. 18 | 3. 12 |
| 23 | 4. 28 | 3. 42 | 3. 03 | 2. 80 | 2. 64 | 2. 53 | 2. 45 | 2. 38 | 2. 32 | 2. 28 | 2. 24 | 2. 20 |
| | 7. 88 | 5. 66 | 4. 76 | 4. 86 | 3. 94 | 3. 71 | 3. 54 | 3. 41 | 3. 30 | 3. 21 | 3. 14 | 3. 07 |
| 24 | 4. 26 | 3. 40 | 3. 01 | 2. 78 | 2. 62 | 2. 51 | 2. 43 | 2. 36 | 2. 30 | 2. 26 | 2. 22 | 2. 18 |
| | 7. 82 | 5. 61 | 4. 72 | 4. 22 | 3. 90 | 3. 67 | 3. 50 | 3. 36 | 3. 25 | 3. 17 | 3. 09 | 3. 03 |
| 25 | 4. 24 | 3. 38 | 2. 99 | 2. 76 | 2. 60 | 2. 49 | 2. 41 | 2. 34 | 2. 28 | 2. 24 | 2. 20 | 2. 16 |
| | 7. 77 | 5. 57 | 4. 68 | 4. 18 | 3. 86 | 3. 63 | 3. 46 | 3. 32 | 3. 21 | 3. 13 | 3. 05 | 2. 99 |

| 分母的自由度 $v_2$ | 分子的自由度 $v_1$ | | | | | | | | | | | |
|---|---|---|---|---|---|---|---|---|---|---|---|---|
| | 14 | 16 | 20 | 24 | 30 | 40 | 50 | 75 | 100 | 200 | 500 | ∞ |
| 1 | 245 | 246 | 248 | 249 | 250 | 251 | 252 | 253 | 253 | 254 | 254 | 254 |
| | 6142 | 6169 | 6208 | 6234 | 6258 | 6286 | 6302 | 6323 | 6334 | 6352 | 6361 | 6366 |
| 2 | 19.42 | 19.43 | 19.44 | 19.45 | 19.46 | 19.47 | 19.47 | 19.48 | 19.49 | 19.49 | 19.50 | 19.50 |
| | 99.43 | 99.44 | 99.45 | 99.46 | 99.47 | 99.48 | 99.48 | 99.49 | 99.49 | 99.49 | 99.50 | 99.50 |
| 3 | 8.71 | 8.69 | 8.66 | 8.64 | 8.62 | 8.60 | 8.58 | 8.57 | 8.56 | 8.54 | 8.54 | 8.53 |
| | 26.92 | 26.83 | 26.69 | 26.60 | 26.50 | 26.41 | 26.35 | 26.27 | 26.23 | 26.18 | 26.14 | 26.12 |
| 4 | 5.87 | 5.84 | 5.80 | 5.77 | 5.74 | 5.71 | 5.70 | 5.68 | 5.66 | 5.65 | 5.64 | 5.63 |
| | 14.24 | 14.15 | 14.02 | 13.93 | 13.83 | 13.74 | 13.69 | 13.61 | 13.57 | 13.52 | 13.48 | 13.46 |
| 5 | 4.64 | 4.60 | 4.56 | 4.53 | 4.50 | 4.46 | 4.44 | 4.42 | 4.40 | 4.38 | 4.37 | 4.36 |
| | 9.77 | 9.68 | 9.55 | 9.47 | 9.38 | 9.29 | 9.24 | 9.17 | 9.13 | 9.07 | 9.04 | 9.02 |
| 6 | 3.96 | 3.92 | 3.87 | 3.84 | 3.81 | 3.77 | 3.75 | 3.72 | 3.71 | 3.69 | 3.68 | 3.67 |
| | 7.60 | 7.52 | 7.39 | 7.31 | 7.23 | 7.14 | 7.09 | 7.02 | 6.99 | 6.94 | 6.90 | 6.88 |
| 7 | 3.52 | 3.49 | 3.44 | 3.41 | 3.38 | 3.34 | 3.32 | 3.29 | 3.28 | 3.25 | 3.24 | 3.23 |
| | 6.35 | 6.27 | 6.15 | 6.07 | 5.98 | 5.90 | 5.85 | 5.78 | 5.75 | 5.70 | 5.67 | 5.65 |
| 8 | 3.23 | 3.20 | 3.15 | 3.12 | 3.08 | 3.05 | 3.03 | 3.00 | 2.98 | 2.96 | 2.94 | 2.93 |
| | 5.56 | 5.48 | 5.36 | 5.28 | 5.20 | 5.11 | 5.06 | 5.00 | 4.96 | 4.91 | 4.88 | 4.86 |
| 9 | 3.02 | 2.98 | 2.93 | 2.90 | 2.86 | 2.82 | 2.80 | 2.77 | 2.76 | 2.73 | 2.72 | 2.71 |
| | 5.00 | 4.92 | 4.80 | 4.73 | 4.64 | 4.56 | 4.51 | 4.45 | 4.41 | 4.36 | 4.33 | 4.31 |
| 10 | 2.86 | 2.82 | 2.77 | 2.74 | 2.70 | 2.67 | 2.64 | 2.61 | 2.59 | 2.56 | 2.55 | 2.54 |
| | 4.60 | 4.52 | 4.41 | 4.33 | 4.25 | 4.47 | 4.12 | 4.05 | 4.01 | 3.96 | 3.93 | 3.91 |
| 11 | 2.74 | 2.70 | 2.65 | 2.61 | 2.57 | 2.53 | 2.50 | 2.47 | 2.45 | 2.42 | 2.41 | 2.40 |
| | 4.29 | 4.21 | 4.10 | 4.02 | 3.94 | 3.86 | 3.80 | 3.74 | 3.70 | 3.66 | 3.62 | 3.60 |
| 12 | 2.64 | 2.60 | 2.54 | 2.50 | 2.46 | 2.42 | 2.40 | 2.36 | 2.35 | 2.32 | 2.31 | 2.30 |
| | 4.05 | 3.98 | 3.86 | 3.78 | 3.70 | 3.61 | 3.56 | 3.49 | 3.46 | 3.41 | 3.38 | 3.36 |
| 13 | 2.55 | 2.51 | 2.46 | 2.42 | 2.38 | 2.34 | 2.32 | 2.28 | 2.26 | 2.24 | 2.22 | 2.21 |
| | 3.85 | 3.78 | 3.67 | 3.59 | 3.51 | 3.42 | 3.37 | 3.30 | 3.27 | 3.21 | 3.18 | 3.16 |
| 14 | 2.48 | 2.44 | 2.39 | 2.35 | 2.31 | 2.27 | 2.24 | 2.21 | 2.19 | 2.16 | 2.14 | 2.13 |
| | 3.70 | 3.52 | 3.51 | 3.43 | 3.34 | 3.26 | 3.21 | 3.14 | 3.11 | 3.06 | 3.02 | 3.00 |
| 15 | 2.43 | 2.39 | 2.33 | 2.29 | 2.25 | 2.21 | 2.18 | 2.15 | 2.12 | 2.10 | 2.08 | 2.07 |
| | 3.56 | 3.48 | 3.36 | 3.29 | 3.20 | 3.12 | 3.07 | 3.00 | 2.97 | 2.92 | 2.89 | 2.87 |
| 16 | 2.37 | 2.33 | 2.28 | 2.24 | 2.20 | 2.16 | 2.13 | 2.09 | 2.07 | 2.04 | 2.02 | 2.01 |
| | 3.45 | 3.37 | 3.25 | 3.18 | 3.10 | 3.01 | 2.96 | 2.89 | 2.86 | 2.80 | 2.77 | 2.75 |
| 17 | 2.33 | 2.29 | 2.23 | 2.19 | 2.15 | 2.11 | 2.08 | 2.04 | 2.02 | 1.99 | 1.97 | 1.96 |
| | 3.35 | 3.27 | 3.16 | 3.08 | 3.00 | 2.92 | 2.86 | 2.79 | 2.76 | 2.70 | 2.67 | 2.65 |
| 18 | 2.29 | 2.25 | 2.19 | 2.15 | 2.11 | 2.07 | 2.04 | 2.00 | 1.98 | 1.95 | 1.93 | 1.92 |
| | 3.27 | 3.19 | 3.07 | 3.00 | 2.91 | 2.83 | 2.78 | 2.71 | 2.68 | 2.62 | 2.59 | 2.57 |
| 19 | 2.26 | 2.21 | 2.15 | 2.11 | 2.07 | 2.02 | 2.00 | 1.96 | 1.94 | 1.91 | 1.90 | 1.88 |
| | 3.19 | 3.12 | 3.00 | 2.92 | 2.84 | 2.76 | 2.70 | 2.63 | 2.60 | 2.54 | 2.51 | 2.49 |
| 20 | 2.23 | 2.18 | 2.12 | 2.08 | 2.04 | 1.99 | 1.96 | 1.92 | 1.90 | 1.87 | 1.85 | 1.84 |
| | 3.13 | 3.05 | 2.94 | 2.86 | 2.77 | 2.69 | 2.63 | 2.56 | 2.53 | 2.47 | 2.44 | 2.42 |
| 21 | 2.20 | 2.15 | 2.09 | 2.05 | 2.00 | 1.96 | 1.93 | 1.89 | 1.87 | 1.84 | 1.82 | 1.81 |
| | 3.07 | 2.99 | 2.88 | 2.80 | 2.72 | 2.63 | 2.58 | 2.51 | 2.47 | 2.42 | 2.38 | 2.36 |
| 22 | 2.18 | 2.13 | 2.07 | 2.03 | 1.98 | 1.93 | 1.91 | 1.87 | 1.84 | 1.81 | 1.80 | 1.78 |
| | 3.02 | 2.94 | 2.83 | 2.75 | 2.67 | 2.58 | 2.53 | 2.46 | 2.42 | 2.37 | 2.33 | 2.31 |
| 23 | 2.14 | 2.10 | 2.04 | 2.00 | 1.96 | 1.91 | 1.88 | 1.84 | 1.82 | 1.79 | 1.77 | 1.76 |
| | 2.97 | 2.89 | 2.78 | 2.70 | 2.62 | 2.53 | 2.48 | 2.41 | 2.37 | 2.32 | 2.28 | 2.26 |
| 24 | 2.13 | 2.09 | 2.02 | 1.98 | 1.94 | 1.89 | 1.86 | 1.82 | 1.80 | 1.76 | 1.74 | 1.73 |
| | 2.93 | 2.85 | 2.74 | 2.66 | 2.58 | 2.49 | 2.44 | 2.36 | 2.33 | 2.27 | 2.23 | 2.21 |
| 25 | 2.11 | 2.06 | 2.00 | 1.96 | 1.92 | 1.87 | 1.84 | 1.80 | 1.77 | 1.74 | 1.72 | 1.71 |
| | 2.89 | 2.81 | 2.70 | 2.62 | 2.54 | 2.45 | 2.40 | 2.32 | 2.29 | 2.23 | 2.19 | 2.17 |

| 分母的自由度 $v_2$ | 分子的自由度 $v_1$ | | | | | | | | | | | |
|---|---|---|---|---|---|---|---|---|---|---|---|---|
| | 1 | 2 | 3 | 4 | 5 | 6 | 7 | 8 | 9 | 10 | 11 | 12 |
| 26 | 4.22 | 3.37 | 2.98 | 2.74 | 2.59 | 2.47 | 2.39 | 2.32 | 2.27 | 2.22 | 2.18 | 2.15 |
| | 7.72 | 5.53 | 4.64 | 4.14 | 3.82 | 3.59 | 3.42 | 3.29 | 3.17 | 3.09 | 3.02 | 2.96 |
| 27 | 4.21 | 3.35 | 2.96 | 2.73 | 2.57 | 2.46 | 2.37 | 2.30 | 2.25 | 2.20 | 2.16 | 2.13 |
| | 7.68 | 5.49 | 4.60 | 4.11 | 3.79 | 3.56 | 3.39 | 3.26 | 3.14 | 3.06 | 2.98 | 2.93 |
| 28 | 4.20 | 3.34 | 2.95 | 2.71 | 2.56 | 2.44 | 2.36 | 2.29 | 2.24 | 2.19 | 2.15 | 2.12 |
| | 7.64 | 5.45 | 4.57 | 4.07 | 3.76 | 3.53 | 3.36 | 3.23 | 3.11 | 3.03 | 2.95 | 2.90 |
| 29 | 4.18 | 3.33 | 2.93 | 2.70 | 2.54 | 2.43 | 2.35 | 2.28 | 2.22 | 2.18 | 2.14 | 2.10 |
| | 7.60 | 5.42 | 4.54 | 4.04 | 3.73 | 3.50 | 3.33 | 3.20 | 3.08 | 3.00 | 2.92 | 2.87 |
| 30 | 4.17 | 3.32 | 2.92 | 2.69 | 2.53 | 2.42 | 2.34 | 2.27 | 2.21 | 2.16 | 2.12 | 2.09 |
| | 7.56 | 5.39 | 4.51 | 4.02 | 3.70 | 3.47 | 3.30 | 3.17 | 3.06 | 2.98 | 2.91 | 2.84 |
| 32 | 4.15 | 3.30 | 2.90 | 2.67 | 2.51 | 2.40 | 2.32 | 2.25 | 2.19 | 2.14 | 2.10 | 2.07 |
| | 7.50 | 5.35 | 4.46 | 3.97 | 3.66 | 3.42 | 3.25 | 3.12 | 3.01 | 2.94 | 2.86 | 2.80 |
| 34 | 4.13 | 3.28 | 2.88 | 2.65 | 2.49 | 2.38 | 2.30 | 2.23 | 2.17 | 2.12 | 2.08 | 2.05 |
| | 7.44 | 5.29 | 4.42 | 3.93 | 3.61 | 3.38 | 3.21 | 3.08 | 2.98 | 2.89 | 2.82 | 2.76 |
| 36 | 4.11 | 3.26 | 2.86 | 2.63 | 2.48 | 2.36 | 2.28 | 2.21 | 2.15 | 2.10 | 2.06 | 2.03 |
| | 7.39 | 5.25 | 4.38 | 3.89 | 3.58 | 3.35 | 3.18 | 3.04 | 2.94 | 2.86 | 2.78 | 2.72 |
| 38 | 4.10 | 3.25 | 2.85 | 2.62 | 2.46 | 2.35 | 2.26 | 2.19 | 2.14 | 2.09 | 2.05 | 2.02 |
| | 7.35 | 5.21 | 4.31 | 3.86 | 3.54 | 3.32 | 3.15 | 3.02 | 2.91 | 2.82 | 2.75 | 2.69 |
| 40 | 4.08 | 3.23 | 2.84 | 2.61 | 2.45 | 2.34 | 2.25 | 2.18 | 2.12 | 2.07 | 2.04 | 2.00 |
| | 7.31 | 15.18 | 4.31 | 3.83 | 3.51 | 3.29 | 3.12 | 2.99 | 2.88 | 2.80 | 2.73 | 2.66 |
| 42 | 4.07 | 3.22 | 2.83 | 2.59 | 2.44 | 2.32 | 2.24 | 2.17 | 2.11 | 2.06 | 2.02 | 1.99 |
| | 7.27 | 5.15 | 4.29 | 3.80 | 3.49 | 3.26 | 3.10 | 2.96 | 2.86 | 2.77 | 2.70 | 2.64 |
| 44 | 4.06 | 3.21 | 2.82 | 2.58 | 2.43 | 2.31 | 2.23 | 2.16 | 2.10 | 2.05 | 2.01 | 1.96 |
| | 7.24 | 5.12 | 4.26 | 3.78 | 3.46 | 3.24 | 3.07 | 2.94 | 2.84 | 2.75 | 2.68 | 2.02 |
| 46 | 4.05 | 3.20 | 2.81 | 2.57 | 2.42 | 2.30 | 2.22 | 2.14 | 2.09 | 2.04 | 2.00 | 1.97 |
| | 7.21 | 5.10 | 4.24 | 3.76 | 3.44 | 3.22 | 3.05 | 2.92 | 2.82 | 2.73 | 2.66 | 2.60 |
| 48 | 4.04 | 3.19 | 2.80 | 2.56 | 2.41 | 2.30 | 2.21 | 2.14 | 2.08 | 2.03 | 1.99 | 1.96 |
| | 7.19 | 5.08 | 4.22 | 3.74 | 3.42 | 3.20 | 3.04 | 2.90 | 2.80 | 2.71 | 2.64 | 2.58 |
| 50 | 4.03 | 3.18 | 2.79 | 2.56 | 2.40 | 2.29 | 2.20 | 2.13 | 2.07 | 2.02 | 1.98 | 1.95 |
| | 7.17 | 5.06 | 4.20 | 3.72 | 3.41 | 3.18 | 3.02 | 2.88 | 2.78 | 2.70 | 2.62 | 2.56 |
| 60 | 4.00 | 3.15 | 2.76 | 2.52 | 2.37 | 2.25 | 2.17 | 2.10 | 2.04 | 1.99 | 1.95 | 1.92 |
| | 7.08 | 4.98 | 4.13 | 3.65 | 3.34 | 3.12 | 2.95 | 2.82 | 2.72 | 2.63 | 2.56 | 2.50 |
| 70 | 3.98 | 3.13 | 2.74 | 2.50 | 2.35 | 2.23 | 2.14 | 2.07 | 2.01 | 1.97 | 1.93 | 1.89 |
| | 7.01 | 4.92 | 4.08 | 3.60 | 3.29 | 3.07 | 2.91 | 2.77 | 2.67 | 2.59 | 2.51 | 2.45 |
| 80 | 3.96 | 3.11 | 2.72 | 2.48 | 2.33 | 2.21 | 2.12 | 2.05 | 1.99 | 1.95 | 1.91 | 1.88 |
| | 6.96 | 4.88 | 4.04 | 3.56 | 3.25 | 3.04 | 2.87 | 2.74 | 2.64 | 2.55 | 2.48 | 2.41 |
| 100 | 3.94 | 3.09 | 2.70 | 2.46 | 2.30 | 2.19 | 2.10 | 2.03 | 1.97 | 1.92 | 1.88 | 1.85 |
| | 6.90 | 4.82 | 3.98 | 3.51 | 3.20 | 2.99 | 2.82 | 2.69 | 2.59 | 2.51 | 2.43 | 2.36 |
| 125 | 3.92 | 3.07 | 2.68 | 2.44 | 2.29 | 2.17 | 2.08 | 2.01 | 1.95 | 1.90 | 1.86 | 1.83 |
| | 6.84 | 4.78 | 3.94 | 3.47 | 3.17 | 2.95 | 2.79 | 2.65 | 2.56 | 2.47 | 2.40 | 2.33 |
| 150 | 3.91 | 3.06 | 2.67 | 2.43 | 2.27 | 2.16 | 2.07 | 2.00 | 1.94 | 1.89 | 1.85 | 1.82 |
| | 6.81 | 4.75 | 3.91 | 3.44 | 3.14 | 2.92 | 2.76 | 2.62 | 2.53 | 2.44 | 2.37 | 2.30 |
| 200 | 3.89 | 3.04 | 2.65 | 2.41 | 2.26 | 2.14 | 2.05 | 1.98 | 1.92 | 1.87 | 1.83 | 1.80 |
| | 6.76 | 4.71 | 3.88 | 3.41 | 3.11 | 2.90 | 2.73 | 2.60 | 2.50 | 2.41 | 2.34 | 2.28 |
| 400 | 3.86 | 3.02 | 2.62 | 2.39 | 2.23 | 2.12 | 2.03 | 1.96 | 1.90 | 1.85 | 1.81 | 1.78 |
| | 6.70 | 4.66 | 3.83 | 3.36 | 3.06 | 2.85 | 2.69 | 2.55 | 2.436 | 2.37 | 2.29 | 2.23 |
| 1 000 | 3.85 | 3.00 | 2.61 | 2.38 | 2.22 | 2.10 | 2.02 | 1.95 | 1.89 | 1.84 | 1.80 | 1.76 |
| | 6.66 | 4.62 | 3.80 | 3.34 | 3.04 | 2.82 | 2.66 | 2.53 | 2.43 | 2.34 | 2.26 | 2.20 |
| $\infty$ | 3.84 | 2.99 | 2.60 | 2.37 | 2.21 | 2.09 | 2.01 | 1.94 | 1.88 | 1.83 | 1.79 | 1.75 |
| | 6.64 | 4.60 | 3.78 | 3.32 | 3.02 | 2.80 | 2.64 | 2.51 | 2.41 | 2.32 | 2.24 | 2.18 |

| 分母的自由度 $v_2$ | 分子的自由度 $v_1$ | | | | | | | | | | | |
|---|---|---|---|---|---|---|---|---|---|---|---|---|
| | 14 | 16 | 20 | 24 | 30 | 40 | 50 | 75 | 100 | 200 | 500 | ∞ |
| 26 | 2.10 | 2.05 | 1.99 | 1.95 | 1.90 | 1.85 | 1.82 | 1.78 | 1.76 | 1.72 | 1.70 | 1.69 |
| | 2.86 | 2.77 | 2.66 | 2.58 | 2.50 | 2.41 | 2.36 | 2.28 | 2.25 | 2.19 | 2.15 | 2.13 |
| 27 | 2.08 | 2.03 | 1.97 | 1.93 | 1.88 | 1.84 | 1.80 | 1.76 | 1.74 | 1.71 | 1.68 | 1.67 |
| | 2.83 | 2.74 | 2.63 | 2.55 | 2.47 | 2.38 | 2.33 | 2.25 | 2.21 | 2.16 | 2.12 | 2.10 |
| 28 | 2.06 | 2.02 | 1.96 | 1.91 | 1.87 | 1.81 | 1.78 | 1.75 | 1.72 | 1.69 | 1.67 | 1.65 |
| | 2.80 | 2.71 | 2.60 | 2.52 | 2.44 | 2.35 | 2.30 | 2.22 | 2.18 | 2.13 | 2.09 | 2.06 |
| 29 | 2.05 | 2.00 | 1.94 | 1.90 | 1.85 | 1.80 | 1.77 | 1.73 | 1.71 | 1.68 | 1.65 | 1.64 |
| | 2.77 | 2.68 | 2.57 | 2.49 | 2.41 | 2.32 | 2.27 | 2.19 | 2.15 | 2.10 | 2.06 | 2.03 |
| 30 | 2.04 | 1.99 | 1.93 | 1.89 | 1.84 | 1.79 | 1.76 | 1.72 | 1.69 | 1.66 | 1.64 | 1.62 |
| | 2.74 | 2.66 | 2.55 | 2.47 | 2.38 | 2.29 | 2.24 | 2.16 | 2.13 | 2.07 | 2.03 | 2.01 |
| 32 | 2.02 | 1.97 | 1.91 | 1.86 | 1.82 | 1.76 | 1.74 | 1.69 | 1.67 | 1.64 | 1.61 | 1.59 |
| | 2.70 | 2.62 | 2.51 | 2.42 | 2.34 | 2.25 | 2.20 | 2.12 | 2.08 | 2.02 | 1.98 | 1.96 |
| 34 | 2.00 | 1.95 | 1.89 | 1.84 | 1.80 | 1.74 | 1.71 | 1.67 | 1.64 | 1.61 | 1.59 | 1.57 |
| | 2.66 | 2.58 | 2.47 | 2.38 | 2.30 | 2.21 | 2.15 | 2.08 | 2.04 | 1.98 | 1.94 | 1.91 |
| 36 | 7.98 | 1.93 | 1.87 | 1.82 | 1.78 | 1.83 | 1.69 | 1.65 | 1.62 | 1.59 | 1.56 | 1.55 |
| | 2.62 | 2.54 | 2.43 | 2.35 | 2.26 | 2.17 | 2.12 | 2.04 | 2.00 | 1.94 | 1.90 | 1.87 |
| 38 | 1.96 | 1.92 | 1.85 | 1.80 | 1.76 | 1.71 | 1.67 | 1.63 | 1.60 | 1.57 | 1.54 | 1.53 |
| | 2.59 | 2.51 | 2.40 | 2.32 | 2.22 | 2.14 | 2.08 | 2.00 | 1.97 | 1.90 | 1.86 | 1.84 |
| 40 | 1.95 | 1.90 | 1.84 | 1.79 | 1.74 | 1.69 | 1.66 | 1.61 | 1.59 | 1.55 | 1.53 | 1.51 |
| | 2.56 | 2.49 | 2.37 | 2.29 | 2.20 | 2.11 | 2.05 | 1.97 | 1.94 | 1.88 | 1.84 | 1.81 |
| 42 | 1.94 | 1.89 | 1.82 | 1.78 | 1.73 | 1.68 | 1.64 | 1.60 | 1.57 | 1.54 | 1.51 | 1.49 |
| | 2.54 | 2.46 | 2.35 | 2.26 | 2.17 | 2.08 | 2.02 | 1.94 | 1.91 | 1.85 | 1.80 | 1.78 |
| 44 | 1.82 | 1.88 | 1.81 | 1.76 | 1.72 | 1.66 | 1.63 | 1.58 | 1.56 | 1.52 | 1.50 | 1.48 |
| | 2.52 | 2.44 | 2.32 | 2.24 | 2.15 | 2.06 | 2.00 | 1.92 | 1.88 | 1.82 | 1.78 | 1.75 |
| 46 | 1.91 | 1.87 | 1.80 | 1.75 | 1.71 | 1.65 | 1.62 | 1.57 | 1.54 | 1.51 | 1.48 | 1.46 |
| | 2.50 | 2.42 | 2.30 | 2.22 | 2.13 | 2.04 | 1.98 | 1.90 | 1.86 | 1.80 | 1.76 | 1.72 |
| 48 | 1.90 | 1.85 | 1.79 | 1.74 | 1.70 | 1.64 | 1.61 | 1.56 | 1.53 | 1.50 | 1.47 | 1.45 |
| | 2.48 | 2.40 | 2.28 | 2.20 | 2.11 | 2.02 | 1.96 | 1.88 | 1.84 | 1.78 | 1.73 | 1.70 |
| 50 | 1.90 | 1.85 | 1.78 | 1.74 | 1.69 | 1.63 | 1.60 | 1.55 | 1.52 | 1.48 | 1.46 | 1.44 |
| | 2.46 | 2.39 | 2.26 | 2.18 | 2.10 | 2.00 | 1.94 | 1.86 | 1.82 | 1.76 | 1.71 | 1.68 |
| 60 | 1.86 | 1.81 | 1.75 | 1.70 | 1.65 | 1.59 | 1.56 | 1.50 | 1.48 | 1.44 | 1.41 | 1.39 |
| | 2.40 | 2.32 | 2.20 | 2.12 | 2.03 | 1.93 | 1.87 | 1.79 | 1.74 | 1.68 | 1.63 | 1.60 |
| 70 | 1.84 | 1.79 | 1.72 | 1.67 | 1.62 | 1.56 | 1.53 | 1.47 | 1.45 | 1.40 | 1.37 | 1.35 |
| | 2.35 | 2.28 | 2.15 | 2.07 | 1.98 | 1.88 | 1.82 | 1.74 | 1.69 | 1.62 | 1.56 | 1.53 |
| 80 | 1.82 | 1.77 | 1.70 | 1.65 | 1.60 | 1.54 | 1.51 | 1.45 | 1.42 | 1.38 | 1.35 | 1.32 |
| | 2.32 | 2.24 | 2.11 | 2.03 | 1.94 | 1.84 | 1.78 | 1.70 | 1.65 | 1.57 | 1.52 | 1.49 |
| 100 | 1.79 | 1.75 | 1.68 | 1.63 | 1.57 | 1.51 | 1.48 | 1.42 | 1.39 | 1.34 | 1.30 | 1.28 |
| | 2.26 | 2.19 | 2.06 | 1.98 | 1.89 | 1.79 | 1.73 | 1.64 | 1.59 | 1.51 | 1.46 | 1.43 |
| 125 | 1.77 | 1.72 | 1.65 | 1.60 | 1.55 | 1.49 | 1.45 | 1.39 | 1.36 | 1.31 | 1.27 | 1.25 |
| | 2.23 | 2.15 | 2.03 | 1.94 | 1.85 | 1.75 | 1.68 | 1.59 | 1.54 | 1.46 | 1.40 | 1.37 |
| 150 | 1.76 | 1.71 | 1.64 | 1.59 | 1.54 | 1.47 | 1.44 | 1.37 | 1.34 | 1.29 | 1.25 | 1.22 |
| | 2.20 | 2.12 | 2.00 | 1.91 | 1.83 | 1.72 | 1.66 | 1.56 | 1.51 | 1.43 | 1.37 | 1.33 |
| 200 | 1.74 | 1.69 | 1.62 | 1.57 | 1.52 | 1.45 | 1.42 | 1.35 | 1.32 | 1.26 | 1.22 | 1.19 |
| | 2.17 | 2.09 | 1.97 | 1.88 | 1.79 | 1.69 | 1.62 | 1.53 | 1.48 | 1.39 | 1.33 | 1.28 |
| 400 | 1.72 | 1.67 | 1.60 | 1.54 | 1.49 | 1.42 | 1.38 | 1.32 | 1.28 | 1.22 | 1.16 | 1.13 |
| | 2.12 | 2.04 | 1.92 | 1.84 | 1.74 | 1.64 | 1.57 | 1.47 | 1.42 | 1.32 | 1.24 | 1.19 |
| 1 000 | 1.70 | 1.65 | 1.58 | 1.53 | 1.47 | 1.41 | 1.36 | 1.30 | 1.26 | 1.19 | 1.13 | 1.08 |
| | 2.09 | 2.01 | 1.89 | 1.81 | 1.71 | 1.61 | 1.54 | 1.44 | 1.38 | 1.28 | 1.19 | 1.11 |
| ∞ | 1.69 | 1.64 | 1.57 | 1.52 | 1.46 | 1.40 | 1.35 | 1.28 | 1.24 | 1.17 | 1.11 | 1.00 |
| | 2.07 | 1.99 | 1.87 | 1.79 | 1.69 | 1.59 | 1.52 | 1.41 | 1.36 | 1.25 | 1.15 | 1.00 |

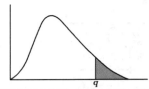

附表5　q 界值表（Newman-Keuls 法用,上行 *P*＝0. 05,下行 *P*＝0. 01）

| $\nu$ | 组数,*a* | | | | | | | | |
|---|---|---|---|---|---|---|---|---|---|
| | 2 | 3 | 4 | 5 | 6 | 7 | 8 | 9 | 10 |
| 5 | 3. 64 | 4. 60 | 5. 22 | 5. 67 | 6. 03 | 6. 33 | 6. 58 | 6. 80 | 6. 99 |
| | 5. 70 | 6. 98 | 7. 80 | 8. 42 | 8. 91 | 9. 32 | 9. 67 | 9. 97 | 10. 24 |
| 6 | 3. 46 | 4. 34 | 4. 90 | 5. 30 | 5. 63 | 5. 89 | 6. 12 | 6. 32 | 6. 49 |
| | 5. 24 | 6. 33 | 7. 03 | 7. 56 | 7. 97 | 8. 32 | 8. 61 | 8. 87 | 9. 10 |
| 7 | 3. 34 | 4. 16 | 4. 68 | 5. 06 | 5. 36 | 5. 61 | 5. 82 | 6. 00 | 6. 16 |
| | 4. 95 | 5. 92 | 6. 54 | 7. 01 | 7. 37 | 7. 68 | 7. 94 | 8. 17 | 8. 37 |
| 8 | 3. 26 | 4. 04 | 4. 53 | 4. 89 | 5. 17 | 5. 40 | 5. 60 | 5. 77 | 5. 92 |
| | 4. 75 | 5. 64 | 6. 20 | 6. 62 | 6. 96 | 7. 24 | 7. 47 | 7. 68 | 7. 86 |
| 9 | 3. 20 | 3. 95 | 4. 41 | 4. 76 | 5. 02 | 5. 24 | 5. 43 | 5. 59 | 5. 74 |
| | 4. 60 | 5. 43 | 5. 96 | 6. 35 | 6. 66 | 6. 91 | 7. 13 | 7. 33 | 7. 49 |
| 10 | 3. 15 | 3. 88 | 4. 33 | 4. 65 | 4. 91 | 5. 12 | 5. 30 | 5. 46 | 5. 60 |
| | 4. 48 | 5. 27 | 5. 77 | 6. 14 | 6. 43 | 6. 67 | 6. 87 | 7. 05 | 7. 21 |
| 12 | 3. 08 | 3. 77 | 4. 20 | 4. 51 | 4. 75 | 4. 95 | 5. 12 | 5. 27 | 5. 39 |
| | 4. 32 | 5. 05 | 5. 50 | 5. 84 | 6. 10 | 6. 12 | 6. 51 | 6. 67 | 6. 81 |
| 14 | 3. 03 | 3. 70 | 4. 11 | 4. 41 | 4. 64 | 4. 83 | 4. 99 | 5. 13 | 5. 25 |
| | 4. 21 | 4. 89 | 5. 32 | 5. 63 | 5. 88 | 6. 08 | 6. 26 | 6. 41 | 6. 54 |
| 16 | 3. 00 | 3. 65 | 4. 05 | 4. 33 | 4. 56 | 4. 74 | 4. 90 | 5. 03 | 5. 15 |
| | 4. 13 | 4. 79 | 5. 19 | 5. 49 | 5. 72 | 5. 92 | 6. 08 | 6. 22 | 6. 35 |
| 18 | 2. 97 | 3. 61 | 4. 00 | 4. 28 | 4. 49 | 4. 67 | 4. 82 | 4. 96 | 5. 07 |
| | 4. 07 | 4. 70 | 5. 09 | 5. 38 | 5. 60 | 5. 79 | 5. 94 | 6. 08 | 6. 20 |
| 20 | 2. 95 | 3. 58 | 3. 96 | 4. 23 | 4. 45 | 4. 62 | 4. 77 | 4. 90 | 5. 01 |
| | 4. 02 | 4. 64 | 5. 02 | 5. 29 | 5. 51 | 5. 69 | 5. 84 | 5. 97 | 6. 09 |
| 30 | 2. 89 | 3. 49 | 3. 85 | 4. 10 | 4. 30 | 4. 46 | 4. 60 | 4. 72 | 4. 82 |
| | 3. 89 | 4. 45 | 4. 80 | 5. 05 | 5. 24 | 5. 40 | 5. 54 | 5. 65 | 5. 76 |
| 40 | 2. 86 | 3. 44 | 3. 79 | 4. 04 | 4. 23 | 4. 39 | 4. 52 | 4. 63 | 4. 73 |
| | 2. 82 | 4. 37 | 4. 70 | 4. 93 | 5. 11 | 5. 26 | 5. 39 | 5. 50 | 5. 60 |
| 60 | 2. 83 | 3. 40 | 3. 74 | 3. 98 | 4. 16 | 4. 31 | 4. 44 | 4. 55 | 4. 65 |
| | 3. 76 | 4. 28 | 4. 59 | 4. 82 | 4. 99 | 5. 13 | 5. 25 | 5. 36 | 5. 45 |
| 120 | 2. 80 | 3. 36 | 3. 68 | 3. 92 | 4. 10 | 4. 24 | 4. 36 | 4. 47 | 4. 56 |
| | 3. 70 | 4. 20 | 4. 50 | 4. 71 | 4. 87 | 5. 01 | 5. 12 | 5. 21 | 5. 30 |
| ∞ | 2. 77 | 3. 31 | 3. 63 | 3. 86 | 4. 03 | 4. 17 | 4. 29 | 4. 39 | 4. 47 |
| | 3. 64 | 4. 12 | 4. 40 | 4. 60 | 4. 76 | 4. 88 | 4. 99 | 5. 08 | 5. 16 |

附表6　百分率的可信区间（上行95%可信区间，下行99%可信区间）

| n | 0 | 1 | 2 | 3 | 4 | 5 | 6 | 7 | 8 | 9 | 10 | 11 | 12 | 13 |
|---|---|---|---|---|---|---|---|---|---|---|---|---|---|---|
| 1 | 0~98 | | | | | | | | | | | | | |
|   | 0~100 | | | | | | | | | | | | | |
| 2 | 0~84 | 1~99 | | | | | | | | | | | | |
|   | 0~93 | 0~100 | | | | | | | | | | | | |
| 3 | 0~71 | 1~91 | 9~99 | | | | | | | | | | | |
|   | 0~83 | 0~96 | 4~100 | | | | | | | | | | | |
| 4 | 0~60 | 1~81 | 7~93 | | | | | | | | | | | |
|   | 0~73 | 0~89 | 3~97 | | | | | | | | | | | |
| 5 | 0~52 | 1~72 | 5~85 | 15~95 | | | | | | | | | | |
|   | 0~65 | 0~81 | 2~92 | 8~98 | | | | | | | | | | |
| 6 | 0~46 | 0~64 | 4~78 | 12~88 | | | | | | | | | | |
|   | 0~59 | 0~75 | 2~86 | 7~93 | | | | | | | | | | |
| 7 | 0~41 | 0~58 | 4~71 | 10~82 | 18~90 | | | | | | | | | |
|   | 0~53 | 0~68 | 2~80 | 6~88 | 12~94 | | | | | | | | | |
| 8 | 0~37 | 0~53 | 3~65 | 9~76 | 16~84 | | | | | | | | | |
|   | 0~48 | 0~63 | 1~74 | 5~83 | 10~90 | | | | | | | | | |
| 9 | 0~34 | 0~48 | 3~60 | 7~70 | 14~79 | 21~86 | | | | | | | | |
|   | 0~45 | 0~59 | 1~69 | 4~78 | 9~85 | 15~91 | | | | | | | | |
| 10 | 0~31 | 0~45 | 3~56 | 7~65 | 12~74 | 19~81 | | | | | | | | |
|   | 0~41 | 0~54 | 1~65 | 4~74 | 8~81 | 13~87 | | | | | | | | |
| 11 | 0~28 | 0~40 | 2~52 | 6~61 | 11~69 | 17~77 | 23~83 | | | | | | | |
|   | 0~38 | 0~51 | 1~61 | 3~69 | 7~77 | 11~83 | 17~89 | | | | | | | |
| 12 | 0~26 | 0~38 | 2~48 | 5~57 | 10~65 | 15~72 | 21~79 | | | | | | | |
|   | 0~36 | 0~48 | 1~57 | 3~66 | 6~73 | 10~79 | 15~85 | | | | | | | |
| 13 | 0~25 | 0~36 | 2~45 | 5~54 | 9~61 | 14~68 | 19~75 | 25~81 | | | | | | |
|   | 0~34 | 0~45 | 1~54 | 3~62 | 6~69 | 9~76 | 14~81 | 19~86 | | | | | | |
| 14 | 0~23 | 0~34 | 2~43 | 5~51 | 8~58 | 13~65 | 18~71 | 23~77 | | | | | | |
|   | 0~32 | 0~42 | 1~51 | 3~59 | 5~66 | 9~72 | 13~78 | 17~83 | | | | | | |
| 15 | 0~22 | 0~32 | 2~41 | 4~48 | 8~55 | 12~62 | 16~68 | 21~73 | 27~79 | | | | | |
|   | 0~30 | 0~40 | 1~49 | 2~56 | 5~63 | 8~69 | 12~74 | 16~79 | 21~84 | | | | | |
| 16 | 0~21 | 0~30 | 2~38 | 4~46 | 7~52 | 11~59 | 15~65 | 20~70 | 25~75 | | | | | |
|   | 0~28 | 0~38 | 1~46 | 2~53 | 5~60 | 8~66 | 11~71 | 15~76 | 19~81 | | | | | |
| 17 | 0~20 | 0~29 | 2~36 | 4~34 | 7~50 | 10~56 | 14~62 | 18~67 | 23~72 | 28~77 | | | | |
|   | 0~27 | 0~36 | 1~44 | 2~51 | 4~57 | 7~63 | 10~69 | 14~74 | 18~78 | 22~82 | | | | |
| 18 | 0~19 | 0~27 | 1~35 | 3~41 | 6~48 | 10~54 | 13~59 | 17~64 | 22~69 | 26~74 | | | | |
|   | 0~26 | 0~35 | 1~42 | 2~49 | 4~55 | 7~61 | 10~66 | 13~71 | 17~75 | 21~79 | | | | |
| 19 | 0~18 | 0~26 | 1~33 | 3~40 | 6~46 | 9~51 | 13~57 | 16~62 | 20~67 | 24~71 | 29~76 | | | |
|   | 0~24 | 0~33 | 1~40 | 2~47 | 4~53 | 6~58 | 9~63 | 12~68 | 16~73 | 19~77 | 23~81 | | | |
| 20 | 0~17 | 0~25 | 1~32 | 3~38 | 6~44 | 9~49 | 12~54 | 15~59 | 19~64 | 23~69 | 27~73 | | | |
|   | 0~23 | 0~32 | 1~39 | 2~45 | 4~51 | 6~56 | 9~61 | 11~66 | 15~70 | 18~74 | 22~78 | | | |
| 21 | 0~16 | 0~24 | 1~30 | 3~36 | 5~42 | 8~47 | 11~52 | 15~57 | 18~62 | 22~66 | 26~70 | 30~74 | | |
|   | 0~22 | 0~30 | 1~37 | 2~43 | 3~49 | 6~54 | 8~59 | 11~63 | 14~68 | 17~71 | 21~76 | 24~80 | | |
| 22 | 0~15 | 0~23 | 1~29 | 3~35 | 5~40 | 8~45 | 11~50 | 14~55 | 17~59 | 21~64 | 24~68 | 28~72 | | |
|   | 0~21 | 0~29 | 1~36 | 2~42 | 3~47 | 5~52 | 8~57 | 10~61 | 13~66 | 16~70 | 20~73 | 23~77 | | |
| 23 | 0~15 | 0~22 | 1~28 | 3~34 | 5~39 | 8~44 | 10~48 | 13~53 | 16~57 | 20~62 | 23~66 | 27~69 | 31~73 | |
|   | 0~21 | 0~28 | 1~35 | 2~40 | 3~45 | 5~50 | 7~55 | 10~59 | 13~63 | 15~67 | 19~71 | 22~75 | 25~78 | |
| 24 | 0~14 | 0~21 | 1~27 | 3~32 | 5~37 | 7~42 | 10~47 | 13~51 | 16~55 | 19~59 | 22~63 | 26~67 | 29~71 | |
|   | 0~20 | 0~27 | 0~33 | 2~39 | 3~44 | 5~49 | 7~53 | 9~57 | 12~61 | 15~65 | 18~69 | 21~73 | 24~76 | |
| 25 | 0~14 | 0~20 | 1~26 | 3~31 | 5~36 | 7~41 | 9~45 | 12~49 | 15~54 | 18~58 | 21~61 | 24~65 | 28~69 | 31~72 |
|   | 0~19 | 0~16 | 0~32 | 1~37 | 3~42 | 5~47 | 7~51 | 9~56 | 11~60 | 14~63 | 17~67 | 20~71 | 23~74 | 26~77 |

续表

| n | X | | | | | | | | | | | | | |
|---|---|---|---|---|---|---|---|---|---|---|---|---|---|
| | 0 | 1 | 2 | 3 | 4 | 5 | 6 | 7 | 8 | 9 | 10 | 11 | 12 | 13 |
| 26 | 0~13 | 0~20 | 1~25 | 2~30 | 4~35 | 7~39 | 9~44 | 12~48 | 14~52 | 17~56 | 20~60 | 23~63 | 27~67 | 30~70 |
| | 0~18 | 0~25 | 1~31 | 1~36 | 3~41 | 4~46 | 5~50 | 9~54 | 11~58 | 13~62 | 16~65 | 19~69 | 22~72 | 25~75 |
| 27 | 0~13 | 0~19 | 1~24 | 2~29 | 4~34 | 6~38 | 9~42 | 11~46 | 19~50 | 17~54 | 19~58 | 22~61 | 26~65 | 29~68 |
| | 0~18 | 0~25 | 0~30 | 1~35 | 3~40 | 4~44 | 6~48 | 8~52 | 10~56 | 13~60 | 15~63 | 18~67 | 21~70 | 24~73 |
| 28 | 0~12 | 0~18 | 1~24 | 2~28 | 4~33 | 6~37 | 8~41 | 11~45 | 13~49 | 16~52 | 19~56 | 22~59 | 25~63 | 28~66 |
| | 0~17 | 0~24 | 0~29 | 1~34 | 3~39 | 4~43 | 6~47 | 8~51 | 10~55 | 12~58 | 15~62 | 17~65 | 20~68 | 23~71 |
| 29 | 0~12 | 0~18 | 1~23 | 2~27 | 4~32 | 6~36 | 8~40 | 10~44 | 13~47 | 15~51 | 18~54 | 21~58 | 24~61 | 26~64 |
| | 0~17 | 0~23 | 0~28 | 1~33 | 2~37 | 4~42 | 6~46 | 8~49 | 10~53 | 12~57 | 14~60 | 17~63 | 19~66 | 22~70 |
| 30 | 0~12 | 0~17 | 1~22 | 2~27 | 4~31 | 6~35 | 8~39 | 10~42 | 12~46 | 15~49 | 17~53 | 20~56 | 23~59 | 26~43 |
| | 0~16 | 0~22 | 0~27 | 1~32 | 2~36 | 4~40 | 5~44 | 7~48 | 9~52 | 11~55 | 14~58 | 16~62 | 19~65 | 21~68 |
| 31 | 0~11 | 0~17 | 1~22 | 2~26 | 4~30 | 6~34 | 8~38 | 10~41 | 12~45 | 14~48 | 17~51 | 19~55 | 22~58 | 25~61 |
| | 0~16 | 0~22 | 0~27 | 1~31 | 2~35 | 4~39 | 5~43 | 7~47 | 9~50 | 11~54 | 13~57 | 16~60 | 18~63 | 20~66 |
| 32 | 0~11 | 0~16 | 1~21 | 2~25 | 4~29 | 5~33 | 7~36 | 9~40 | 12~43 | 14~47 | 16~50 | 19~53 | 21~56 | 24~59 |
| | 0~15 | 0~21 | 0~26 | 1~30 | 2~34 | 4~38 | 5~42 | 7~46 | 9~49 | 11~52 | 13~56 | 15~59 | 17~62 | 20~65 |
| 33 | 0~11 | 0~15 | 1~20 | 2~24 | 3~28 | 5~32 | 7~36 | 9~39 | 11~42 | 13~46 | 16~49 | 18~52 | 20~55 | 23~58 |
| | 0~15 | 0~20 | 0~25 | 130 | 2~34 | 3~37 | 5~41 | 7~44 | 8~48 | 10~51 | 12~54 | 14~57 | 17~60 | 19~63 |
| 34 | 0~10 | 0~15 | 1~19 | 2~23 | 3~28 | 5~31 | 7~35 | 9~38 | 11~41 | 13~44 | 15~48 | 17~51 | 20~54 | 22~56 |
| | 0~14 | 0~20 | 0~25 | 1~29 | 2~33 | 3~36 | 5~40 | 6~43 | 8~47 | 10~50 | 12~53 | 14~56 | 16~59 | 18~62 |
| 35 | 0~10 | 0~15 | 1~19 | 2~23 | 3~27 | 5~30 | 6~34 | 8~37 | 10~40 | 13~43 | 15~46 | 17~49 | 19~52 | 22~55 |
| | 0~14 | 0~20 | 0~24 | 1~28 | 2~32 | 3~35 | 5~39 | 6~42 | 8~45 | 10~49 | 12~52 | 14~55 | 16~57 | 18~60 |
| 36 | 0~10 | 0~15 | 1~18 | 2~22 | 3~26 | 5~29 | 6~33 | 8~36 | 10~39 | 12~42 | 14~45 | 16~48 | 19~51 | 21~54 |
| | 0~14 | 0~19 | 0~23 | 1~27 | 2~31 | 3~35 | 5~38 | 6~41 | 8~44 | 9~47 | 11~50 | 13~53 | 15~56 | 17~59 |
| 37 | 0~10 | 0~14 | 1~18 | 2~22 | 3~25 | 5~28 | 6~32 | 8~35 | 10~38 | 12~41 | 14~44 | 16~47 | 18~50 | 20~54 |
| | 0~13 | 0~18 | 0~23 | 1~27 | 2~30 | 3~34 | 4~37 | 6~40 | 7~43 | 9~46 | 11~49 | 13~52 | 15~55 | 17~58 |
| 38 | 0~10 | 0~14 | 1~18 | 2~21 | 3~25 | 5~28 | 6~32 | 8~34 | 10~37 | 11~40 | 13~43 | 15~46 | 18~49 | 20~51 |
| | 0~13 | 0~18 | 0~22 | 1~26 | 2~30 | 3~33 | 4~36 | 6~39 | 7~42 | 9~45 | 11~48 | 12~51 | 14~54 | 16~56 |
| 39 | 0~9 | 0~14 | 1~17 | 2~21 | 3~24 | 4~27 | 6~31 | 8~33 | 9~36 | 11~39 | 13~42 | 15~45 | 17~48 | 19~50 |
| | 0~13 | 0~18 | 0~21 | 1~25 | 2~29 | 3~32 | 4~35 | 6~38 | 7~41 | 9~44 | 10~47 | 12~49 | 14~53 | 16~55 |
| 40 | 0~9 | 0~13 | 1~17 | 2~21 | 3~24 | 4~27 | 6~30 | 8~33 | 9~35 | 11~38 | 13~41 | 15~44 | 14~47 | 19~49 |
| | 0~12 | 0~17 | 0~21 | 1~25 | 2~28 | 3~32 | 4~35 | 5~38 | 7~40 | 9~43 | 10~46 | 12~49 | 13~52 | 15~54 |
| 41 | 0~9 | 0~13 | 1~17 | 2~20 | 3~23 | 4~26 | 6~29 | 7~32 | 9~35 | 11~37 | 12~40 | 14~43 | 16~46 | 18~48 |
| | 0~12 | 0~17 | 0~21 | 1~24 | 2~28 | 3~31 | 4~34 | 5~37 | 7~40 | 8~42 | 10~45 | 11~48 | 13~50 | 15~53 |
| 42 | 0~9 | 0~13 | 1~16 | 2~20 | 3~23 | 4~26 | 6~28 | 7~31 | 9~34 | 10~37 | 12~39 | 14~42 | 16~45 | 18~47 |
| | 0~12 | 0~17 | 0~20 | 1~24 | 2~27 | 3~30 | 4~33 | 5~36 | 7~39 | 8~42 | 9~44 | 11~47 | 13~49 | 15~52 |
| 43 | 0~9 | 0~12 | 1~16 | 2~19 | 3~23 | 4~25 | 5~28 | 7~31 | 8~33 | 10~36 | 12~39 | 14~41 | 15~44 | 17~45 |
| | 0~12 | 0~16 | 0~20 | 1~23 | 2~26 | 3~30 | 4~33 | 5~35 | 6~38 | 8~41 | 9~43 | 11~46 | 13~49 | 14~51 |
| 44 | 0~9 | 0~12 | 1~15 | 2~19 | 3~22 | 4~25 | 5~28 | 7~30 | 8~33 | 10~35 | 11~38 | 13~40 | 15~43 | 17~45 |
| | 0~11 | 0~16 | 0~19 | 1~23 | 2~26 | 3~29 | 4~32 | 5~35 | 6~37 | 8~40 | 9~42 | 11~45 | 12~47 | 14~51 |
| 45 | 0~8 | 0~12 | 1~15 | 2~18 | 3~21 | 4~24 | 5~27 | 7~30 | 8~32 | 9~34 | 11~37 | 13~39 | 15~42 | 16~44 |
| | 0~11 | 0~15 | 0~19 | 1~22 | 2~25 | 3~28 | 4~31 | 5~34 | 6~37 | 8~39 | 9~42 | 10~44 | 12~47 | 14~49 |
| 46 | 0~8 | 0~12 | 1~15 | 2~18 | 3~21 | 4~24 | 5~26 | 7~29 | 8~31 | 9~34 | 11~36 | 13~39 | 14~41 | 16~43 |
| | 0~11 | 0~15 | 0~19 | 1~22 | 2~25 | 3~28 | 4~31 | 5~33 | 6~36 | 7~39 | 9~41 | 10~43 | 12~46 | 13~48 |
| 47 | 0~8 | 0~12 | 1~15 | 2~17 | 3~20 | 4~23 | 6~26 | 6~28 | 8~31 | 9~34 | 11~36 | 12~38 | 14~40 | 16~43 |
| | 0~11 | 0~15 | 0~18 | 1~21 | 2~24 | 2~27 | 3~30 | 5~33 | 6~35 | 7~38 | 9~40 | 10~42 | 11~45 | 13~47 |
| 48 | 0~8 | 0~11 | 1~14 | 2~17 | 3~20 | 4~22 | 5~25 | 6~28 | 8~30 | 9~33 | 11~35 | 12~37 | 14~49 | 15~42 |
| | 0~10 | 0~14 | 0~18 | 1~21 | 2~24 | 2~27 | 3~29 | 5~32 | 6~35 | 7~37 | 8~40 | 10~42 | 11~44 | 13~47 |
| 49 | 0~8 | 0~11 | 1~14 | 2~17 | 2~20 | 4~22 | 5~25 | 6~27 | 7~30 | 9~32 | 10~35 | 12~37 | 13~39 | 15~41 |
| | 0~10 | 0~14 | 0~17 | 1~20 | 1~24 | 2~26 | 3~29 | 4~32 | 6~34 | 7~36 | 8~39 | 9~41 | 11~44 | 12~46 |
| 50 | 0~7 | 0~11 | 1~14 | 2~17 | 2~19 | 3~22 | 5~24 | 6~26 | 7~29 | 9~31 | 10~34 | 11~36 | 13~38 | 15~41 |
| | 0~10 | 0~14 | 0~17 | 1~20 | 1~23 | 2~26 | 3~28 | 4~31 | 5~33 | 7~36 | 8~38 | 9~40 | 11~43 | 12~45 |

| n | X | | | | | | | | | | | |
|---|---|---|---|---|---|---|---|---|---|---|---|---|
| | 14 | 15 | 16 | 17 | 18 | 19 | 20 | 21 | 22 | 23 | 24 | 25 |
| 26 | | | | | | | | | | | | |
| 27 | 32~71 | | | | | | | | | | | |
| | 27~76 | | | | | | | | | | | |
| 28 | 31~69 | | | | | | | | | | | |
| | 26~74 | | | | | | | | | | | |
| 29 | 30~68 | 33~71 | | | | | | | | | | |
| | 25~72 | 28~75 | | | | | | | | | | |
| 30 | 28~66 | 31~69 | | | | | | | | | | |
| | 24~71 | 27~74 | | | | | | | | | | |
| 31 | 27~64 | 30~67 | 33~70 | | | | | | | | | |
| | 23~69 | 26~72 | 28~75 | | | | | | | | | |
| 32 | 26~62 | 29~65 | 32~68 | | | | | | | | | |
| | 22~67 | 25~70 | 27~73 | | | | | | | | | |
| 33 | 26~61 | 28~64 | 31~67 | 34~69 | | | | | | | | |
| | 21~66 | 24~69 | 26~71 | 29~74 | | | | | | | | |
| 34 | 25~59 | 27~62 | 30~65 | 32~68 | | | | | | | | |
| | 21~64 | 23~67 | 25~70 | 28~72 | | | | | | | | |
| 35 | 24~58 | 26~61 | 29~63 | 31~66 | 34~69 | | | | | | | |
| | 20~63 | 22~66 | 24~68 | 27~71 | 29~73 | | | | | | | |
| 36 | 23~57 | 26~59 | 28~62 | 30~65 | 33~67 | | | | | | | |
| | 19~62 | 22~64 | 23~67 | 26~69 | 28~72 | | | | | | | |
| 37 | 23~55 | 25~58 | 27~61 | 30~63 | 32~66 | 34~68 | | | | | | |
| | 19~60 | 21~63 | 23~65 | 25~68 | 28~70 | 30~73 | | | | | | |
| 38 | 22~54 | 24~57 | 26~59 | 29~62 | 31~64 | 33~67 | | | | | | |
| | 18~59 | 20~61 | 22~64 | 25~66 | 27~69 | 29~71 | | | | | | |
| 39 | 21~53 | 23~55 | 26~58 | 28~60 | 30~63 | 32~65 | 35~68 | | | | | |
| | 18~58 | 20~60 | 22~63 | 24~65 | 26~68 | 28~70 | 30~72 | | | | | |
| 40 | 21~52 | 23~54 | 25~57 | 27~59 | 29~62 | 32~64 | 34~66 | | | | | |
| | 17~57 | 19~59 | 21~61 | 23~64 | 25~66 | 27~68 | 30~71 | | | | | |
| 41 | 20~51 | 22~53 | 24~56 | 26~58 | 29~60 | 31~63 | 33~65 | 35~67 | | | | |
| | 17~55 | 19~58 | 21~60 | 23~63 | 25~65 | 27~67 | 29~69 | 31~71 | | | | |
| 42 | 20~50 | 22~52 | 24~54 | 26~57 | 28~59 | 30~61 | 32~64 | 34~66 | | | | |
| | 16~54 | 18~57 | 20~59 | 22~61 | 24~64 | 26~06 | 28~67 | 30~70 | | | | |
| 43 | 19~49 | 21~51 | 23~53 | 25~56 | 27~58 | 29~60 | 31~62 | 33~65 | 36~67 | | | |
| | 16~53 | 18~56 | 19~58 | 21~60 | 23~62 | 25~65 | 27~66 | 29~69 | 31~71 | | | |
| 44 | 19~48 | 21~50 | 22~52 | 24~55 | 26~57 | 28~59 | 30~61 | 33~63 | 35~65 | | | |
| | 15~52 | 14~55 | 19~57 | 21~59 | 23~61 | 25~63 | 26~65 | 28~68 | 30~70 | | | |
| 45 | 18~47 | 20~49 | 22~51 | 24~54 | 26~56 | 28~58 | 30~60 | 32~62 | 34~64 | 36~66 | | |
| | 15~51 | 17~54 | 19~56 | 20~58 | 22~60 | 24~62 | 26~64 | 28~66 | 30~68 | 32~70 | | |
| 46 | 18~46 | 20~48 | 21~50 | 23~53 | 25~55 | 27~57 | 29~59 | 31~61 | 33~63 | 35~65 | | |
| | 15~50 | 16~53 | 18~55 | 20~57 | 22~59 | 23~61 | 25~63 | 27~65 | 29~67 | 31~69 | | |
| 47 | 18~45 | 19~47 | 21~49 | 23~52 | 25~54 | 26~56 | 28~58 | 30~60 | 32~62 | 34~64 | 36~66 | |
| | 14~19 | 16~52 | 18~54 | 19~56 | 21~58 | 23~60 | 25~62 | 26~64 | 28~66 | 30~68 | 32~70 | |
| 48 | 17~44 | 19~46 | 21~48 | 22~51 | 24~53 | 26~53 | 28~57 | 30~59 | 31~61 | 33~63 | 35~65 | |
| | 14~49 | 16~51 | 17~53 | 19~55 | 21~27 | 22~59 | 24~61 | 26~63 | 28~65 | 29~67 | 31~69 | |
| 49 | 17~43 | 18~45 | 20~47 | 22~50 | 24~52 | 25~54 | 27~56 | 29~58 | 31~60 | 33~62 | 34~64 | 36~66 |
| | 14~48 | 15~50 | 17~52 | 19~54 | 20~56 | 22~58 | 23~60 | 25~62 | 27~64 | 29~66 | 31~68 | 32~70 |
| 50 | 16~43 | 18~45 | 20~47 | 21~49 | 23~51 | 25~63 | 26~55 | 28~57 | 30~59 | 32~61 | 34~63 | 36~65 |
| | 14~47 | 15~49 | 17~51 | 18~53 | 20~55 | 21~57 | 23~59 | 25~61 | 26~63 | 28~65 | 30~67 | 32~68 |

| X | 50 | 60 | 70 | 80 | 90 | 100 |
|---|----|----|----|----|----|-----|
| 1 | 0~11 | 0~9 | 0~8 | 0~7 | 0~6 | 0~5 |
|   | 0~14 | 0~12 | 0~10 | 0~9 | 0~8 | 0~7 |
| 2 | 0~14 | 1~11 | 0~10 | 1~9 | 0~8 | 0~7 |
|   | 0~17 | 0~14 | 0~13 | 0~11 | 0~10 | 0~9 |
| 3 | 1~17 | 1~14 | 1~12 | 1~11 | 1~10 | 1~8 |
|   | 1~20 | 1~17 | 1~15 | 1~13 | 0~12 | 0~10 |
| 4 | 2~19 | 2~16 | 2~14 | 2~13 | 1~11 | 1~10 |
|   | 1~23 | 1~20 | 1~17 | 1~15 | 1~14 | 1~12 |
| 5 | 3~22 | 3~18 | 3~16 | 2~14 | 2~13 | 2~11 |
|   | 2~26 | 2~22 | 2~19 | 1~17 | 1~15 | 1~13 |
| 6 | 5~24 | 4~20 | 3~18 | 3~16 | 3~14 | 2~12 |
|   | 3~29 | 3~24 | 2~21 | 2~19 | 2~17 | 2~14 |
| 7 | 6~27 | 5~23 | 4~20 | 4~17 | 3~15 | 3~14 |
|   | 4~31 | 4~26 | 3~23 | 3~21 | 2~18 | 2~16 |
| 8 | 7~29 | 6~25 | 5~21 | 5~19 | 4~17 | 4~15 |
|   | 6~33 | 4~29 | 4~25 | 3~22 | 3~20 | 3~17 |
| 9 | 9~31 | 7~26 | 6~23 | 5~20 | 5~18 | 4~16 |
|   | 7~36 | 5~30 | 5~27 | 4~24 | 4~21 | 3~18 |
| 10 | 10~34 | 8~29 | 7~25 | 6~22 | 6~20 | 5~18 |
|    | 8~38 | 7~32 | 6~28 | 5~25 | 4~22 | 4~19 |
| 11 | 12~36 | 10~30 | 8~26 | 7~23 | 6~21 | 5~19 |
|    | 10~40 | 8~34 | 7~30 | 6~21 | 5~24 | 4~20 |
| 12 | 13~38 | 11~32 | 9~28 | 8~25 | 7~22 | 6~20 |
|    | 11~43 | 9~36 | 7~32 | 6~28 | 6~25 | 5~21 |
| 13 | 15~41 | 12~34 | 10~30 | 9~26 | 8~23 | 7~21 |
|    | 12~45 | 10~38 | 8~33 | 7~30 | 6~27 | 6~23 |
| 14 | 16~43 | 13~36 | 11~31 | 10~27 | 9~25 | 8~22 |
|    | 14~47 | 11~40 | 9~35 | 8~31 | 7~28 | 6~24 |
| 15 | 18~44 | 15~38 | 13~33 | 11~29 | 10~26 | 9~24 |
|    | 15~49 | 12~42 | 10~37 | 9~33 | 8~30 | 7~26 |
| 16 | 20~46 | 16~40 | 14~34 | 12~30 | 11~27 | 9~25 |
|    | 17~51 | 14~44 | 11~38 | 10~34 | 9~31 | 8~27 |
| 17 | 21~48 | 14~81 | 15~36 | 13~32 | 12~28 | 10~26 |
|    | 18~53 | 15~46 | 12~40 | 11~35 | 10~32 | 9~29 |
| 18 | 23~50 | 19~43 | 16~37 | 14~33 | 12~30 | 11~27 |
|    | 20~55 | 16~47 | 14~41 | 12~37 | 10~33 | 9~30 |
| 19 | 25~53 | 20~45 | 17~38 | 15~34 | 13~31 | 12~28 |
|    | 21~57 | 17~49 | 15~43 | 13~38 | 11~35 | 10~31 |
| 20 | 27~55 | 22~47 | 18~40 | 16~36 | 14~32 | 13~29 |
|    | 23~59 | 19~51 | 16~44 | 14~39 | 12~36 | 11~32 |
| 21 | 28~57 | 23~49 | 20~41 | 17~37 | 15~33 | 14~30 |
|    | 24~61 | 20~52 | 17~46 | 15~41 | 13~31 | 12~33 |
| 22 | 30~59 | 25~50 | 21~43 | 18~39 | 16~35 | 14~31 |
|    | 26~63 | 22~54 | 18~47 | 16~42 | 14~38 | 12~34 |
| 23 | 32~61 | 26~52 | 22~45 | 19~40 | 17~36 | 15~32 |
|    | 28~65 | 23~56 | 19~49 | 17~44 | 15~39 | 13~35 |
| 24 | 34~63 | 28~53 | 23~46 | 20~41 | 18~37 | 16~33 |
|    | 29~67 | 24~58 | 21~50 | 18~45 | 16~41 | 14~36 |
| 25 | 36~64 | 29~55 | 25~48 | 21~43 | 19~38 | 17~35 |
|    | 31~69 | 26~59 | 22~52 | 19~46 | 17~42 | 15~38 |

| X | 50 | 60 | 70 | 80 | 90 | 100 |
|---|----|----|----|----|----|-----|
| 26 | | 31~57 | 26~49 | 22~44 | 20~39 | 18~36 |
|    | | 27~61 | 23~53 | 20~48 | 17~43 | 16~39 |
| 27 | | 32~58 | 27~51 | 24~45 | 21~40 | 19~37 |
|    | | 29~62 | 24~55 | 21~49 | 18~44 | 16~40 |
| 28 | | 34~60 | 29~52 | 25~46 | 22~42 | 20~38 |
|    | | 30~64 | 25~56 | 22~50 | 19~45 | 17~41 |
| 29 | | 35~62 | 30~54 | 26~48 | 23~43 | 20~39 |
|    | | 32~65 | 27~57 | 23~51 | 20~46 | 18~42 |
| 30 | | 37~63 | 31~55 | 27~49 | 24~44 | 21~40 |
|    | | 33~67 | 28~59 | 24~53 | 21~47 | 19~43 |
| 31 | | | 33~57 | 28~50 | 25~45 | 22~41 |
|    | | | 29~60 | 25~54 | 22~49 | 20~44 |
| 32 | | | 34~58 | 29~51 | 26~46 | 23~42 |
|    | | | 30~62 | 26~55 | 23~50 | 21~45 |
| 33 | | | 35~59 | 31~53 | 27~47 | 24~43 |
|    | | | 32~63 | 27~56 | 24~51 | 21~46 |
| 34 | | | 36~61 | 32~54 | 28~48 | 25~44 |
|    | | | 33~64 | 28~58 | 25~52 | 22~47 |
| 35 | | | 38~62 | 33~55 | 29~50 | 26~45 |
|    | | | 34~66 | 30~59 | 26~53 | 23~48 |
| 36 | | | | 34~56 | 30~51 | 27~46 |
|    | | | | 31~60 | 27~54 | 24~49 |
| 37 | | | | 35~58 | 31~52 | 28~47 |
|    | | | | 32~61 | 28~55 | 25~50 |
| 38 | | | | 36~59 | 32~53 | 29~48 |
|    | | | | 33~62 | 29~56 | 26~51 |
| 39 | | | | 37~60 | 33~54 | 29~49 |
|    | | | | 34~64 | 30~57 | 27~52 |
| 40 | | | | 39~61 | 34~55 | 30~50 |
|    | | | | 35~65 | 31~59 | 28~53 |
| 41 | | | | | 35~56 | 31~51 |
|    | | | | | 32~60 | 29~54 |
| 42 | | | | | 36~57 | 32~52 |
|    | | | | | 33~61 | 30~55 |
| 43 | | | | | 37~59 | 33~53 |
|    | | | | | 34~62 | 30~56 |
| 44 | | | | | 38~60 | 34~54 |
|    | | | | | 35~63 | 31~57 |
| 45 | | | | | 39~61 | 35~55 |
|    | | | | | 36~64 | 32~58 |
| 46 | | | | | | 36~56 |
|    | | | | | | 33~59 |
| 47 | | | | | | 37~57 |
|    | | | | | | 34~60 |
| 48 | | | | | | 38~58 |
|    | | | | | | 35~61 |
| 49 | | | | | | 39~59 |
|    | | | | | | 36~62 |
| 50 | | | | | | 40~60 |
|    | | | | | | 37~63 |

附表 7 Poisson 分布参数 λ 的置信区间

| 样本计数 X | 95% | | 99% | | 样本计数 X | 95% | | 99% | |
|---|---|---|---|---|---|---|---|---|---|
| | 下限 | 上限 | 下限 | 上限 | | 下限 | 上限 | 下限 | 上限 |
| 0 | 0.0 | 3.7 | 0.0 | 5.3 | 26 | 17.0 | 38.1 | 14.7 | 42.3 |
| 1 | 0.0 | 5.6 | 0.0 | 7.4 | 27 | 17.8 | 39.3 | 15.5 | 43.5 |
| 2 | 0.2 | 7.2 | 0.1 | 9.3 | 28 | 18.6 | 40.5 | 16.2 | 44.7 |
| 3 | 0.6 | 8.8 | 0.3 | 11.0 | 29 | 19.4 | 41.6 | 17.0 | 46.0 |
| 4 | 1.1 | 10.2 | 0.7 | 12.6 | 30 | 20.2 | 42.8 | 17.8 | 47.2 |
| 5 | 1.6 | 11.7 | 1.1 | 14.1 | 31 | 21.1 | 44.0 | 18.5 | 48.4 |
| 6 | 2.2 | 13.1 | 1.5 | 15.7 | 32 | 21.9 | 45.2 | 19.3 | 49.7 |
| 7 | 2.8 | 14.4 | 2.0 | 17.1 | 33 | 22.7 | 46.3 | 20.1 | 50.9 |
| 8 | 3.5 | 15.8 | 2.6 | 18.6 | 34 | 23.5 | 47.5 | 20.9 | 52.1 |
| 9 | 4.1 | 17.1 | 3.1 | 20.0 | 35 | 24.4 | 48.7 | 21.6 | 53.3 |
| 10 | 4.8 | 18.4 | 3.7 | 21.4 | 36 | 25.2 | 49.8 | 22.4 | 54.5 |
| 11 | 5.5 | 19.7 | 4.3 | 22.8 | 37 | 26.1 | 51.0 | 23.2 | 55.7 |
| 12 | 6.2 | 21.0 | 4.9 | 24.1 | 38 | 26.9 | 52.2 | 24.0 | 57.0 |
| 13 | 6.9 | 22.2 | 5.6 | 25.5 | 39 | 27.7 | 53.3 | 24.8 | 58.2 |
| 14 | 7.7 | 23.5 | 6.2 | 26.8 | 40 | 28.6 | 54.5 | 25.6 | 59.4 |
| 15 | 8.4 | 24.7 | 6.9 | 28.2 | 41 | 29.4 | 55.6 | 26.4 | 60.6 |
| 16 | 9.1 | 26.0 | 7.6 | 29.5 | 42 | 30.3 | 56.8 | 27.2 | 61.8 |
| 17 | 9.9 | 27.2 | 8.3 | 30.8 | 43 | 31.1 | 57.9 | 28.0 | 63.0 |
| 18 | 10.7 | 28.4 | 8.9 | 32.1 | 44 | 32.0 | 59.1 | 28.8 | 64.1 |
| 19 | 11.4 | 29.7 | 9.6 | 33.4 | 45 | 32.8 | 60.2 | 29.6 | 65.3 |
| 20 | 12.2 | 30.9 | 10.4 | 34.7 | 46 | 33.7 | 61.4 | 30.4 | 66.5 |
| 21 | 13.0 | 32.1 | 11.1 | 35.9 | 47 | 34.5 | 62.5 | 31.2 | 67.7 |
| 22 | 13.8 | 33.3 | 11.8 | 37.2 | 48 | 35.4 | 63.6 | 32.0 | 68.9 |
| 23 | 14.6 | 34.5 | 12.5 | 38.5 | 49 | 36.3 | 64.8 | 32.8 | 70.1 |
| 24 | 15.4 | 35.7 | 13.3 | 39.7 | 50 | 37.1 | 65.9 | 33.7 | 71.3 |
| 25 | 16.2 | 36.9 | 14.0 | 41.0 | | | | | |

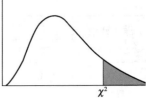

附表8　$\chi^2$界值表

| 自由度 | 概率，$P$（右侧尾部面积） | | | | | | | | | | | | |
|---|---|---|---|---|---|---|---|---|---|---|---|---|---|
| $\nu$ | 0.995 | 0.990 | 0.975 | 0.950 | 0.900 | 0.750 | 0.500 | 0.250 | 0.100 | 0.050 | 0.025 | 0.010 | 0.005 |
| 1 | | | | | 0.02 | 0.10 | 0.45 | 1.32 | 2.71 | 3.84 | 5.02 | 6.63 | 7.88 |
| 2 | 0.01 | 0.02 | 0.05 | 0.10 | 0.21 | 0.58 | 1.39 | 2.77 | 4.11 | 5.99 | 7.38 | 9.21 | 10.60 |
| 3 | 0.07 | 0.11 | 0.22 | 0.35 | 0.58 | 1.21 | 2.37 | 4.11 | 6.25 | 7.81 | 9.35 | 11.34 | 12.84 |
| 4 | 0.21 | 0.30 | 0.48 | 0.71 | 1.06 | 1.92 | 3.36 | 5.39 | 7.78 | 9.49 | 11.14 | 13.28 | 14.86 |
| 5 | 0.41 | 0.55 | 0.83 | 1.15 | 1.61 | 2.67 | 4.35 | 6.63 | 9.24 | 11.07 | 12.83 | 15.09 | 16.75 |
| 6 | 0.68 | 0.87 | 1.24 | 1.64 | 2.20 | 3.45 | 5.35 | 7.84 | 10.64 | 12.59 | 14.45 | 16.81 | 18.55 |
| 7 | 0.99 | 1.24 | 1.69 | 2.17 | 2.83 | 4.25 | 6.35 | 9.04 | 12.02 | 14.07 | 16.01 | 18.48 | 20.28 |
| 8 | 1.34 | 1.65 | 2.18 | 2.73 | 3.49 | 5.07 | 7.34 | 10.22 | 13.36 | 15.51 | 17.53 | 20.09 | 21.95 |
| 9 | 1.73 | 2.09 | 2.70 | 3.33 | 4.17 | 5.90 | 8.34 | 11.39 | 14.68 | 16.92 | 19.02 | 21.67 | 23.59 |
| 10 | 2.16 | 2.56 | 3.25 | 3.94 | 4.87 | 6.74 | 9.34 | 12.55 | 15.99 | 18.31 | 20.48 | 23.21 | 25.19 |
| 11 | 2.60 | 3.05 | 3.82 | 4.57 | 5.58 | 7.58 | 10.34 | 13.70 | 17.28 | 19.68 | 21.92 | 24.72 | 26.76 |
| 12 | 3.07 | 3.57 | 4.40 | 5.23 | 6.30 | 8.44 | 11.34 | 14.85 | 18.55 | 21.03 | 23.34 | 26.22 | 28.30 |
| 13 | 3.57 | 4.11 | 5.01 | 5.89 | 7.04 | 9.30 | 12.34 | 15.98 | 19.81 | 22.36 | 24.74 | 27.69 | 29.82 |
| 14 | 4.07 | 4.66 | 5.63 | 6.57 | 7.79 | 10.17 | 13.34 | 17.12 | 21.06 | 23.68 | 26.12 | 29.14 | 31.32 |
| 15 | 4.60 | 5.23 | 6.26 | 7.26 | 8.55 | 11.04 | 14.34 | 18.25 | 22.31 | 25.00 | 27.49 | 30.58 | 32.80 |
| 16 | 5.14 | 5.81 | 6.91 | 7.96 | 9.31 | 11.91 | 15.34 | 19.37 | 23.54 | 26.30 | 28.85 | 32.00 | 34.27 |
| 17 | 5.70 | 6.41 | 7.56 | 8.67 | 10.09 | 12.79 | 16.34 | 20.49 | 24.77 | 27.59 | 30.19 | 33.41 | 35.72 |
| 18 | 6.26 | 7.01 | 8.23 | 9.39 | 10.86 | 13.68 | 17.34 | 21.60 | 25.99 | 28.87 | 31.53 | 34.81 | 37.16 |
| 19 | 6.84 | 7.63 | 8.91 | 10.12 | 11.65 | 14.56 | 18.34 | 22.72 | 27.20 | 30.14 | 32.85 | 36.19 | 38.58 |
| 20 | 7.43 | 8.26 | 9.59 | 10.85 | 12.44 | 15.45 | 19.34 | 23.83 | 28.41 | 31.41 | 34.17 | 37.57 | 40.00 |
| 21 | 8.03 | 8.90 | 10.28 | 11.59 | 13.24 | 16.34 | 20.34 | 24.93 | 29.62 | 32.67 | 35.48 | 38.93 | 41.40 |
| 22 | 8.64 | 9.54 | 10.98 | 12.34 | 14.04 | 17.24 | 21.34 | 26.04 | 90.81 | 33.92 | 36.78 | 40.29 | 42.80 |
| 23 | 9.26 | 10.20 | 11.69 | 13.09 | 14.85 | 18.14 | 22.34 | 27.14 | 32.01 | 35.17 | 38.08 | 41.64 | 44.18 |
| 24 | 9.89 | 10.86 | 12.40 | 13.85 | 15.66 | 19.04 | 23.34 | 28.24 | 33.20 | 36.42 | 39.36 | 42.98 | 45.56 |
| 25 | 10.52 | 11.52 | 13.12 | 14.61 | 16.47 | 19.94 | 24.34 | 29.34 | 34.38 | 37.65 | 40.65 | 44.31 | 46.93 |
| 26 | 11.16 | 12.20 | 13.84 | 15.38 | 17.29 | 20.84 | 25.34 | 30.43 | 35.56 | 38.89 | 41.92 | 45.64 | 48.29 |
| 27 | 11.81 | 12.88 | 14.57 | 16.15 | 18.11 | 21.75 | 26.34 | 31.53 | 36.74 | 40.11 | 43.19 | 46.96 | 49.64 |
| 28 | 12.46 | 13.56 | 15.31 | 16.93 | 18.94 | 22.66 | 27.34 | 32.62 | 37.92 | 41.34 | 44.46 | 48.28 | 50.99 |
| 29 | 13.12 | 14.26 | 16.05 | 17.71 | 19.77 | 23.57 | 28.34 | 33.71 | 39.09 | 42.56 | 45.72 | 49.59 | 52.34 |
| 30 | 13.79 | 14.95 | 16.79 | 18.49 | 20.60 | 24.48 | 29.34 | 34.80 | 40.26 | 43.77 | 46.98 | 50.89 | 53.67 |
| 40 | 20.71 | 22.16 | 24.43 | 26.51 | 29.05 | 33.66 | 39.34 | 45.62 | 51.81 | 55.70 | 59.34 | 63.69 | 66.77 |
| 50 | 27.99 | 29.71 | 32.36 | 34.76 | 37.69 | 42.94 | 49.33 | 56.33 | 63.17 | 67.50 | 70.42 | 76.15 | 79.49 |
| 60 | 35.53 | 37.48 | 40.48 | 43.19 | 46.46 | 52.29 | 59.33 | 66.98 | 74.40 | 79.08 | 83.30 | 88.38 | 91.95 |
| 70 | 43.28 | 45.44 | 48.76 | 51.74 | 55.33 | 61.70 | 69.33 | 77.58 | 85.53 | 90.53 | 95.02 | 100.42 | 104.22 |
| 80 | 51.17 | 53.54 | 57.15 | 60.39 | 64.28 | 71.14 | 79.33 | 88.13 | 96.58 | 101.88 | 106.63 | 112.33 | 116.32 |
| 90 | 59.20 | 61.75 | 65.65 | 69.13 | 73.29 | 80.62 | 89.33 | 98.64 | 107.56 | 113.14 | 118.14 | 124.12 | 128.30 |
| 100 | 67.33 | 70.06 | 74.22 | 77.93 | 82.36 | 90.13 | 99.33 | 109.14 | 118.50 | 124.34 | 129.56 | 135.81 | 140.17 |

附表 9　T 界值表 (配对比较的符号秩和检验用)

| n | 单侧: 0.05<br>双侧: 0.10 | 0.025<br>0.05 | 0.01<br>0.02 | 0.005<br>0.010 |
|---|---|---|---|---|
| 5 | 0—15 | — | — | — |
| 6 | 2—19 | 0—21 | — | — |
| 7 | 3—25 | 2—26 | 0—28 | — |
| 8 | 5—31 | 3—33 | 1—35 | 0—36 |
| 9 | 8—37 | 5—40 | 3—42 | 1—44 |
| 10 | 10—45 | 8—47 | 5—50 | 3—52 |
| 11 | 13—53 | 10—56 | 7—59 | 5—61 |
| 12 | 17—61 | 13—65 | 9—69 | 7—71 |
| 13 | 21—70 | 17—74 | 12—79 | 9—82 |
| 14 | 25—80 | 21—84 | 15—90 | 12—93 |
| 15 | 30—90 | 25—95 | 19—101 | 15—105 |
| 16 | 35—101 | 29—107 | 23—113 | 19—117 |
| 17 | 41—112 | 34—119 | 27—126 | 23—130 |
| 18 | 47—124 | 40—131 | 32—139 | 27—144 |
| 19 | 53—137 | 46—144 | 37—153 | 32—158 |
| 20 | 60—150 | 52—158 | 43—167 | 37—173 |
| 21 | 67—164 | 58—173 | 49—182 | 42—189 |
| 22 | 75—178 | 65—188 | 55—198 | 48—205 |
| 23 | 83—193 | 73—203 | 62—214 | 54—222 |
| 24 | 91—209 | 81—219 | 69—231 | 61—239 |
| 25 | 100—225 | 89—236 | 76—249 | 68—257 |
| 26 | 110—241 | 98—253 | 84—267 | 75—276 |
| 27 | 119—259 | 107—271 | 92—286 | 83—295 |
| 28 | 130—276 | 116—290 | 101—305 | 91—315 |
| 29 | 140—295 | 126—309 | 110—325 | 100—335 |
| 30 | 151—314 | 137—328 | 120—345 | 109—356 |
| 31 | 163—333 | 147—349 | 130—366 | 118—378 |
| 32 | 175—353 | 159—369 | 140—388 | 128—400 |
| 33 | 187—374 | 170—391 | 151—410 | 138—423 |
| 34 | 200—395 | 182—413 | 162—433 | 148—447 |
| 35 | 213—417 | 195—435 | 173—457 | 159—471 |
| 36 | 227—439 | 208—458 | 185—481 | 171—495 |
| 37 | 241—462 | 221—482 | 198—505 | 182—521 |
| 38 | 256—485 | 235—506 | 211—530 | 194—547 |
| 39 | 271—509 | 249—531 | 224—556 | 207—573 |
| 40 | 286—534 | 264—556 | 238—582 | 220—600 |
| 41 | 302—559 | 279—582 | 252—609 | 233—628 |
| 42 | 319—584 | 294—609 | 266—637 | 247—656 |
| 43 | 336—610 | 310—636 | 281—665 | 261—685 |
| 44 | 353—637 | 327—663 | 296—694 | 276—714 |
| 45 | 371—664 | 343—692 | 312—723 | 291—744 |
| 46 | 389—692 | 361—720 | 328—753 | 307—774 |
| 47 | 407—721 | 378—750 | 345—783 | 322—806 |
| 48 | 426—750 | 396—780 | 362—814 | 339—837 |
| 49 | 446—779 | 415—810 | 379—846 | 355—870 |
| 50 | 466—809 | 434—841 | 397—878 | 373—902 |

附表 10　$T$ 界值表（两样本比较的秩和检验用）

|  | 单侧 | 双侧 |
|---|---|---|
| 1 行 | $P=0.05$ | $P=0.10$ |
| 2 行 | $P=0.025$ | $P=0.05$ |
| 3 行 | $P=0.01$ | $P=0.02$ |
| 4 行 | $P=0.005$ | $P=0.01$ |

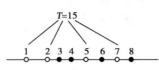

| $n_1$（较小 $n$） | $n_2-n_1$ | | | | | | | | | | |
|---|---|---|---|---|---|---|---|---|---|---|---|
|  | 0 | 1 | 2 | 3 | 4 | 5 | 6 | 7 | 8 | 9 | 10 |
| 2 |  |  |  | 3~13 | 3~15 | 3~17 | 4~18 | 4~20 | 4~22 | 4~24 | 5~25 |
|  |  |  |  |  |  |  | 3~19 | 3~21 | 3~23 | 3~25 | 4~26 |
| 3 | 6~15 | 6~18 | 7~20 | 8~22 | 8~25 | 9~27 | 10~29 | 10~32 | 11~34 | 11~37 | 12~39 |
|  |  | 6~21 | 7~23 | 7~26 | 8~28 | 8~31 | 9~33 | 9~36 | 10~38 | 10~41 |  |
|  |  |  |  | 6~27 | 6~30 | 7~32 | 7~35 | 7~38 | 8~40 | 8~43 |  |
|  |  |  |  |  |  | 6~33 | 6~36 | 6~39 | 7~41 | 7~44 |  |
| 4 | 11~25 | 12~28 | 13~31 | 14~34 | 15~37 | 16~40 | 17~43 | 18~46 | 19~49 | 20~52 | 21~55 |
|  | 10~26 | 11~29 | 12~32 | 13~35 | 14~38 | 14~42 | 15~45 | 16~48 | 17~51 | 18~54 | 19~57 |
|  |  | 10~30 | 11~33 | 11~37 | 12~40 | 13~43 | 13~47 | 14~50 | 15~53 | 15~57 | 16~60 |
|  |  |  | 10~34 | 10~38 | 11~41 | 11~45 | 12~48 | 12~52 | 13~55 | 13~59 | 14~62 |
| 5 | 19~36 | 20~40 | 21~44 | 23~47 | 24~51 | 26~54 | 27~58 | 28~62 | 30~65 | 31~69 | 33~72 |
|  | 17~38 | 18~42 | 20~45 | 21~49 | 22~53 | 23~57 | 24~61 | 26~64 | 27~68 | 28~72 | 29~76 |
|  | 16~39 | 17~43 | 18~47 | 19~51 | 20~55 | 21~59 | 22~63 | 23~67 | 24~71 | 25~75 | 26~79 |
|  | 15~40 | 16~44 | 16~49 | 17~53 | 18~57 | 19~61 | 20~65 | 21~69 | 22~73 | 22~78 | 23~82 |
| 6 | 28~50 | 29~55 | 31~59 | 33~63 | 35~67 | 37~71 | 38~76 | 40~80 | 42~84 | 44~88 | 46~92 |
|  | 26~52 | 27~57 | 29~61 | 31~65 | 32~70 | 34~74 | 35~79 | 37~83 | 38~88 | 40~92 | 42~96 |
|  | 24~54 | 25~59 | 27~63 | 28~68 | 29~73 | 30~78 | 32~82 | 33~87 | 34~92 | 36~96 | 37~101 |
|  | 23~55 | 24~60 | 25~65 | 26~70 | 27~75 | 28~80 | 30~84 | 31~89 | 32~94 | 33~99 | 32~104 |
| 7 | 39~66 | 41~71 | 43~76 | 45~81 | 47~86 | 49~91 | 52~95 | 54~100 | 46~105 | 58~110 | 61~114 |
|  | 36~69 | 38~74 | 40~79 | 42~84 | 44~89 | 46~94 | 48~99 | 50~104 | 52~109 | 54~114 | 56~119 |
|  | 34~71 | 35~77 | 37~82 | 39~87 | 40~93 | 42~98 | 44~103 | 45~109 | 47~114 | 49~119 | 51~124 |
|  | 32~73 | 34~78 | 35~84 | 37~89 | 38~95 | 40~100 | 41~106 | 43~111 | 44~117 | 45~122 | 47~128 |
| 8 | 51~85 | 54~90 | 56~96 | 59~101 | 62~106 | 64~112 | 67~117 | 69~123 | 72~128 | 75~133 | 77~139 |
|  | 49~87 | 51~93 | 53~99 | 55~105 | 58~110 | 60~116 | 62~122 | 65~127 | 67~133 | 70~138 | 72~144 |
|  | 45~91 | 47~97 | 49~103 | 51~109 | 53~115 | 56~120 | 58~126 | 60~132 | 62~138 | 64~144 | 66~150 |
|  | 43~93 | 45~99 | 47~105 | 49~111 | 51~117 | 53~123 | 54~130 | 56~136 | 58~142 | 60~148 | 62~154 |
| 9 | 66~105 | 69~111 | 72~117 | 75~123 | 78~129 | 81~135 | 84~141 | 87~147 | 90~153 | 93~159 | 96~165 |
|  | 62~109 | 65~115 | 68~121 | 71~127 | 73~134 | 76~140 | 79~146 | 82~152 | 84~159 | 87~165 | 90~171 |
|  | 59~112 | 61~119 | 63~126 | 66~132 | 68~139 | 71~145 | 73~152 | 76~158 | 78~165 | 81~171 | 83~178 |
|  | 56~115 | 58~122 | 61~128 | 63~135 | 65~142 | 67~149 | 69~156 | 72~162 | 74~169 | 76~176 | 78~183 |
| 10 | 82~128 | 86~134 | 89~141 | 92~148 | 96~154 | 99~161 | 103~167 | 106~174 | 110~180 | 113~187 | 117~193 |
|  | 78~132 | 81~139 | 84~146 | 88~152 | 91~159 | 94~166 | 97~173 | 100~180 | 103~187 | 107~193 | 110~200 |
|  | 74~136 | 77~143 | 79~151 | 82~158 | 85~165 | 88~172 | 91~179 | 93~187 | 96~194 | 99~201 | 102~208 |
|  | 71~139 | 73~147 | 76~154 | 79~161 | 81~169 | 84~176 | 86~184 | 89~191 | 92~198 | 94~206 | 97~213 |

附表 11　*H* 界值表 (三样本比较的秩和检验用)

| N | $n_1$ | $n_2$ | $n_3$ | P | |
|---|---|---|---|---|---|
| | | | | 0.05 | 0.01 |
| 7 | 3 | 2 | 2 | 4.71 | |
| | 3 | 3 | 1 | 5.14 | |
| 8 | 3 | 3 | 2 | 5.36 | |
| | 4 | 2 | 2 | 5.33 | |
| | 4 | 3 | 1 | 5.21 | |
| | 5 | 2 | 1 | 5.00 | |
| 9 | 3 | 3 | 3 | 5.60 | 7.20 |
| | 4 | 3 | 2 | 5.44 | 6.44 |
| | 4 | 4 | 1 | 4.97 | 6.67 |
| | 5 | 2 | 2 | 5.16 | 6.53 |
| | 5 | 3 | 1 | 4.96 | |
| 10 | 4 | 3 | 3 | 5.79 | 6.75 |
| | 4 | 4 | 2 | 5.46 | 7.04 |
| | 5 | 3 | 2 | 5.25 | 6.91 |
| | 5 | 4 | 1 | 4.99 | 6.96 |
| 11 | 4 | 4 | 3 | 5.60 | 7.14 |
| | 5 | 3 | 3 | 5.65 | 7.08 |
| | 5 | 4 | 2 | 5.27 | 7.21 |
| | 5 | 5 | 1 | 5.13 | 7.31 |
| 12 | 4 | 4 | 4 | 5.69 | 7.65 |
| | 5 | 4 | 3 | 5.66 | 7.45 |
| | 5 | 5 | 2 | 5.34 | 7.34 |
| 13 | 5 | 4 | 4 | 5.66 | 7.76 |
| | 5 | 5 | 3 | 5.71 | 7.58 |
| 14 | 5 | 5 | 4 | 5.67 | 7.82 |
| 15 | 5 | 5 | 5 | 5.78 | 8.00 |

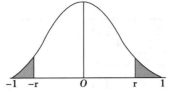

附表 12　r 界值表

| 自由度 $v$ | 概率，$P$ | | | | | | | | |
|---|---|---|---|---|---|---|---|---|---|
| | 单侧: 0.25 | 0.10 | 0.05 | 0.025 | 0.01 | 0.005 | 0.0025 | 0.001 | 0.0005 |
| | 双侧: 0.50 | 0.20 | 0.10 | 0.05 | 0.02 | 0.01 | 0.005 | 0.002 | 0.001 |
| 1 | 0.707 | 0.951 | 0.988 | 0.997 | 1.000 | 1.000 | 1.000 | 1.000 | 1.000 |
| 2 | 0.500 | 0.800 | 0.900 | 0.950 | 0.980 | 0.990 | 0.995 | 0.998 | 0.999 |
| 3 | 0.404 | 0.687 | 0.805 | 0.878 | 0.934 | 0.959 | 0.974 | 0.986 | 0.991 |
| 4 | 0.347 | 0.608 | 0.729 | 0.811 | 0.882 | 0.917 | 0.942 | 0.963 | 0.974 |
| 5 | 0.309 | 0.551 | 0.669 | 0.755 | 0.833 | 0.875 | 0.906 | 0.935 | 0.951 |
| 6 | 0.281 | 0.507 | 0.621 | 0.707 | 0.789 | 0.834 | 0.870 | 0.905 | 0.925 |
| 7 | 0.260 | 0.472 | 0.582 | 0.666 | 0.750 | 0.798 | 0.836 | 0.875 | 0.898 |
| 8 | 0.242 | 0.443 | 0.549 | 0.632 | 0.715 | 0.765 | 0.805 | 0.847 | 0.842 |
| 9 | 0.228 | 0.419 | 0.521 | 0.602 | 0.685 | 0.735 | 0.776 | 0.820 | 0.847 |
| 10 | 0.216 | 0.398 | 0.497 | 0.576 | 0.658 | 0.708 | 0.750 | 0.795 | 0.823 |
| 11 | 0.206 | 0.380 | 0.476 | 0.553 | 0.634 | 0.684 | 0.726 | 0.772 | 0.801 |
| 12 | 0.197 | 0.365 | 0.457 | 0.532 | 0.612 | 0.661 | 0.703 | 0.750 | 0.780 |
| 13 | 0.189 | 0.351 | 0.441 | 0.514 | 0.592 | 0.641 | 0.683 | 0.730 | 0.760 |
| 14 | 0.182 | 0.338 | 0.426 | 0.497 | 0.574 | 0.623 | 0.664 | 0.711 | 0.742 |
| 15 | 0.176 | 0.327 | 0.412 | 0.482 | 0.558 | 0.606 | 0.647 | 0.694 | 0.725 |
| 16 | 0.170 | 0.317 | 0.400 | 0.468 | 0.542 | 0.590 | 0.631 | 0.678 | 0.708 |
| 17 | 0.165 | 0.308 | 0.389 | 0.456 | 0.529 | 0.575 | 0.616 | 0.662 | 0.693 |
| 18 | 0.160 | 0.299 | 0.378 | 0.444 | 0.515 | 0.561 | 0.602 | 0.648 | 0.679 |
| 19 | 0.156 | 0.291 | 0.369 | 0.433 | 0.503 | 0.549 | 0.589 | 0.635 | 0.665 |
| 20 | 0.152 | 0.284 | 0.360 | 0.423 | 0.492 | 0.537 | 0.576 | 0.622 | 0.652 |
| 21 | 0.148 | 0.277 | 0.352 | 0.413 | 0.482 | 0.526 | 0.565 | 0.610 | 0.640 |
| 22 | 0.145 | 0.271 | 0.344 | 0.404 | 0.472 | 0.515 | 0.554 | 0.599 | 0.629 |
| 23 | 0.141 | 0.265 | 0.337 | 0.396 | 0.462 | 0.505 | 0.543 | 0.588 | 0.618 |
| 24 | 0.138 | 0.260 | 0.330 | 0.388 | 0.453 | 0.496 | 0.534 | 0.578 | 0.607 |
| 25 | 0.136 | 0.255 | 0.323 | 0.381 | 0.445 | 0.487 | 0.524 | 0.568 | 0.597 |
| 26 | 0.133 | 0.250 | 0.317 | 0.374 | 0.437 | 0.479 | 0.515 | 0.559 | 0.588 |
| 27 | 0.131 | 0.245 | 0.311 | 0.367 | 0.430 | 0.471 | 0.507 | 0.550 | 0.579 |
| 28 | 0.128 | 0.241 | 0.306 | 0.361 | 0.423 | 0.463 | 0.499 | 0.541 | 0.570 |
| 29 | 0.126 | 0.237 | 0.301 | 0.355 | 0.416 | 0.456 | 0.491 | 0.533 | 0.562 |
| 30 | 0.124 | 0.233 | 0.296 | 0.349 | 0.409 | 0.449 | 0.484 | 0.526 | 0.554 |
| 31 | 0.122 | 0.229 | 0.291 | 0.344 | 0.403 | 0.442 | 0.477 | 0.518 | 0.546 |
| 32 | 0.120 | 0.225 | 0.287 | 0.339 | 0.397 | 0.436 | 0.470 | 0.511 | 0.539 |
| 33 | 0.118 | 0.222 | 0.283 | 0.334 | 0.392 | 0.430 | 0.464 | 0.504 | 0.532 |
| 34 | 0.116 | 0.219 | 0.279 | 0.329 | 0.386 | 0.424 | 0.458 | 0.498 | 0.525 |
| 35 | 0.115 | 0.216 | 0.275 | 0.325 | 0.381 | 0.418 | 0.452 | 0.492 | 0.519 |
| 36 | 0.113 | 0.213 | 0.271 | 0.320 | 0.376 | 0.413 | 0.446 | 0.486 | 0.513 |
| 37 | 0.111 | 0.210 | 0.267 | 0.316 | 0.371 | 0.408 | 0.441 | 0.480 | 0.507 |
| 38 | 0.110 | 0.207 | 0.264 | 0.312 | 0.367 | 0.403 | 0.435 | 0.474 | 0.501 |
| 39 | 0.108 | 0.204 | 0.261 | 0.308 | 0.362 | 0.398 | 0.430 | 0.469 | 0.495 |
| 40 | 0.107 | 0.202 | 0.257 | 0.304 | 0.358 | 0.393 | 0.425 | 0.463 | 0.490 |
| 41 | 0.106 | 0.199 | 0.254 | 0.301 | 0.354 | 0.389 | 0.420 | 0.458 | 0.484 |
| 42 | 0.104 | 0.197 | 0.251 | 0.297 | 0.350 | 0.384 | 0.416 | 0.453 | 0.479 |
| 43 | 0.103 | 0.195 | 0.248 | 0.294 | 0.346 | 0.380 | 0.411 | 0.449 | 0.474 |
| 44 | 0.102 | 0.192 | 0.246 | 0.291 | 0.342 | 0.376 | 0.407 | 0.444 | 0.469 |
| 45 | 0.101 | 0.190 | 0.243 | 0.288 | 0.338 | 0.372 | 0.403 | 0.439 | 0.465 |
| 46 | 0.100 | 0.188 | 0.240 | 0.285 | 0.335 | 0.368 | 0.399 | 0.435 | 0.460 |
| 47 | 0.099 | 0.186 | 0.238 | 0.282 | 0.331 | 0.365 | 0.395 | 0.431 | 0.456 |
| 48 | 0.098 | 0.184 | 0.235 | 0.279 | 0.328 | 0.361 | 0.391 | 0.427 | 0.451 |
| 49 | 0.097 | 0.182 | 0.233 | 0.276 | 0.325 | 0.358 | 0.387 | 0.423 | 0.447 |
| 50 | 0.096 | 0.181 | 0.231 | 0.273 | 0.322 | 0.354 | 0.384 | 0.419 | 0.443 |

附表 13 $r_s$ 界值表

| n | | 0.25 | 0.10 | 0.05 | 0.025 | 0.01 | 0.005 | 0.002 5 | 0.001 | 0.000 5 |
|---|---|------|------|------|-------|------|-------|---------|-------|---------|
| | 单侧: | 0.25 | 0.10 | 0.05 | 0.025 | 0.01 | 0.005 | 0.002 5 | 0.001 | 0.000 5 |
| | 双侧: | 0.50 | 0.20 | 0.10 | 0.05 | 0.02 | 0.01 | 0.005 | 0.002 | 0.001 |
| 4 | | 0.600 | 1.000 | 1.000 | | | | | | |
| 5 | | 0.500 | 0.800 | 0.900 | 1.000 | 1.000 | | | | |
| 6 | | 0.371 | 0.657 | 0.829 | 0.886 | 0.943 | 1.000 | 1.000 | | |
| 7 | | 0.321 | 0.571 | 0.714 | 0.786 | 0.893 | 0.929 | 0.964 | 1.000 | 1.000 |
| 8 | | 0.310 | 0.524 | 0.643 | 0.738 | 0.833 | 0.881 | 0.905 | 0.952 | 0.976 |
| 9 | | 0.267 | 0.483 | 0.600 | 0.700 | 0.783 | 0.833 | 0.867 | 0.917 | 0.933 |
| 10 | | 0.248 | 0.455 | 0.564 | 0.648 | 0.745 | 0.794 | 0.830 | 0.879 | 0.903 |
| 11 | | 0.236 | 0.427 | 0.536 | 0.618 | 0.709 | 0.755 | 0.800 | 0.845 | 0.873 |
| 12 | | 0.217 | 0.406 | 0.503 | 0.587 | 0.678 | 0.727 | 0.769 | 0.818 | 0.846 |
| 13 | | 0.209 | 0.385 | 0.484 | 0.560 | 0.648 | 0.703 | 0.747 | 0.791 | 0.824 |
| 14 | | 0.200 | 0.367 | 0.464 | 0.538 | 0.626 | 0.679 | 0.723 | 0.771 | 0.802 |
| 15 | | 0.189 | 0.354 | 0.446 | 0.521 | 0.604 | 0.650 | 0.700 | 0.750 | 0.779 |
| 16 | | 0.182 | 0.341 | 0.429 | 0.503 | 0.582 | 0.635 | 0.679 | 0.729 | 0.762 |
| 17 | | 0.176 | 0.328 | 0.414 | 0.503 | 0.582 | 0.635 | 0.679 | 0.729 | 0.762 |
| 18 | | 0.176 | 0.328 | 0.414 | 0.485 | 0.566 | 0.615 | 0.662 | 0.713 | 0.748 |
| 19 | | 0.170 | 0.317 | 0.401 | 0.472 | 0.550 | 0.600 | 0.643 | 0.695 | 0.728 |
| 20 | | 0.161 | 0.299 | 0.380 | 0.447 | 0.520 | 0.570 | 0.612 | 0.662 | 0.696 |
| 21 | | 0.156 | 0.292 | 0.370 | 0.435 | 0.508 | 0.556 | 0.599 | 0.648 | 0.681 |
| 22 | | 0.152 | 0.284 | 0.361 | 0.425 | 0.496 | 0.544 | 0.586 | 0.634 | 0.667 |
| 23 | | 0.148 | 0.278 | 0.353 | 0.415 | 0.486 | 0.532 | 0.573 | 0.622 | 0.654 |
| 24 | | 0.144 | 0.271 | 0.344 | 0.406 | 0.476 | 0.521 | 0.562 | 0.610 | 0.642 |
| 25 | | 0.142 | 0.265 | 0.337 | 0.398 | 0.466 | 0.511 | 0.551 | 0.598 | 0.630 |
| 26 | | 0.138 | 0.259 | 0.331 | 0.390 | 0.457 | 0.501 | 0.541 | 0.587 | 0.619 |
| 27 | | 0.136 | 0.255 | 0.324 | 0.382 | 0.448 | 0.491 | 0.531 | 0.577 | 0.608 |
| 28 | | 0.133 | 0.250 | 0.317 | 0.375 | 0.440 | 0.483 | 0.522 | 0.567 | 0.598 |
| 29 | | 0.130 | 0.245 | 0.312 | 0.368 | 0.433 | 0.475 | 0.513 | 0.558 | 0.589 |
| 30 | | 0.128 | 0.240 | 0.306 | 0.362 | 0.425 | 0.467 | 0.504 | 0.549 | 0.580 |
| 31 | | 0.126 | 0.236 | 0.301 | 0.356 | 0.418 | 0.459 | 0.496 | 0.541 | 0.571 |
| 32 | | 0.124 | 0.232 | 0.296 | 0.350 | 0.412 | 0.452 | 0.489 | 0.533 | 0.563 |
| 33 | | 0.121 | 0.229 | 0.291 | 0.345 | 0.405 | 0.446 | 0.482 | 0.525 | 0.554 |
| 34 | | 0.120 | 0.225 | 0.287 | 0.340 | 0.399 | 0.439 | 0.475 | 0.517 | 0.547 |
| 35 | | 0.118 | 0.222 | 0.283 | 0.335 | 0.394 | 0.433 | 0.468 | 0.510 | 0.539 |
| 36 | | 0.116 | 0.219 | 0.279 | 0.330 | 0.388 | 0.427 | 0.426 | 0.504 | 0.533 |
| 37 | | 0.114 | 0.216 | 0.275 | 0.325 | 0.382 | 0.421 | 0.456 | 0.497 | 0.526 |
| 38 | | 0.113 | 0.212 | 0.271 | 0.321 | 0.378 | 0.415 | 0.450 | 0.491 | 0.519 |
| 39 | | 0.111 | 0.210 | 0.267 | 0.317 | 0.373 | 0.410 | 0.444 | 0.485 | 0.513 |
| 40 | | 0.110 | 0.207 | 0.264 | 0.313 | 0.368 | 0.405 | 0.439 | 0.479 | 0.507 |
| 41 | | 0.108 | 0.204 | 0.261 | 0.309 | 0.364 | 0.400 | 0.433 | 0.473 | 0.501 |
| 42 | | 0.107 | 0.202 | 0.257 | 0.305 | 0.359 | 0.395 | 0.428 | 0.468 | 0.495 |
| 43 | | 0.105 | 0.199 | 0.254 | 0.301 | 0.355 | 0.391 | 0.423 | 0.463 | 0.490 |
| 44 | | 0.104 | 0.197 | 0.251 | 0.298 | 0.351 | 0.386 | 0.419 | 0.458 | 0.484 |
| 45 | | 0.103 | 0.194 | 0.248 | 0.294 | 0.347 | 0.382 | 0.414 | 0.453 | 0.479 |
| 46 | | 0.102 | 0.192 | 0.246 | 0.291 | 0.343 | 0.378 | 0.410 | 0.448 | 0.474 |
| 47 | | 0.101 | 0.190 | 0.243 | 0.288 | 0.340 | 0.374 | 0.405 | 0.443 | 0.469 |
| 48 | | 0.100 | 0.188 | 0.240 | 0.285 | 0.336 | 0.370 | 0.401 | 0.439 | 0.465 |
| 49 | | 0.098 | 0.186 | 0.238 | 0.282 | 0.333 | 0.366 | 0.397 | 0.434 | 0.460 |
| 50 | | 0.097 | 0.184 | 0.235 | 0.279 | 0.329 | 0.363 | 0.393 | 0.430 | 0.456 |

概率,P

附表 14　随机数字表

| 编号 | 1~10 | 11~20 | 21~30 | 31~40 | 41~50 |
|---|---|---|---|---|---|
| 1 | 22 17 68 65 81 | 68 95 23 92 35 | 87 02 22 57 51 | 61 09 43 95 06 | 58 24 82 03 47 |
| 2 | 19 36 27 59 46 | 13 79 93 37 55 | 39 77 32 77 09 | 85 52 05 30 62 | 47 83 51 62 74 |
| 3 | 16 77 23 02 77 | 09 61 87 25 21 | 28 06 24 25 93 | 16 71 13 59 78 | 23 05 47 47 25 |
| 4 | 78 43 76 71 61 | 20 44 90 32 64 | 97 67 63 99 61 | 46 38 03 93 22 | 69 81 21 99 21 |
| 5 | 03 28 28 26 08 | 73 37 32 04 05 | 69 30 16 09 05 | 88 69 58 28 99 | 35 07 44 75 47 |
| 6 | 93 22 53 64 39 | 07 10 63 76 35 | 87 03 04 79 88 | 08 13 13 85 51 | 55 34 57 72 69 |
| 7 | 78 76 58 54 74 | 92 38 70 96 92 | 52 06 79 79 45 | 82 63 18 27 44 | 69 66 92 19 09 |
| 8 | 23 68 35 26 00 | 99 53 93 61 28 | 52 70 05 48 34 | 56 65 05 61 86 | 90 92 10 70 80 |
| 9 | 15 39 25 70 99 | 93 86 52 77 65 | 15 33 59 05 28 | 22 87 26 07 47 | 86 96 98 29 06 |
| 10 | 58 71 96 30 24 | 18 46 23 34 27 | 85 13 99 24 44 | 49 18 09 79 49 | 74 16 32 23 02 |
| 11 | 57 35 27 33 72 | 24 53 63 94 09 | 41 10 76 47 91 | 44 04 95 49 66 | 39 60 04 59 81 |
| 12 | 48 50 86 54 48 | 22 06 34 72 52 | 82 21 15 65 20 | 33 29 94 71 11 | 15 91 29 12 03 |
| 13 | 61 96 48 95 03 | 07 16 39 33 66 | 98 56 10 56 79 | 77 21 30 27 12 | 90 49 22 23 62 |
| 14 | 36 93 89 41 26 | 29 70 83 63 51 | 99 74 20 52 36 | 87 09 41 15 09 | 98 60 16 03 03 |
| 15 | 18 87 00 42 31 | 57 90 12 02 07 | 23 47 37 17 31 | 54 08 01 88 63 | 39 41 88 92 10 |
| 16 | 88 56 53 27 59 | 33 35 72 67 47 | 77 34 55 45 70 | 08 18 27 38 90 | 16 95 86 70 75 |
| 17 | 09 72 95 84 29 | 49 41 31 06 70 | 42 38 06 45 18 | 64 84 73 31 65 | 52 53 37 97 15 |
| 18 | 12 96 88 17 31 | 65 19 69 02 83 | 60 75 86 90 68 | 24 64 19 35 51 | 56 61 87 39 12 |
| 19 | 85 94 57 24 16 | 92 09 84 38 76 | 22 00 27 69 85 | 29 81 94 78 70 | 21 94 47 90 12 |
| 20 | 38 64 43 59 98 | 98 77 87 68 07 | 91 51 67 62 44 | 40 98 05 93 78 | 23 32 65 41 18 |
| 21 | 53 44 09 42 72 | 00 41 86 79 79 | 68 47 22 00 20 | 35 55 31 51 51 | 00 83 63 22 55 |
| 22 | 40 76 66 26 84 | 57 99 99 90 37 | 36 63 32 08 58 | 37 40 13 68 97 | 87 64 81 07 83 |
| 23 | 02 17 79 18 05 | 12 59 52 57 02 | 22 07 90 47 03 | 28 14 11 30 79 | 20 69 22 40 98 |
| 24 | 95 17 82 06 53 | 31 51 10 96 46 | 92 06 88 07 77 | 56 11 50 81 69 | 40 23 72 51 39 |
| 25 | 35 76 22 42 92 | 96 11 83 44 80 | 34 68 35 48 77 | 33 42 40 90 60 | 73 96 53 97 86 |
| 26 | 26 29 31 56 41 | 85 47 04 66 08 | 34 72 57 59 13 | 82 43 80 46 15 | 38 26 61 70 04 |
| 27 | 77 80 20 75 82 | 72 82 32 99 90 | 63 95 73 76 63 | 89 73 44 99 05 | 48 67 26 43 18 |
| 28 | 46 40 66 44 52 | 91 36 74 43 53 | 30 82 13 54 00 | 78 45 63 98 35 | 55 03 36 67 68 |
| 29 | 37 56 08 18 09 | 77 53 84 46 47 | 31 91 18 95 58 | 24 16 74 11 53 | 44 10 13 85 57 |
| 30 | 61 65 61 68 66 | 37 27 47 39 19 | 84 83 70 07 48 | 53 21 40 06 71 | 95 06 79 88 54 |
| 31 | 93 43 69 64 07 | 34 18 04 52 35 | 56 27 09 24 86 | 61 85 53 83 45 | 19 90 70 99 00 |
| 32 | 21 96 60 12 99 | 11 20 99 45 18 | 48 13 93 55 34 | 18 37 79 49 90 | 65 97 38 20 46 |
| 33 | 95 20 47 97 97 | 27 37 83 28 71 | 00 06 41 41 74 | 45 89 09 39 84 | 51 67 11 52 49 |
| 34 | 97 86 21 78 73 | 10 65 81 92 59 | 58 76 17 14 97 | 04 76 62 16 17 | 17 95 70 45 80 |
| 35 | 69 92 06 34 13 | 59 71 74 17 32 | 27 55 10 24 19 | 23 71 82 13 74 | 63 52 52 01 41 |
| 36 | 04 31 17 21 56 | 33 73 99 19 87 | 26 72 39 27 67 | 53 77 57 68 93 | 60 61 97 22 61 |
| 37 | 61 06 98 03 91 | 87 14 77 43 96 | 43 00 65 98 50 | 45 60 33 01 07 | 98 99 46 50 47 |
| 38 | 85 93 85 86 88 | 72 87 08 62 40 | 16 06 10 89 20 | 23 21 34 74 97 | 76 38 03 29 63 |
| 39 | 21 74 32 47 45 | 73 96 07 94 52 | 09 65 90 77 47 | 25 76 16 19 33 | 53 05 70 53 30 |
| 40 | 15 69 53 82 80 | 79 96 23 53 10 | 65 39 07 16 29 | 45 33 02 43 70 | 02 87 40 41 45 |
| 41 | 02 89 08 04 49 | 20 21 14 68 86 | 87 63 93 95 17 | 11 29 01 95 80 | 35 14 97 35 33 |
| 42 | 87 18 15 89 79 | 85 43 01 72 73 | 08 61 74 51 69 | 89 74 39 82 15 | 94 51 33 41 67 |
| 43 | 98 83 71 94 22 | 59 97 50 99 52 | 08 52 85 08 40 | 87 80 61 65 31 | 91 51 80 32 44 |
| 44 | 10 08 58 21 66 | 72 68 49 29 31 | 89 85 84 46 06 | 59 73 19 85 23 | 65 09 29 75 63 |
| 45 | 47 90 56 10 08 | 88 02 84 27 83 | 42 29 72 23 19 | 66 56 45 65 79 | 20 71 53 20 25 |
| 46 | 22 85 61 68 90 | 49 64 92 85 44 | 16 40 12 89 88 | 50 14 49 81 06 | 01 82 77 45 12 |
| 47 | 67 80 43 79 33 | 12 83 11 41 16 | 25 58 19 68 70 | 77 02 54 00 52 | 53 43 37 15 26 |
| 48 | 27 62 50 96 72 | 79 44 61 40 15 | 14 53 40 65 39 | 27 31 58 50 28 | 11 39 03 34 25 |
| 49 | 33 78 80 87 15 | 38 30 06 38 21 | 14 47 47 07 26 | 54 96 87 53 32 | 40 36 40 96 76 |
| 50 | 13 13 92 66 99 | 47 24 49 57 74 | 32 25 43 62 17 | 10 97 11 69 84 | 99 63 22 32 98 |

# 参 考 文 献

[1] 景学安,李新林.医学统计学[M].北京:人民卫生出版社,2015.

[2] 方积乾.卫生统计学[M].7版.北京:人民卫生出版社,2012.

[3] 李晓松.医学统计学[M].3版.北京:高等教育出版社,2014.

[4] 孙振球.医学统计学[M].3版.北京:人民卫生出版社,2012.

[5] 刘宝山.医药数理统计[M].2版.北京:人民卫生出版社,2013.

[6] 颜虹,徐勇勇.医学统计学[M].3版.北京:人民卫生出版社,2015.

[7] 陆守曾,陈峰.医学统计学[M].3版.北京:中国统计出版社,2016.

[8] 李康,贺佳.医学统计学[M].6版.北京:人民卫生出版社,2013.

[9] 李晓松.卫生统计学[M].8版.北京:人民卫生出版社,2017.

# 中英文名词对照索引

52检